सलाम आज़ाद

सलाम आज़ाद का जन्म 10 जुलाई, 1964 को बांग्लादेश के विक्रमपुर जिले के दामला गाँव में हुआ। वे सर जे.सी. बोस इंस्टीट्यूशन के मेधावी छात्र रहे। बाद में गाईबांधा गवर्नमेंट कॉलेज और ढाका विश्वविद्यालय में पढ़ाई-लिखाई की। कुछ समय तक पत्रकारिता करने के बाद बांग्लादेश की एक गैर-सरकारी संस्था 'एमिटी फॉर पीस' में कार्यरत।

उनकी प्रकाशित कृतियाँ हैं–'विज्ञानी जगदीश चंद्र बसु : जीवन ओ गवेषणा', 'रवींद्रनाथ जे भावे लिखतेन जेमन करे लिखतेन', 'देशत्याग : साम्प्रतिक भावना', 'युद्ध शिशु', 'महापुरुष विशुद्धानंद महाथेरो', 'रवींद्रनाथ के लेखा जगदीश चंद्र बसु पत्रावली', 'श्वेतपत्र', 'प्रफुल्लचंद्र राय', 'रवींद्रनाथेर नाइटहुड प्रत्याख्यानेर दलील ओ अन्यान्य प्रसंग', 'विश्वकविर सोनार बांग्ला', 'शांतिवाहिनी ओ शांति चुक्ति', 'पार्वत्य चट्ठग्राम प्रसंग', 'चुक्ति उत्तर पार्वत्य चट्टग्राम ओ आदिवासी प्रसंग', 'नजरुल स्मारक ग्रंथ', 'जीवनानंद दास स्मारक ग्रंथ', 'एथनिक क्लींजिंग', 'बांगलादेशेर बिपन्न संखालघु', 'बंगबंधु जेनेभा ओ अन्यान्य', 'अन्नदा शंकर राय बांगलादेश ओ बंगबंधु', 'आदिवासीदेर भाषा', 'मानवाधिकार प्रसंगे रवीन्द्रनाथ', 'रवीन्द्र भुवने बंगलादेश', 'एट्रोसिटीज़ ऑन द माइनोरिटीज़ इन बंगलादेश', 'तसलीमा नसरीन ओ अन्यान्य', 'आँधी', 'ब्लासफेमी आइन ओ बंगलादेशेर संविधान', 'कंट्रीब्यूशन ऑफ इंडिया इन द वार ऑफ लेबरेशन ऑफ बंगलादेश', 'भंगा मठ', 'जगदीश चंद्र बसु स्मारक ग्रंथ', 'देश भागेर गल्प', 'हिंदू संप्रदाय केनो बांगलादेशत्याग कोरछे', 'बांगलादेशेर आदिवासी अस्तित्वेर संकट', 'बंगलादेशे मदरसा शिक्षा', 'कल्पना चकमा' आदि। हिन्दी में अनूदित—'बांग्लादेश से क्यों भाग रहे हैं हिंदू', 'शर्मनाक', 'देश-विभाजन की कहानियाँ', 'टूटा मठ', 'बांगलादेश में अल्पसंख्यकों पर अत्याचार', 'कल्पना चकमा', 'नो-मैन्स लैंड', 'बांग्लादेश के पीड़ित अल्पसंख्यक और युद्ध शिशु'।

बाँग्लादेश से क्यों भाग रहे हैं हिन्दू

सलाम आज़ाद

अनुवाद
मुनमुन सरकार

राजकमल पेपरबैक्स

पहला पुस्तकालय संस्करण
राजकमल प्रकाशन प्राइवेट लिमिटेड द्वारा
2002 में प्रकाशित

राजकमल पेपरबैक्स में
पहला संस्करण : 2017
दूसरा संस्करण : 2023

राजकमल पेपरबैक्स : उत्कृष्ट साहित्य के जनसुलभ संस्करण

राजकमल प्रकाशन प्रा.लि.
1-बी, नेताजी सुभाष मार्ग, दरियागंज
नई दिल्ली-110 002
द्वारा प्रकाशित

शाखाएँ : अशोक राजपथ, साइंस कॉलेज के सामने, पटना-800 006
पहली मंजिल, दरबारी बिल्डिंग, महात्मा गांधी मार्ग, प्रयागराज-211 001
1, अनमोल सोराबजी संतुक लेन, धोबी तलाव, मरीन लाइंस, मुम्बई-400 002
वेबसाइट : www.rajkamalprakashan.com
ई-मेल : info@rajkamalprakashan.com

बी.के. ऑफसेट
नवीन शाहदरा, दिल्ली-110 032
द्वारा मुद्रित

मूल्य : ₹ 199

BANGLADESH SE KYON BHAG RAHE HAIN HINDU
Novel by Salam Azad
Translated by Munmun Sarkar

ISBN : 978-81-267-3010-0

अनुक्रम

भूमिका

उस समय मैं आठवीं कक्षा का छात्र था। मेरा सबसे अजीज दोस्त विश्वजीत राय एक दिन मेरे साथ गपशप करके, एक साथ खेल-कूदकर, शाम को घर गया। अगले दिन वह स्कूल नहीं आया, उसके अगले दिन भी नहीं आया। दो दिन बाद विश्वजीत के घर गया तो पता चला, वह यहाँ से चला गया। कहाँ गया ? मेरे इस सवाल का जवाब उसके एक पड़ोसी ने बड़ी झल्लाहट के साथ दिया—'इंडिया'। मेरा मुलायम कलेजा फटा जा रहा था—जिगरी दोस्त को खोने का ग़म। चौबीस परगना पहुँचने के बाद विश्वजीत ने मुझे पत्र लिखा था, बिना बताए चले जाने के कारण दुख व्यक्त किया था, उस चिट्ठी के जरिए माफी भी माँगी थी। लक्ष्मीकान्त मंडल के 'द्वारा' वाले पते पर मैंने भी उसे पत्र लिखा था।

लेकिन उस दिन मेरे मन में जो सवाल उठा था वह किसी के भी मन में उठना बड़ा स्वाभाविक है। विश्वजीत मेरा इतना करीबी दोस्त था, फिर भी जाने से पहले मुझको क्यों नहीं बताया ? विश्वजीत जैसे लोग अपना घर-द्वार, रिश्ते-नाते, दोस्तों को छोड़कर क्यों चले जाते हैं ? जाते वक्त किसी से कहकर क्यों नहीं जाते ? बाद में हिन्दू बहुल विक्रमपुर के असंख्य हिन्दू परिवारों को छोड़कर चले जाते देखा है। विक्रमपुर मेरी जन्मभूमि है, मेरे लिए दुनिया का सबसे प्रिय स्थान। जो लोग चले गए, उनकी भी जन्मभूमि—हो सकता है दुनिया का सबसे प्रिय स्थान भी हो यह। यह जन्मभूमि, दुनिया की सबसे प्रिय जगह छोड़कर वे लोग क्यों चले जाते हैं ?

उस दिन का 'क्यों' मुझे आज यह किताब लिखने की प्रेरणा दे रहा है। इस देश के अनेक सम्पन्न हिन्दू परिवारों को मैंने कलकत्ता और पश्चिम बंगाल की दूसरी जगहों पर अमानवीय जिन्दगी गुजारते देखा है। उनका वह जीवन मेरी आँखें बर्दाश्त नहीं कर पाईं। खुद को धिक्कारते हुए आँखें फेर लेनी पड़ीं। लेकिन आँखें फेर लेने से भी मन नहीं फिरा, कलेजा फाड़कर, आँखें भरकर आँसू निकल आए। उनके उस दुस्सह जीवन के लिए बाँग्लादेश का एक नागरिक होने के नाते खुद को अपराधी महसूस करता हूँ। बार-बार मन हुआ कि उन्हें अपनी जन्मभूमि में लौट आने को कहूँ। लेकिन कहने की हिम्मत नहीं जुटा पाया, क्योंकि मैं तो उनके जीवन को सुरक्षा प्रदान नहीं कर सकूँगा। उनके घर की बहू-बेटियों, बच्चों को सम्मानपूर्ण सुरक्षा प्रदान करना मेरे लिए सम्भव नहीं। मैं तो शत्रु (अर्पित) सम्पत्ति कानून हटा नहीं सकता। क्या मैं देवोत्तर सम्पत्ति पर

किए जानेवाले कब्जे को रोक सकता हूँ ? मन्दिरों में, हिन्दुओं के घरों पर, उनके बिजनेस की जगहों पर होनेवाले हमलों को रोकना क्या मेरे लिए सम्भव है ? हिन्दू सम्प्रदाय के ऊपर जो अत्याचार का स्टीम रोलर चलाया जा रहा है, उसे रोक पाना मेरे लिए सम्भव है ? किसी मेधावी हिन्दू लड़के को क्या मैं उसकी योग्यतानुसार कोई सरकारी नौकरी दिलाने का भरोसा दे सकता हूँ ? 'मालउन' कहकर इस देश के हिन्दुओं को जिस तरह गाली दी जाती है, क्या मैं उसे रोक सकता हूँ ?

इस देश के हिन्दू अब धोती नहीं पहनते। वे धोती छोड़ने तक के लिए मजबूर हो गए। हालाँकि कभी-कभार पर्व-त्योहार में कोई-कोई पहनता भी है। लेकिन बहुत ही कम। जबकि कभी हिन्दू-मुसलमान सबका यानी इस देश के बंगाली का, नित्य का पहनावा धोती-कुर्ता था। और, इस धोती पहनने के मामूली से अपराध (?) के कारण मुझसे कैफियत तलब की गई थी। गुट बनाकर 'हिन्दुओं की धोती' पहनने के खिलाफ मेरे प्रिय विक्रमपुर के तथाकथित मुसलमानों ने मुझसे जवाब तलब किया था। जबकि मेरे पूर्वजों, मेरे पिता, मेरे भैया की रोजाना की पोशाक धोती ही थी। अपने पिता को कभी झूठ बोलते नहीं सुना था। ऐसे पिता का पुत्र होकर भी मेरा धोती पहनना गुनाह हो गया। देश का माहौल बदल गया है। कलुषित हो गया है। अभी के साम्प्रदायिक वातावरण में साँस लेते हुए हर आजादख्याल आदमी को तकलीफ होती है। इस देश के लोग बंगाली के रूप में अपना परिचय देने में गर्व महसूस करते थे। हमारा मुक्तियुद्ध भी बंगाली अस्मिता से जुड़ा हुआ था। हिन्दू, मुसलमान, बौद्ध, क्रिश्चियन आदि के परिचय से नहीं। लेकिन बंगाली पहचान देने के मार्ग में रोड़ा डालने के मकसद से इस्लाम को राष्ट्रधर्म बनाया गया। यह देश सिर्फ इस्लाम धर्मावलम्बियों के लिए है। यदि है तो इस देश में रहनेवाले दो करोड़ बंगाली नागरिक कहाँ जाएँगे ?

किसी भी देश के विकास की सबसे महत्त्वपूर्ण बात है सभी सम्प्रदाय के नागरिकों को समान अधिकार प्रदान करना। यानी सेक्युलर संविधान। जिस देश के संविधान में सेक्युलरिज्म नहीं, उस देश में कट्टरपन्थियों का तेजी से उत्थान होता है। सार्वदेशिक और सार्वकालिक रूप में कट्टरवाद प्रगति के मार्ग का रोड़ा है—ये लोग मध्ययुग के मगरमच्छ हैं। बाँग्लादेश में कट्टरवाद के उत्थान को आसान बनाने के लिए संविधान से सेक्युलरिज्म को छुरा चलाकर काट दिया गया। नतीजतन दूसरे सम्प्रदाय के दो करोड़ आदमी दूसरी श्रेणी के नागरिक बन गए। फिर इस्लाम को राष्ट्रधर्म बनाने के कारण उन्हें एक सीढ़ी और नीचे उतार दिया गया। इस देश के अल्पसंख्यक हो गए तृतीय श्रेणी के नागरिक। और इसीलिए, वर्तमान गणतान्त्रिक सरकार के पहले बजट के धार्मिक खाते में जहाँ 16,62,13,000 करोड़ रुपए रखे गए थे। वहीं दो करोड़ अल्पसंख्यक नागरिकों के लिए किसी तरह की राशि रखने की जरूरत महसूस नहीं की गई।

वर्ष 1994-95 के बजट में धार्मिक मामलों के मन्त्रालय के विकास खाते में 15,46,42,000 करोड़ रुपए का प्रावधान रखा गया, जो पूरा-का-पूरा मुसलमानों के लिए

था। जबकि बहुसंख्यक और अल्पसंख्यक का अनुपात सात और एक का है। अल्पसंख्यकों के लिए अनगिनत विषमताओं में यह एक उदाहरण मात्र है। कहा जा सकता है कि संविधान के पंचम और अष्टम संशोधन के कारण ही यह विषमतापूर्ण कार्यकलाप सम्भव हो पा रहा है। देश के विकास और नागरिकों के समान अधिकार को ध्यान में रखते हुए इन दोनों संशोधनों को तुरन्त खारिज कर देना निहायत जरूरी है।

बाँग्लादेश के सभी सम्प्रदायों के लोग दुनिया के विभिन्न देशों में जाकर रहते हैं। यहाँ तक कि भारत में भी। दिल्ली और पश्चिमी बंगाल में बहुत सारे बाँग्लादेशी मुसलमानों को देखा है जो दिहाड़ी मजदूरी, फेरी लगाने, रिक्शा चलाने से लेकर तरह-तरह का काम करके पैसे कमाकर देश लौटते हैं। लेकिन इस देश से जो हिन्दू भारत चले गए, उनमें से कोई लौटकर आया हो, ऐसी जानकारी मुझे नहीं है। इस देश के मुस्लिम नागरिक आर्थिक कारणों से भारत जाते हैं, जिस तरह दुनिया के अन्य देशों में जाकर रहते हैं। और, हिन्दू नागरिक जाते हैं इसलिए कि जाने के लिए मजबूर होते हैं—भेदभावपूर्ण आचरण और साम्प्रदायिकता के कारण। साम्प्रदायिकता का जहर उन्हें भारत की सीमा तक खदेड़ ले जाता है।

ऐसी पुस्तक लिखने का मेरा कोई इरादा नहीं था। मैं लिखने के पक्ष में भी नहीं हूँ। पर इस देश की साम्प्रदायिक ताकतें और उनको मदद पहुँचानेवाली सरकारें ऐसी पुस्तकें लिखने का माहौल तैयार किए दे रही हैं। इस पुस्तक के हर पन्ने पर हिन्दू सम्प्रदाय की छाती का रक्त और आँसू मिला हुआ है। ऐसा माहौल और न बन पाए, इस तरह से हिन्दुओं की छाती का खून और आँसू न टपके और उसे लेकर एक शब्द भी लिखने के लिए किसी का विवेक व्याकुल न हो, तभी इस पुस्तक की सार्थकता है।

हिन्दुओं के देश-त्याग के मुख्यतः पाँच कारणों को इस पुस्तक में रेखांकित किया गया है—साम्प्रदायिक अत्याचार, साम्प्रदायिक हमले, शत्रु (अर्पित) सम्पत्ति कानून, देवोत्तर सम्पत्ति पर कब्जा और सरकारी नौकरियों में हिन्दुओं की स्थिति। इसके बादवाले अध्याय में देश छोड़कर चले जानेवाले हिन्दुओं से सम्बन्धित आँकड़े दिए गए हैं। अन्त में परिशिष्ट के तहत प्रस्ताव शीर्षक से कुछ सुझाव दिए गए हैं, जिन्हें लागू करने से साम्प्रदायिक सद्भाव बनाए रखने में खास मदद मिलेगी, ऐसा मेरा विश्वास है।

पुस्तक की सामग्री जुटाने और तथ्यों की जानकारी देने के लिए गाँवों के सामान्य किसान, घरेलू स्त्रियों से लेकर विश्वविद्यालय के अध्यापक, जज, राजनीतिज्ञ, बुद्धिजीवी, वकील, बैंकर, सरकारी अफसर-कर्मचारी, एन.जी.ओ. कर्मी और समाज के विभिन्न तबकों के अनगिनत मानवतावादी लोगों ने मेरी मदद की। मैं उन सबके प्रति आभार व्यक्त करता हूँ।

—सलाम आज़ाद

32/6 ए पूर्व नया टोला
मगबाजार—ढाका—1217
बाँग्लादेश।

बाँग्लादेश में आज तक एक भी साम्प्रदायिक दंगा नहीं हुआ। तो फिर क्या हुआ था अयोध्या में सरयू नदी के तट पर बाबरी मस्जिद टूटने के बाद, क्या हुआ संविधान से धर्मनिरपेक्षता को हटाने के बाद ! राष्ट्रधर्म के रूप में इस्लाम की घोषणा के बाद या फिर उपसागरीय युद्ध के समय अथवा चट्टग्राम, भोला, फरीदपुर में—छप्पन हजार वर्गमील के इस बाँग्लादेश में हर रोज देशवासी हिन्दुओं पर जो अत्याचार हो रहा है, क्या वह दंगा नहीं ?

दंगा दो पक्षों के बीच होता है। लेकिन यहाँ एक पक्ष चुपचाप रहा। मार खाया। भागता फिर रहा है। और दूसरा पक्ष मार रहा है। एक सम्प्रदाय पर दूसरा सम्प्रदाय हमला कर रहा है। मुस्लिम सम्प्रदाय के कट्टरपन्थियों के हाथों हिन्दू सम्प्रदाय ने मार खाई है। बाँग्लादेश की इस पृष्ठभूमि में ऐसी घटनाओं को किसी भी सूरत में साम्प्रदायिक दंगा कहना उचित नहीं। साम्प्रदायिक हमला, साम्प्रदायिक अत्याचार कहना ही ज्यादा तर्कसंगत होगा।

बाँग्लादेश में इस तरह के साम्प्रदायिक अत्याचार रोज हो रहे हैं। कभी खुलेआम, कभी चुपचाप। इस बड़े पैमाने पर हो रहे साम्प्रदायिक अत्याचार, साम्प्रदायिक हमलों की घटनाओं का आंशिक—नहीं, ठीक आंशिक—नहीं, बल्कि शतांश से भी कम घटनाओं का ब्यौरा 'साम्प्रदायिक हमला' और 'साम्प्रदायिक अत्याचार' शीर्षक अध्यायों में रखने की मैंने कोशिश की है। घटनाक्रम में 1989 से 2000 तक की घटनाएँ हैं। इस तरह की हजारों घटनाएँ, अत्याचार और दमन की दर्दनाक कहानियाँ संकलित न हो पाने के कारण खो गईं। यहाँ वर्णित अधिकांश घटनाओं को विभिन्न पत्र-पत्रिकाओं और एन.जी.ओ. कर्मियों के जरिए संकलित किया है। किसी-किसी घटना की सच्चाई की पड़ताल के लिए सम्बधित जगहों पर भी जाना पड़ा। वहाँ जाकर, घटनाओं की भयावहता देखकर दुखी हुआ और तल्ख हकीकत ने मेरे मन को अन्तस्तल की गहराई तक झकझोर दिया।

बाँग्लादेश से क्यों भाग रहे हैं हिन्दू

कारण : एक

साम्प्रदायिक अत्याचार

बाँग्लादेश में लगभग सभी जगहों पर हिन्दुओं को साम्प्रदायिक अत्याचार सहना पड़ता है। यह अत्याचार दो तरह का है—प्रत्यक्ष और परोक्ष। प्रत्यक्ष अत्याचारों का शतांश भी देशवासी नहीं जान पाते। और, परोक्ष अत्याचार की खबरें तो अखबारों तक में नहीं आतीं। अत्याचार का शिकार व्यक्ति अपने और परिवार के मान-सम्मान और कई बार तो जान बचाने की खातिर अत्याचार की बातें छिपाए रखने के लिए लाचार हो जाता है। लिहाजा उन अत्याचारों की दास्तान छपे हुए अक्षरों में सामने नहीं आती। यहाँ तक कि कई बार पड़ोसी भी नहीं जान पाता। परोक्ष अत्याचार यानी मानसिक अत्याचार का शिकार इस देश का हर हिन्दू है, ऐसा कह सकते हैं।

हाल में (अप्रैल, 1995) मुंशीगंज जिले के श्रीनगर थाना के हरपाड़ा गाँव में घटी अत्याचार की एक घटना का जिक्र करके साम्प्रदायिक अत्याचार का एक संक्षिप्त विवरण यहाँ दे रहा हूँ। हरपाड़ा गाँव की पाँचवीं कक्षा की छात्रा तुलसी रानी को उसके माँ-बाप और गाँववालों के सामने से दिन-दहाड़े उठा ले जाया गया। लड़की का अपहरण हो जाने के बाद तुलसी के पिता ने गाँववालों से मिन्नतें की थीं, यह कहकर कि अपराधियों को कोई सजा हो यह वे नहीं चाहते, वे सिर्फ अपनी लड़की को वापस चाहते हैं। लेकिन गाँववाले अपराधियों को न दंडित कर पाए और न तुलसी को ही वापस ला पाए। अन्ततः तुलसी के पिता ने श्रीनगर थाने में रपट लिखाई। अपहरणकर्त्ताओं का नाम-धाम जानने के बावजूद तुलसी के पिता ने डर के मारे उनका नाम उस केस डायरी में दर्ज नहीं कराया। उन्होंने सिर्फ अपनी लड़की को वापस पाने के लिए पुलिस से मदद की माँग की। अपराधियों के नाम का जिक्र न करने के बावजूद रपट लिखाने के अपराध (?) में तुलसी रानी के परिवारवालों को घर छोड़कर भागते फिरना पड़ा। दूसरी ओर अपहरणकर्त्ता खुलेआम घूमते रहे और मामला वापस लेने के लिए तुलसी के परिवार को धमकी देते रहे। हालाँकि ऊपरी दबाव के कारण अन्ततः पुलिस ने तुलसी रानी का उद्धार जरूर किया लेकिन इस घटना से सिर्फ हरपाड़ा गाँव के हिन्दू ही आशंकित हों, ऐसी बात नहीं। अखबार में तुलसी रानी के अपहरण की घटना को पढ़कर प्रत्येक बाँग्लादेशी हिन्दू आशंकित है। जैसोर जिले के मनिरामपुर थाने के बाकोलपोल गाँव की पितृहीन लड़की कुमारी नमिता रानी दास का अपहरण किया गया। पन्द्रह वर्षीय नमिता ने 1989 में एस.एस.सी. की परीक्षा पास की थी। प्रशासन के विभिन्न

स्तर पर जानकारी देने और सम्पर्क किए जाने के बाद नमिता को कोर्ट में हाजिर किया गया। 19.6.89 को मजिस्ट्रेट के समक्ष नमिता के बयान और माँ को लिखी उसकी चिट्ठी में सादिक समेत कुछ अपराधियों द्वारा उसका अपहरण और बाद में पूर्व धर्म मन्त्री एवं संसद सदस्य मौलाना मुफ्ती बक्कास और उसके साथियों द्वारा दुष्कर्म और उत्पीड़न करने का विवरण दिया गया। मुफ्ती बक्कास ने न सिर्फ नमिता रानी दास का शीलहरण किया बल्कि उसने साम्प्रदायिक दुष्प्रचार और धमकियों के जरिए उस इलाके में उत्तेजना फैलाकर धार्मिक अल्पसंख्यकों का जीवन नरक कर दिया।

नरसिन्दी जिले के शिवपुर थाने के आबीरदिया गाँव के नृपेन्द्र कुमार सेनगुप्ता और उनकी पत्नी अणिमा सेनगुप्ता का अपहरण करके नरसिन्दी के एक वकील के घर पर चार दिनों तक कैद रखकर अणिमा सेनगुप्ता पर पाशविक अत्याचार किया गया और उन दोनों की सवा आठ बीघा जमीन जबर्दस्ती अपने नाम रजिस्ट्री कराके वकील के घर से उन्हें भगा दिया। अणिमा सेनगुप्ता ने 27 मार्च, 1989 को प्रशासन के समक्ष इसकी लिखित शिकायत दर्ज कराई। गोपालगंज जिला-शहर के सदर थाना क्षेत्र के हरिदासपुर गाँव के हरबोल रंग-परिवार के सदस्यों को जबरन खदेड़कर उनके पुश्तैनी मकान पर कब्जा कर लिया गया। श्री रंग के परिवार के सदस्य भिखारियों की तरह मदद की आशा में भटक रहे हैं। मैमनसिंह जिले के कोतवाली थाने के दापुनिया के निवासी हलालुद्दीन ने दो हिन्दू लड़कियों से जबर्दस्ती धर्म बदलवाकर शादी कर ली है। वही हलालुद्दीन उस परिवार के सभी सदस्यों पर इस्लाम कबूल करने के लिए दबाव डाल रहा है। ऐसा न करने पर उनकी हत्या करने की भी धमकी दे रहा है। उस परिवार के सदस्य रंजन और अमित्रारानी ने इस मामले में मैमनसिंह के एस.पी. को पूरी घटना की जानकारी देते हुए मदद के लिए अर्जी दी है।

3 जुलाई, 1989 की रात को ग्यारह बजे के आस-पास बृहत्तर रंगपुर जिले के तारागंज थाने के इकरचाली गाँव के अब्दुलसत्तार के बेटे मुकुल ने अपने दल-बल के साथ आकर इसी गाँव के तीन कौड़ीलाल साहा की सातवीं कक्षा में पढ़नेवाली लड़की जयन्ती रानी साहा का अपहरण करके उसे ले गया। तीन कौड़ी साहा द्वारा थाने में शिकायत दर्ज कराए जाने पर 24 जुलाई को पुलिस ने जयन्ती साहा को बरामद करके अपनी हिफाजत में रखा। 27 जुलाई को जयन्ती को कोर्ट में पेश किया गया। एक प्रभावशाली व्यक्ति लोगों को इकट्ठा करके जयन्ती से मुकुल के पक्ष में बयान दिलाने के लिए प्रशासन पर दबाव डालने लगा। उन लोगों ने अदालत भवन पर हमला किया और काफी तोड़-फोड़ के बाद ढाका-दिनाजपुर सड़क को करीब तीन घंटे तक जाम कर दिया। इसके बाद थाने के कार्यकारी अधिकारी ने इकरचाली यूनियन के चेयरमैन मोहम्मद दिलावर हुसेन की जिम्मेदारी पर पाँच सौ गज के भीतर जमानत की मंजूरी दी। लेकिन दिलावर हुसेन करीब चार मील दूर स्थित अपने घर पर जयन्ती को ले गए। स्थानीय प्रभावशाली व्यक्ति ने तीनकौड़ी साहा के वकील को कोर्ट में घुसने नहीं दिया और उसके साथ मारपीट तक की। वे लोग तीनकौड़ी साहा पर मुकदमा वापस लेने के

लिए दबाव डाल रहे थे। आखिरकार जयन्ती के पक्ष में मुकदमा चलाने का मौका दिए बिना ही उसे अपहरणकर्ताओं के हाथ सौंप दिया गया।

टांगाइल शहर के अदालत-पाड़ा से 9 जुलाई, 1989 की शाम को सुधीचन्द्र घोष की एस.एस.सी. परीक्षा देनेवाली लड़की मुक्तिरानी घोष का अपहरण अब्दुल कय्यूम खान नामक एक आदम व्यापारी ने किया। अपहृत मुक्तिरानी के भाई निवासचन्द्र घोष को विदेश भेजने के नाम पर उक्त कय्यूम खान ने पच्चासी हजार रुपए लिए थे। लेकिन निवासचन्द्र को विदेश भेजने का इन्तजाम न कर पाने की स्थिति में सुधी घोष द्वारा पैसे माँगने पर व्यापारी अब्दुल कय्यूम खान ने मुक्तिरानी का अपहरण कर लिया।

भोला जिले के कालीनाथ बाजार की श्रीमती शोभारानी की नाबालिग लड़की तन्द्रारानी का जाकिर हुसेन और एक अन्य व्यक्ति ने अपहरण करके उसका बलात्कार किया। इस मामले में प्रशासन से मदद माँगने के बावजूद शोभारानी की कोई सुनवाई नहीं हुई। 20 अगस्त, 1989 को झालकाठी शहर थाने के नरेरकाठी गाँव के रंजितकुमार सिकदर को अज्ञात कारणों से गिरफ्तार किया गया। वे गाँव के डॉक्टर के रूप में जीवन-यापन करते आ रहे थे।

मैमनसिंह जिले के भालुका थाने के अकालिया गाँव का जलाल शेख 1989 के पूर्वाद्ध में अपने दल-बल सहित पूर्णचन्द्र बर्मन की जवान लड़की को जबर्दस्ती उठा ले गया और उस पर पाशविक अत्याचार किया। इससे पहले जलाल शेख कुछ और हिन्दू महिलाओं पर पाशविक अत्याचार कर चुका था। इतना ही नहीं उसने मुकुन्द बर्मन की बीस बीघा और प्रियनाथ बर्मन की पन्द्रह बीघा जमीन भी हड़प ली। लेकिन जलाल शेख के डर से कोई इन बातों की थाने में शिकायत दर्ज कराने की हिम्मत नहीं जुटा पाया। मैमनसिंह के फूलबाड़िया में स्थित हिन्दुओं के एकमात्र श्मशान को खत्म करने का षड्यन्त्र चल रहा है। दो सौ वर्षों से उस श्मशान में शवदाह करते आने के बावजूद 29 मार्च, 1989 को श्मशान में एक शव का दाह करने जाते हुए लोगों को टीन का घेरा लगाकर रास्ता बन्द करके एक खास वर्ग द्वारा रोकने की कोशिश की गई। फिर 1 अप्रैल, 1989 को श्मशान के पीछेवाले हिस्से में दीवार खड़ी करके श्मशान पर कब्जा करने का षड्यन्त्र किया गया। 11 अप्रैल, 1989 को फूलबाड़िया बाजार के नारायणचन्द्र दे नामक एक ड्राइवर की मौत हो जाने पर श्मशान जाने का रास्ता बन्द होने से लोगों को उसे धान खेत की कीचड़-पानी में से होते हुए श्मशान ले जाना पड़ा।

फरीदपुर जिले के बोआलमारी थाना इलाके के कृष्णपद दत्त की नाबालिग लड़की शुक्लारानी दत्त का अपहरण करके ले जाया गया था। कृष्णपद दत्त द्वारा प्रशासन से मदद की गुहार करने पर पुलिस ने शुक्लरानी को बरामद करके कानूनी हिफाजत में रख दिया। लेकिन दूसरी ओर अपहरणकर्त्ता को जमानत पर रिहा कर दिया गया। जमानत पर छूटने के बाद अपहर्त्ता शुक्ला के परिवारवालों को तरह-तरह से डराने-धमकाने लगे।

चट्टग्राम जिले के मीर सराय थाने के पश्चिम हिंगुली गाँव के बेणुलाल राय को उनके पैतृक मकान से बेदखल करने के लिए इलाके के अबुल खैर पिता स्व. फकीर

अहमद और फजलुल हक दुलाल पिता ताजुल इस्लाम आदि तरह-तरह से डराते-धमकाते आ रहे हैं। यहाँ तक कि वे बेणुलाल को जान से मारने की भी धमकी दे रहे हैं। बेणुलाल अपनी जान बचाने के लिए अब क्या करेंगे ? बाँग्लादेश के किसी और इलाके में भागकर शरण लेंगे ? लेकिन बाँग्लादेश के किस इलाके में अबुल खैर और फजलुल हक दुलाल जैसे लोग नहीं हैं ? इस देश का कोई ऐसा जिला है जहाँ हिन्दुओं की सम्पत्ति पर कब्जा नहीं किया गया ?

चाँदपुर के मतलब थाने के दक्षिण, इस्लामाबाद गाँव के स्व. गोपालचन्द्र दास की ग्यारह वर्षीय नाबालिग लड़की ज्योत्सनारानी दास का अपहरण करके पेप्सीकोला कम्पनी में नौकरी करनेवाले कय्यूम नामक तीस वर्षीय युवक ने गैर-कानूनी ढंग से शादी कर ली। शादी के बाद कय्यूम उस लड़की पर पाशविक अत्याचार करने लगा। उसका अत्याचार सहन न कर पाने पर ज्योत्सनारानी वहाँ से भाग आई। उसके द्वारा ढाका के रमना थाने में कय्यूम के खिलाफ डायरी किए जाने पर भी पुलिस ने उसे गिरफ्तार नहीं किया।

पटुआखाली जिले के बाउफल थाने की बगा यूनियन परिषद के चेयरमैन युनुस मियाँ और यू.पी. सदस्य नबी अली मृधा मिलकर यूनियन के हिन्दू सदस्यों पर अमानुषिक अत्याचार कर रहे हैं। इनके अत्याचार से तंग आकर मणि और कानाईलाल अपने परिवार समेत देश छोड़कर भागने को बाध्य हो गए। उसी यूनियन के राजनगर गाँव के वीरेन की जमीन-जायदाद हड़पने के लिए उक्त दोनों लोगों ने वीरेन को बुरी तरह मारा-पीटा। इसी बीच उसी गाँव के सुधीर की जमीन-जायदाद हथियाने के लिए सुधीर पर भी उसी तरह के अत्याचार किए। वह रात के अँधेरे में देश छोड़कर भागने को मजबूर हुआ। वामनकाठी गाँव के दिनेश से उन बदमाशों ने खाली स्टैम्प पेपर पर जबर्दस्ती साइन करवा लिया। चित्तरंजन चक्रवर्ती के खेत की धान-फसल जबर्दस्ती कटवा ली। चक्रवर्ती द्वारा थाने में रपट लिखाए जाने पर वे बदमाश चित्तरंजन चक्रवर्ती पर दबाव डालने लगे, डराने-धमकाने लगे। यहाँ तक कि जान से मार डालने की भी धमकी दे रहे हैं। झालकाठी के शीतला गाँव के हातिम हवलदार, अकबर हुसेन, मिलन, जाकिर शहीद आदि गाँव के हिन्दुओं की सम्पत्ति पर कब्जा करने के लिए उन पर तरह-तरह का अत्याचार कर रहे हैं। यहाँ तक कि शीतलाखोला में पूजा-अर्चना में भी रुकावट डाल रहे हैं और मूर्तियों की तोड़-फोड़ कर रहे हैं।

जैसोर जिले में मनिरामपुर थाना के टुनिराघरा गाँव में विश्वनाथ दास के घर पर 3.1.92 को हमलावरों के एक दल ने लूटपाट की और घर की बहू पर पाशविक अत्याचार किया। विश्वनाथ दास द्वारा इस पर कार्रवाई किए जाने की माँग करने पर हमलावरों ने उन्हें जान से मारने की धमकी दी। जैसोर जिले की महकाल यूनियन के हिन्दुओं का एक काली मन्दिर और एक श्मशान घाट है। वहाँ वे पीढ़ियों से पूजा-अर्चना और शवदाह-संस्कार करते चले आ रहे थे। लेकिन 1.4.92 को उसी गाँव के फजलुर रहमान और उसके पिता अब्बासउद्दीन ने उस श्मशानघाट को तोड़ डाला।

शरीयतपुर के भदरगंज थाना इलाके के रामभद्रपुर गाँव के मानिक दे के पारिवारिक श्मशान में तोड़-फोड़ की गई और कई हजार रुपए के पेड़ इसी गाँव के फजलुल हक और अबुल कासिम सैयाल ने काट लिए। इसी गाँव के रमेश मंडल की लड़की कमला को सनाउल्लाह नामक एक हवलदार जबर्दस्ती घर से उठा ले गया। वही सनाउल्लाह रमेश मंडल और उसके भाई को जाली वसीयतनामा दिखाकर उन पर अपना पैतृक मकान छोड़ने के लिए दबाव डाल रहा है।

1 अप्रैल, 92 को ढाका शहर के 17 काकराइल रोड पर स्वप्नचन्द्र घोष, पिता स्व. महादेवचन्द्र घोष की 'न्यू जलखाबर' नामक मिठाई की दुकान पर सात-आठ युवक पिस्तौल-छुरे के साथ पहुँचे और दस हजार रुपए के चन्दे की माँग की। चन्दा न मिलने पर उन्होंने कर्मचारियों की पिटाई की और कैश-बाक्स तोड़कर बीस हजार रुपए लेकर चले गए।

दिनाजपुर में खानसामा थाने के पूर्व उपजिला चेयरमैन मो. अकबर अली शाह 'गौ जबाई खाना' (गायों के बूचड़खाने) के पास हिन्दुओं पर दुर्गापूजा करने के लिए दबाव डाल रहे हैं। परिणामस्वरूप हिन्दू अपने को असुरक्षित महसूस कर रहे हैं। बड़िशाल सदर थाने के चर-होगला गाँव के अजित दास के मकान पर कब्जा करने की कोशिश नाकाम हो गई। अब उसी गाँव का मोहम्मद शाहजहाँ पिता स्व. मतियार रहमान सिकदर सादे स्टैम्प पेपर पर जाली पेशगी दिखाकर किसी तरह बगैर कोई रुपया-पैसा दिए अजित दास को घर छोड़कर चले जाने के लिए दबाव डाल रहा है। ऐसा न करने पर मार डालने की धमकी भी दे रहा है।

मदारीपुर मुस्तफापुर थाना इलाके के मुस्तफापुर गाँव के युधिष्ठिरचन्द्र साहा पिता स्व. यदुनाथ साहा पीढ़ियों से अपनी जमीन पर खेती करते चले आ रहे थे। लेकिन 9. 12.89 को जब वे अपने खेत में हल चलाने गए तो उसी गाँव के प्रभावशाली लठैतों के चार लठैत भाइयों जयनाल, अकबर, कबीर और हैदर तथा उनके पिता हकीमुद्दीन मादबर ने उसे खेत से खदेड़ दिया और यह धमकी भी दी कि फिर इस जमीन पर कदम रखा तो खत्म कर कर दिया जाएगा। यदुनाथ साहा अपनी जमीन खोकर भी बेहद असुरक्षा के बीच दिन काट रहे हैं।

अशोक कुमार पिता स्व. अमूल्य दत्त और असित कुमार साहा पिता रणजीत साहा, ये दोनों खुलना शहर के बड़ा बाजार इलाके की मसालापट्टी में 'मातृभंडार' नामक दुकान सरकार से डी.सी.आर. पर लेकर लम्बे समय से कारोबार करते आ रहे थे। 20. 10.91 को आग लगने से पूरी दुकान जलकर राख हो गई। वहाँ के कुछ स्थानीय प्रभावशाली लोग उस दुकान पर कब्जे की जबर्दस्त कोशिश में लग गए। उन दोनों को जान से मार डालने की धमकी भी देने लगे। तब दोनों थाने में रपट दर्ज कराने के लिए मजबूर हुए। खुलना के जिला प्रशासन ने तहकीकात कर अशोक दत्त और असित साहा के पक्ष में कोर्ट के मार्फत धारा 107 जारी की। इसके बावजूद उन दोनों को लगातार जान की धमकी दी जा रही है। कानून का सहारा लेने के बाद भी अशोक दत्त और

असित साहा असुरक्षा के डर में दिन काट रहे हैं। फरीदपुर सदर थाने के दक्षिण चर-डुबाइल गाँव के जीतेन्द्र वैद्य और मणीन्द्रनाथ वैद्य के घर पर हमला करके सामान की लूटपाट की गई और जबर्दस्ती उनके खेतों की फसल काट ली गई। पैसे दिए बगैर जमीन रजिस्ट्री कर देने के लिए उन पर दबाव डाला जाने लगा और कुछ समय बाद उनको जान से मारने की धमकी दी जाने लगी। इन दबंग लोगों के नाम हैं अह-रहमान बेपारी, पिता स्व.अलफू बेपारी और सादिक अली बेपारी पिता मोलिन अली बेपारी। 4. 9.91 को दक्षिण फरीदपुर के कोतवाली थाने के हबेली गाँव निवासी धीरेन्द्रनाथ दे (पिता स्व. जलधर दे) की बेटी सविता रानी दे फरीदपुर के जनता बैंक से पाँच हजार रुपए निकालकर घर लौट रही थी तभी सिद्दीक मंडल, सोहबार हुसेन सिकदर, कासिम फकीर और आयशा खातून ने मिलकर उसका अपहरण कर लिया। सविता का कोई पता नहीं चल पा रहा है।

11, टीपू सुलतान रोड पर सात कट्ठे जमीन पर बना बटा बसाक नामक एक व्यक्ति का मकान था। उसका एक चौथाई हिस्सा पुराने ढाका के अपराधी गिरोह के एक सरगना मोहम्मद इस्लाम ने खरीदा था। लेकिन बाद में जाली दस्तावेज के जरिए पूरे मकान और जमीन पर उसने कब्जा किया और उस जगह पर अवैध तरीके से एक मल्टीस्टोरेड मकान खड़ा कर लिया।

ढाका महानगर में कोतवाली थाने के सिद्दीक बाजार के मानिक लाल धुपी (पिता स्व. धानूलाल धुपी) की सम्पत्ति के अधिकतर हिस्से पर उसी मुहल्ले के शाहाबुद्दीन, मो.सिराज, महिउद्दीन परवेज, सलाउद्दीन, अब्दुल हलीम आदि ने जबर्दस्ती कब्जा जमा लिया। वे अब मानिकलाल की पूरी सम्पत्ति हड़पने के लिए षड्यन्त्र रचकर उसे डरा-धमका रहे हैं। इस मामले में प्रशासन से सम्पर्क करने पर भी मानिक लाल को कोई मदद नहीं मिल पा रही है।

जगन्नाथ कॉलेज के दो छात्रावासों, 'मजूमदार हाल' और 'एस आर हाल' पर पुराने ढाका का आतंक बने गिरोह ने कब्जा कर रखा है। इसके लोगों ने उन छात्रावासों की लकड़ियाँ, लोहा, ईंट आदि बेचकर भवन के स्थान पर मैदान बना डाला है। कब्जा करनेवालों में औलाद हुसेन (पिता जन्नत अली), मोहम्मद इस्लाम (पिता हाजी काला चाँद), मोहम्मद हुसेन, (पिता ए), मोहम्मद सलीम (पिता अ. हक मोल्ला) मो.मु. ख़लिस (पिता मुजीबुर रहमान/पालक पिता) और मो. इब्राहिम व फजले इलाही आदि हैं। इन्होंने ढाका के जिला प्रशासक के दफ्तर से असली दस्तावेज गायब करके जाली दस्तावेज बनाकर 33 कट्ठे की इस जमीन पर कब्जा कर लिया। पता चला है कि नोवाखाली (वर्तमान पता : टीपू सुल्तान रोड) के मोहम्मद इब्राहिम ने जाली दस्तावेज बनाने में इन लोगों की मदद की है। इस सम्पत्ति के बँटवारे को लेकर उल्लिखित लोगों में आपसी मार-काट तक हो चुकी है।

चाँदपुर में फरिगंज थाने की पश्चिम मुबिदपुर यूनियन के आटपाड़ा गाँव में प्रफुल्लचन्द्र पाल के घर पर हमला करके सरस्वती प्रतिमा तोड़ दी गई। उसी गाँव के

सोहेल (पिता अब्दुस्सत्तार) की अगुआई में यह हमला किया था। तब से प्रफुल्लचन्द्र का परिवार अनिश्चियता के बीच जीवन गुजार रहा है। अप्रैल, 1992 के पहले हफ्ते में बागेरहाट थाने के तहत बाहिरदिया 29 मनसा यूनियन के लालचन्द्रपुर में खाता नं. 106/1, दाग 461 की 88 प्रतिशत जमीन पर स्थित प्राचीन दुर्गामंडप को उसी इलाके के मोस्ताफीजुर रहमान और उसके लोगों ने तोड़कर मिट्टी में मिला दिया।

झालकाठी बाह के रास्ते में शीतलाखोला गाँव के हातिम अली हवलदार, अकबर हुसेन और उसके लोग मिलकर गाँव के हिन्दुओं पर घोर अत्याचार कर रहे हैं। हिन्दुओं को अपना घर-बार छोड़ देने के लिए तरह-तरह से दबाव डाल रहे हैं। यहाँ तक कि उनको अपने पुरखों का मकान न छोड़ने पर जान से मार डालने की धमकी दे रहे हैं। पिराजपुर जिले के स्वरूपकाठी पायलट उच्च विद्यालय के विस्तार के मकसद से डेढ़ सौ वर्ष पुराने दो मन्दिरों में से एक को तोड़ दिया गया और देवोत्तर सम्पत्ति पर कब्जा कर लिया गया।

मैमनसिंह के प्रीकैडेट हाई स्कूल के प्रबन्धक सुजीत रायचौधरी को गैरकानूनी ढंग से नौकरी से हटा दिया गया। उन्हें नौकरी से निकालने के पहले नियमानुसार कोई कार्रवाई नहीं की गई। स्थानीय़ प्रशासन और शिक्षा विभाग से इस मामले में सम्पर्क करने पर भी सुजीत रायचौधरी को उनकी नौकरी वापस नहीं मिली। अब वे घोर आर्थिक संकट में दिन गुजार रहे हैं। टाँगाइल थाने के दिमुखा गाँव के फणीन्द्र शंकर चक्रवर्ती की नाबालिग लड़की सुचित्रा चक्रवर्ती 11.04.92 की सुबह सात बजे जब दिमुखा शहीद जमाल उच्च विद्यालय के सहकारी शिक्षक अजहर अली के यहाँ प्राइवेट ट्यूशन पढ़ने गई तो उसी विद्यालय के नाइट गार्ड अब्दुल मलिक उर्फ धला मियाँ ने उसका अपहरण कर लिया। इस मामले की फणीन्द्र शंकर द्वारा थाने में रपट लिखाए जाने पर 19.4.92 को पुलिस ने तेजगाँव इलाके से आरोपी सहित सुचित्रा को ढूँढ़ निकाला। अदालत के आदेश से सुचित्रा छूटकर अपने परिवार में लौट आई। पर इसके तुरन्त बाद आरोपी जमानत पर रिहा होकर मामला वापस लेने के लिए दबाव डालने लगा। सुचित्रा की इज्जत लूटनेवाले, उसके पिता को जान से मार डालने की धमकी देने लगे। एक जमीन पर गैरकानूनी ढंग से कब्जे को लेकर 8.6.92 को पेत्ती के रूहितिया गाँव के स्व. कैलाशचन्द्र दास के पुत्र सुरेकाचन्द्र दास को उसी गाँव के मीर हुसेन पटवारी ने बुरी तरह मारा-पीटा और बगैर किसी पैसे के जमीन-जायदाद न देने पर जान से मारने की धमकी भी दी।

पंचगढ़ जिले में पटवारी थाने के वर्षालुपाड़ा की सीमा-चौकी का हवलदार असद हुसेन 22.5.92 को प्रदीप कुमार और उसके दो भाइयों की पत्नियों को बिना किसी वजह के उस समय पुलिस कैम्प में ले गया जब दुर्गामंडप से मनौती की पूजा चढ़ाकर वे घर लौट रही थीं। कैम्प में तीनों महिलाओं पर शारीरिक अत्याचार किया गया और छोड़ते समय गन्दी भाषा में गाली-गलौज की गई। इससे पहले भी वह हवलदार और क़ई ऐसी वारदात कर चुका है।

मागुरा में श्रीपुर थाने के बरूंडी गाँव के एक मात्र काली और दुर्गा की प्रतिमा का सिर रात के अँधेरे में तोड़ दिया गया। उसी दिन यानी बंगाब्द 30 चैत्र, 1399 को दुष्कर्मियों ने दो हिन्दू घरों पर हमला करके स्त्रियों और बच्चों को बेरहमी से मारा-पीटा। 327/307/380 धारा के तहत मुकदमा दायर किए जाने पर दुष्कर्मियों ने मुकदमा वापस लेने के लिए दबाव डालना शुरू किया। इसके पूर्व दुष्कर्मियों ने बंगाब्द 1398 के फागुन महीने में उसी जिले के सदर थाना इलाके के भाटपाड़ा गाँव में राधाविग्रह मन्दिर का दरवाजा तोड़कर तीन मूल्यवान पत्थर की मूर्तियाँ गायब कर दी थीं। इस मामले में थाने में डायरी भी दर्ज कराई गई लेकिन मूर्तियों का अब तक उद्धार नहीं हुआ।

नउगाँ जिले में घामरहाट थाने के राखरपुर गाँव के हिन्दुओं पर बहुसंख्यक सम्प्रदाय के लोग लगातार मानसिक और शारीरिक अत्याचार करते आ रहे हैं। फरीदपुर में अलफाडाँगा थाने के नारायणदिया गाँव के स्व. पंचानन प्रामाणिक के पुत्र शिवकुमार प्रामाणिक की जमीन की पेशगी का जाली कागज तैयार करके गाँव के जलू मुंशी ने झूठ मामला बनाया। शिवकुमार को जमीन-जायदाद से बेदखल करने की वह कोशिश कर रहा है। नेत्रकोना में केंदुआ थाना इलाके के कुमारउड़ा गाँव के प्रफुल्ल चक्रवर्ती की चौदह वर्षीय लड़की सीमा का 30 जून, 1992 की रात लगभग दो बजे घर का दरवाजा तोड़कर अपहरण कर लिया गया। उसी कुमारउड़ा गाँव के कालीदास नमोदास की नव विवाहिता लड़की का 15 जून, 1992 को गाँव के ही मफीजउद्दीन के बेटे सम्राज मियाँ ने अपहरण कर लिया।

नोवाखाली में सेनबाग थाने के तहत नवीपुर गाँव के निवासी कृष्ण दास की पत्नी सवर्णवाला दास का उसी गाँव के अबुल कासिम चौधुरी ने पाँच गुंडों को साथ लेकर रात के अँधेरे में अपहरण कर लिया। उस पर पाशविक अत्याचार करके दूसरे दिन यानी 14, जुलाई, 1992 को बेहाशी की हालत में उसे घर के बगल के खेत में फेंक दिया गया था।

राजाबाड़ी जिले के पांशा थाने में कालू खाली में मदनमोहनजी के मन्दिर की मूर्तियाँ रात के अँधेरे में चोरी चली गई। मन्दिर में सेवारत पुजारी और धर्मप्राण हिन्दुओं ने इस मामले में राजबाड़ी जिला प्रशासन और पुलिस सुपर को ज्ञापन दिया। इसके बावजूद मूर्तियों का उद्धार नहीं हुआ। नोवाखाली में सेनबाग के सोनारमुड़ी में डॉ. हरिदास भौमिक और आशीष भौमिक के घर में 5 जुलाई, 1992 की रात कुछ लोगों ने 'काकटेल' रखकर उन्हें पुलिस से पकड़वा दिया और साजिश के तहत झूठी रपट लिखा कर उन्हें थाने में बन्द कर दिया गया।

शेरपुर जिले में नालिताबाड़ी थाने के तहत रूपरायकुड़ा-मरिचपुड़ा यूनियन के गोजाकुड़ा गाँव में काफी पुराने श्मशानघाट पर स्थानीय दबंग लोगों ने कब्जा जमा रखा है। वे श्मशान में शवदाह करने में बाधा डाल रहे हैं। मैमनसिंह में मुक्तागाछा के पारूलीलता ऋषिपाड़ा में मादकद्रव्य नियन्त्रण विभाग के उप निदेशक मो. शफीकुर रहमान की अगुआई में 20-25 लोगों के एक दल ने 8.6.1992 को नशीले पदार्थ की

बरामदगी के नाम पर हमला किया और लूटपाट की। यही नहीं, जीतेन्द्रनाथ ऋषि के पुत्र अनिल ऋषि को निर्दयतापूर्वक पीटकर मार डाला।

बड़िशाल जिले में बानरीपाड़ा थाने के कुन्दीहार गाँव में जे.एल. नम्बर 74 एस. में खतियान नं. 254 की 64 प्रतिशत देवोत्तर सम्पत्ति पर कब्जा करके उसी गाँव के अबू हलीफ हवलदार ने पाँच सितारा होटल बनवाया है। उपर्युक्त देवोत्तर सम्पत्ति वनमाली दास के नाम से है। वनमाली दास के पुत्र अनन्तकुमार दास ने अपनी सम्पत्ति की सुरक्षा और परिवार को परेशानी से बचाने के लिए 10 मार्च, 1993 को बड़िशाल पुलिस के सुपर को अर्जी दी। बदले में अबू हनीफ हवलदार दल-बल के साथ अनन्तकुमार दास के घर पर आ धमका। उसने अश्लील भाषा में साम्प्रदायिक उत्तेजना पैदा करनेवाली गाली-गलौज किया और मन्दिर की अवमानना की। दबंग बदमाशों के इस दल ने अनन्तकुमार को जान से मार डालने की धमकी भी दी।

मैमनसिंह जिले के कोतवाली थानान्तर्गत बरियान गाँव के स्व. दयालचन्द्र गोप के पुत्र अजयकुमार गोप की 9.67 प्रतिशत जमीन के जाली दस्तावेज बनाकर उसी इलाके के मो. जब्बार अली, नूरूल इस्लाम, रमजान अली, तारा मियाँ, आ. जलील, इस्माइल हुसेन, मस्ताज अली, सुलतानउद्दीन, मुकुल हुसेन, इमाम अली, मो. मियाँ हुसेन, मकबूल हुसेन आदि ने उस पर कब्जा कर लिया। इनके जाली दस्तावेजों के नम्बर हैं—14100, 14101, 14102 और 14103, रजिस्ट्रेशन की तारीख 9 दिसम्बर, 1990 है। अजय कुमार गोप ने इनके खिलाफ कोतवाली थाने में मामला दायर किया है।

गाजीपुर जिले के श्रीपुर नानाइया गाँव के हनीफ पहलवान (पिता स्व. ताहिर उद्दीन) ने गाँव के ही शरतचन्द्र सरकार से बीस हजार रुपए के चन्दे की माँग की। शरतचन्द्र के पैसे न दे पाने की स्थिति में हनीफ अपने लोगों के साथ मिलकर शरतचन्द्र के गुहाल से एक दुधारू गाय खोलकर ले गया। इसकी थाने में शिकायत करने पर थानेदार ने हनीफ के घर से गाय को मुक्त कराया और हनीफ के सहयोगी मुनीर को गिरफ्तार भी किया। लेकिन इससे चिढ़कर हनीफ ने षड्यन्त्र रचा और शरतचन्द्र के बड़े भाई नवकुमार सरकार की जायदाद पर कब्जा करने के मकसद से पुराने स्टैम्प पेपर पर एक जाली दस्तावेज बनाया। उक्त पेशगीनामे में नवकुमार को 'दाता' और हनीफ पहलवान को 'ग्रहणकर्त्ता' दिखाते हुए यह भी लिखा गया कि नवकुमार सरकार ने एक लाख पचास हजार रुपए लिए हैं। नवकुमार ने दरख्वास्त दी कि ये सारी बातें झूठी हैं। उन्होंने कोई पैसा लिया ही नहीं और न कोई पेशगी का दस्तावेज ही बना। इसी तरह जिले के अतिरिक्त पुलिस सुपर ने 30 चैत्र, 1399 बंगाब्द को रथखोला मैदान की चड़कपूजा बन्द करा दी। जबकि लम्बे समय से वहाँ पूजा होती आ रही थी। लेकिन अतिरिक्त पुलिस सुपर ने चड़क पूजा बन्द कराते समय फरमान जारी किया कि जिला प्रशासन की इजाजत के बगैर पूजा नहीं करने दी जाएगी।

बगुड़ा सदर थाने की आशिफपुर यूनियन के चकजोड़ा और सुलतानगंज यूनियन के गंडगाँव के साठ हिन्दुओं की जमीन सी.एसओ.एम. तथा एम.आर.आर. और

दस्तावेज के लिए देय राजस्व चुकाने के बावजूद 'अर्पित सम्पत्ति' के तहत सूचीबद्ध कर ली गई। जिनकी जायदाद को 'अर्पित सम्पत्ति' की सूची में रखा गया, उन सबके नाम वोटर लिस्ट में दर्ज हैं और सभी नियमित रूप से सरकारी कर देते हैं। इसी जिले के शेरपुर थाना क्षेत्र के हिन्दुओं को 'शत्रु सम्पत्ति कानून' के नाम पर राजस्व विभाग बेवजह परेशान कर रहा है। साल के आखिर तक सरकारी राजस्व और भूमि विकासकर देने के बावजूद 'अर्पित सम्पत्ति' की जाली सूची बनाकर हिन्दू सम्प्रदाय के लोगों को परेशान किया जा रहा है। मोखलेसुर रहमान, मतीउर रहमान शेख, मतीउर रहमान और सफेद अली षड्यन्त्र रचकर नउगाँ जिले में अत्राई थाने के चापड़ा गाँव के वीरेन्द्र पाल, भूपेन्द्रनाथ पाल और वैद्यनाथ पाल की जमीन के जाली दस्तावेज बनाकर उसे हड़पने की कोशिश कर रहे हैं। चापड़ा इलाके के वे दबंग लोग जमीन-जायदाद छोड़कर चले जाने के लिए पाल भाइयों पर अत्याचार कर रहे हैं और हत्या की धमकी दे रहे हैं। राजशाही जिले में बाघा थाने की पाकुड़ियाँ यूनियन के हिन्दू परिवारों पर कुख्यात आतंकवादी शाह जमाल (पिता स्व. रेजितुल्लाह मंडल) अत्याचार कर रहा है। इससे पहले स्थानीय प्रभावशाली व्यक्तियों से मदद पानेवाला आतंकवादी जमाल पाकुड़िया गाँव के रवीन्द्रनाथ की पत्नी, अजीत कुमार पाल की पत्नी और शंकर पाल की पत्नी सहित कई हिन्दू परिवार की महिलाओं पर हमला करके उनकी इज्जत-आबरू लूट चुका है। 27 अगस्त, 1992 को उसी गाँव के दिलीप कुमार साहा की पत्नी सरमारानी पर उसने हमला किया। आत्मरक्षा के लिए सरमारानी के चिल्लाने पर शाह जमाल ने उसे दबोच लिया और इज्जत लूटने की कोशिश की । सरमारानी के चीखने-चिल्लाने से आसपास के लोगों के इकट्ठा हो जाने पर शाह जमाल भाग गया। इस मामले में पंचायत बैठाने के बावजूद शाह जमाल का कुछ नहीं बिगाड़ा जा सका।

कुमिल्ला में बूढ़ीचंग थाना इलाके की मैनामती यूनियन के घोष नगर गाँव के तरणीमोहन (पिता स्व. राजकुमार देवनाथ) को उनके मकान से निकाल बाहर करने के मकसद से उसी गाँव का अब्दुल अजीज (पिता स्व. अ. मजीद) 6 फरवरी, 1993 को 40/50 लोगों के एक हथियारबन्द दल के साथ आया और तरणी देवनाथ के घर में घुसकर उनके बेटे और बहू को जान से मार डालने की धमकी दी। उनके मकान के ऊपर गैरकानूनी ढंग से उसने मकान बना लिया। बाद में यूनियन परिषद के अध्यक्ष की मौजूदगी में उस घर को तोड़ दिया गया। अब्दुल अजीज इससे चिढ़कर तरणीमोहन देवनाथ और उनके पुत्र को मार डालने और परिवार की इज्जत मिट्टी में मिला देने की धमकी देता आ रहा है। इसी इलाके के लांगलकोट थानान्तर्गत चियरागाँव के मयनचन्द्र साहा (पिता स्व. रायमोहन साहा) की जमीन हड़पने के मकसद से स्व. जिन्नात अली का पुत्र अब्दुल गफूर (गाँव रिता) जाली दस्तावेज दिखाकर उन्हें जमीन से बेदखल करने की धमकी दे रहा है। साथ ही जान ले लेने की धमकी देकर डरा-धमका रहा है। फेनी में परशुराम थाने के तहत परशुराम राम यूनियन के बाशिन्दे हिमांशुविकास मजुमदार उर्फ भक्त मजुमदार का 30 अक्तूबर, 1992 को कुछ गुंडों ने अपहरण कर

लिया। पचपन वर्षीय भक्त मजुमदार उत्तराधिकार में प्राप्त बाउरखुमा के जमींदार घराने की विशाल सम्पत्ति के मालिक हैं। अपहरण से पहले उनकी इस विशाल सम्पत्ति पर कब्जा करने में वह स्थानीय दबंग आदमी तरह-तरह की चालबाजी करके, डराने-धमकाने के बावजूद नाकाम रहा था। अपहरण के दूसरे दिन भक्त मजुमदार की लुंगी और सैंडिल घर से थोड़ी दूर रास्ते में पड़ी मिली। उनके अपहरण का मामला परशुराम थाने में दर्ज कराया गया है।

किशोरगंज शहर थाना इलाके के निवासी फजलुल हक गंग ने 26 जुलाई, 1992 को इसी इलाके के श्री शुद्धोदन से बीस हजार रुपए चन्दे की माँग की, इतनी बड़ी राशि दे पाने में उन्होंने असमर्थता जाहिर की। नतीजतन फजलुल हक उर्फ कंचन अवैध हथियार के बल पर शुद्धोदन को जबरन उठा ले गया और सादे स्टैम्प पेपर पर जबर्दस्ती दस्तखत कराके उनके मकान-जमीन पर कब्जा कर लिया। शुद्धोदन के परिवार को 26 जुलाई, 1992 को उसने घर से निकाल दिया। इस बारे में सब कुछ जानते हुए भी स्थानीय पुलिस प्रशासन ने कोई कदम नहीं उठाया। मौलवी बाजार जिले के कुलाउड़ा थानान्तर्गत मागुरा गाँव की शेफाली चक्रवर्ती के पुत्र तपन चक्रवर्ती के विरुद्ध झूठा और षड्यन्त्र पूर्ण केस दायर करके उसे हिरासत में रखा गया है। तपन के खिलाफ आरोप लगाया गया कि मजीबुल हक के भगिना लिट्टन म्यिाँ को 12 दिसम्बर, 1992 की शाम साढ़े छह बजे तपन अपने चार-पाँच दोस्तों के साथ आकर बुला ले गया और पहाड़िका को ट्रेन के नीचे धकेलकर मारने की कोशिश की। लेकिन उस समय पहाड़िका ट्रेन न आने पर तपन और उसके साथियों ने लिट्टन को बाँधकर मारा-पीटा और धारदार हथियार से उसके बाएँ हाथ की उँगली काटने की कोशिश की। जबकि उस इलाके के समझदार लोगों का कहना है कि यह मामला तपन के विरुद्ध षड्यन्त्र के तहत रचा गया है। तपन अपनी पुश्तैनी जमीन-जायदाद का इकलौता वारिस है, उसे हड़पने और तपन को डरा-धमकाकर देश से निकालने के लिए ही यह मामला तैयार किया गया है।

सिलहट जिले के जाकीगंज थानान्तर्गत बाल्ला (भाटपाड़ा) गाँव के विजन भट्टाचार्य (पिता स्व. वीरेन्द्र भट्टाचार्य) को उत्तराधिकार में मिली सम्पत्ति हड़पने के लिए जुबैद अली, शेख बट्टू, शस्तू मियाँ, फारूक अहमद, अहमद जलील, सिराजउद्दीन, मकूमियाँ जैसे प्रभावशाली लोग कोशिश कर रहे हैं। ये लोग विजन भट्टाचार्य को डरा-धमका रहे हैं और जान से मार डालने की भी धमकी दे रहे हैं। सुनामगंज जिले की वीरगाँव यूनियन परिषद के चेयरमैन सालिकउद्दीन ने गाँव के स्व. मणीन्द्र शील की लड़की पावर्ती शील के साथ रात को घर में घुसकर बलात्कार किया। सुनामगंज थाने में इस घटना के विस्तृत उल्लेख के साथ मामला दायर करने पर चेयरमैन पावर्ती को जान से मार डालने की धमकी दे रहा है। जान बचाने के लिए पावर्ती रानी भागती फिर रही है।

बागेरहाट जिले में मोड़लगंज थाने के विशारीघाट गाँव के कालीन्द्रनाथ हालदार की पन्द्रह वर्षीय लड़की पुतुलरानी का 21 मार्च, 1992 को भोर में कुछ बदमाशों ने अपहरण

कर लिया। अपहरणकर्त्ता स्थानीय दबंग लोगों की छत्रछाया में खुलेआम घूम रहे हैं। कालीन्द्रनाथ अपनी नाबालिग लड़की को वापस पाने के लिए दर-दर भटक रहे हैं। वे अपहरणकर्त्ताओं पर कार्रवाई या सजा नहीं चाहते बल्कि महज अपनी बेटी को वापस पाना चाहते हैं।

शेरपुर जिले में झिनाईगति थानान्तर्गत कालीबाड़ी बाजार के रायमोहन और कौड़ीमोहन शील की 42 फीसदी जमीन पर कब्जा कर लिया गया। अहमद बारिक सरकार (पिता स्व. अतर अली सरकार, गाँव चैताजनी, थाना श्रीबरदी) और मो. इस्राफिल उफ गेदा (पिता स्व. इशब अली), नवाब अली और नजरूल इस्लाम नामक इन चार लोगों ने 6 मई, 1993 को उनके घर पर चढ़ाई करके जबर्दस्ती सादे स्टैम्प पेपर पर अँगूठा लगवाकर उनकी जमीन अपने नाम करा ली। दबंगों की यह चौकड़ी जमीन अपने नाम रजिस्ट्री करा लेने के बाद भी उन्हें डरा-धमका रही है। कब्जा की गई 42 फीसदी जमीन की कीमत लाखों रुपए है।

पटुआखाली शहर के दामबाड़ी (सबुजबाग) इलाके के धार्मिक कामकाज में रुकावट डालने के मकसद से कुख्यात रजाकार (देशद्रोही) और स्वाधीनता पूर्व मुस्लिम लीग का जिला सचिव रह चुका सैयाद अब्दुल खालिक हिन्दुओं के मन्दिर के सामने जान-बूझकर मस्जिद बनाने का षड्यन्त्र रच रहा है। पटुआखाली शहर के प्रतिष्ठित हिन्दू विराजकुमार दास की माँ से उनके मन्दिर से सटी 2.37 प्रतिशत जमीन जिले के विकास-कार्य के लिए सरकार ने हुक्म जारी करके दखल कर लिया था। उस जमीन पर पिछले 31/32 वर्षों में कोई निर्माण-कार्य न होने से वह यूँ ही खाली पड़ी थी। उसी खाली जमीन को मस्जिद बनाने के लिए अब्दुल खालिक ने सरकार से लीज पर ले लिया। यहाँ यह गौरतलब है कि मन्दिर से मस्जिद की दूरी सिर्फ पच्चीस हाथ की ही है।

18 मई, 1984 को पावना जिले में सूजानगर थाना क्षेत्र के शोलाकुंडा गाँव के निवासी ललितकुमार घोष की लगभग 50-60 लाख रुपए कीमतवाली जमीन हड़पने के मकसद से उनकी 10/11 साल की लड़की का अपहरण कर लिया गया। काजी शमसुर रहमान, आफताबउद्दीन, माहताबउद्दीन, अजीजुल हक, अशीरउद्दीन, शेखर आदि ललितकुमार घोष की उस जमीन पर साझे की खेती करते थे। सबने षड्यन्त्र करके अचानक जमीन की फसल देना बन्दकर दिया और जमीन पर कब्जा कर लिया। उन लोगों ने ललित घोष के मकान के पास एक मन्दिर भी बनाया और जमीन-जायदाद छोड़कर ललित घोष को चले जाने की धमकी देने लगे। जान के डर से जब वे भागकर पावना शहर आ रहे थे तब दुलाई बस स्टैंड के पास उनका सारा सामान और नकद रुपया-पैसा लूट लिया गया। इसके बाद 1984 से आज तक ललित कुमार घोष प्रशासन का दरवाजा खटखटाए जा रहे हैं लेकिन उनको न तो जमीन वापस मिली और न ही बेटी।

गाइबाधा शहर थाने के परिवार कल्याण ऑफिस की कर्मचारी साधनारानी दे शहर के कालीबाड़ी रोड पर अपने परिवार के साथ लम्बे समय से रहती आ रही थी, लेकिन

उस इलाके के एक डॉक्टर नूरूल इस्लाम तालुकदार ने शत्रु अर्पित सम्पत्ति का जाली दस्तावेज बनाकर साधनारानी के मकान से जुड़ी 73 प्रतिशत जमीन अपनी पत्नी के नाम कर लेने का षड्‌यन्त्र रचा और साधनारानी को मकान से निकाल भगाने की कोशिश की। नूरूल इस्लाम ने गैरकानूनी ढंग से कब्जा की गई जमीन पर साधनारानी के मकान के चारों ओर दीवार खड़ी करा दी। परिणामस्वरूप गृहबन्दी जैसी हालत में साधनारानी अमानवीय जिन्दगी जीने को मजबूर हो गई। बाद में पानी की पाइप लाइन काटकर जिन्दगी बर्बाद करने की धमकी दी गई। इस मामले को लेकर साधनारानी ने नगर निगम के चेयरमैन, जिला प्रशासक, अतिरिक्त जिला प्रशासक (राजस्व) और पुलिस सुपर के दरवाजे खटखटाए। लेकिन ऊँचे दर्जे के प्रभाव के आगे साधनारानी का आवेदन प्रशासकों के कठोर हृदय में कोई सहानुभूति नहीं पैदा कर सका। बाद में डॉक्टर नूरूल इस्लाम तालुकदार ने हथियारबन्द लोगों को लेकर 20.6.93 को साधनारानी पर हमला कर दिया। इस बारे में जिला प्रशासन और टी.एन. ओ. के यहाँ मामला दायर करने पर नूरूल इस्लाम सहित हमलावरों की गिरफ्तारी का परवाना जारी किया गया। लेकिन पक्षपातपूर्ण चार्जशीट दाखिल करने पर फिर साधनारानी ने धारा-7, के तहत मजिस्ट्रेट की अदालत में सुरक्षा-मामला दायर किया तो वे लोग मजिस्ट्रेट कोर्ट में गवाह हाजिर न होने देने के लिए गैरकानूनी दबाव डालते हुए साम्प्रदायिक झगड़े का प्रचार करने और धमकाने लगे। स्थानीय पत्र-पत्रिकाओं में इस मामले की एकाधिक सचित्र रिपोर्ट छपने के बाद प्रशासन ने रहस्यपूर्ण ढंग से चुप्पी साध ली। अन्त में प्रधानमन्त्री, भूमिमन्त्री और भूमि मन्त्रालय के सचिव के यहाँ न्याय की गुहार लगाने पर भी साधना रानी को कोई लाभ नहीं हुआ।

पटुआखाली जिला-शहर के लाँचघाट इलाके में लम्बे समय से अपने पति और परिवार के साथ मीनूरानी पोद्दार रहती आ रही हैं। 28.2.98 को इस इलाके के अनीसुर रहमान ने सशस्त्र दल के साथ, कोर्ट के आदेश की अवमानना करके, मीनूरानी के परिवार को जोर-जबर्दस्ती उजाड़ने की कोशिश की। स्थानीय लोगों के दबाव के आगे थोड़े समय के लिए नाकाम होने पर भी वह मीनूरानी के परिवार को हत्या और उजाड़ देने की धमकी देता आ रहा है।

बड़िशाल जिला शहर के बी.एम. स्कूल रोड के निकट प्रफुल्ल कुमार साहा, पंकज सरकार, क्षितीशचन्द्र हालदार और अमियबाला साहा को लम्बे समय के लिए पट्टे पर दी गई जमीन प्रशासन द्वारा दुबारा मोस्ताफिजुर नामक व्यक्ति को लीज पर दे देने से जटिल परिस्थिति पैदा हो गई। उक्त चारों लोगों की पट्टे की जमीन पर कोर्ट के आदेश, खुलना के विभागीय कमिश्नर के आदेश के बावजूद, स्थानीय प्रशासन की निषेधाज्ञा की अवहेलना करके मोस्ताफिजुर रहमान ने 21.1.1994 को पट्टे की जमीन पर स्थित माटी से भरे हुए पोखरे पर भी जबर्दस्ती कब्जा करने की कोशिश की। उन चारों लोगों को वह जान से मार डालने की धमकी देता चला आ रहा है।

फेनी के सदर थाना इलाके की सिन्दूरपुर यूनियन के बैखाली गाँव के महेन्द्रकुमार

दास और हरेन्द्र कुमार दास ने गाँव के ही मुंशी हबीबुर रहमान (पिता स्व. तोजाम्मिल हक) के पास अपनी 39 फीसदी जायदाद जमानत पर रखी थी। कुछ दिनों बाद महेन्द्र दास और हरेन्द्रदास की मृत्यु हो जाने पर उनके पुत्र क्रमशः स्वप्न कुमार दास और अनिलकुमार दास द्वारा अपनी जायदाद वापस माँगने पर उन्हें मार डालने की धमकी दी गई। घर-बार फूँक डालने और देश से निकाल बाहर करने के धमकी भी दी गई।

ढाका के मीरपुर थाने के 12 नम्बर सेक्शन के बाशिन्दा अलहज्ज मुल्ला के दो बेटों हाजी सुजुत मुल्ला और गयासुद्दीन मुल्ला ने बिरलिया निवासी गोपीबल्लभ साहा के भतीजे को जबर्दस्ती घर में बन्द करके उससे उसकी जमीन लिखवा ली। इन लोगों ने मीरपुर साभार और उत्तरा इलाके के हिन्दुओं की काफी जमीन जाली दस्तावेज बनाकर हड़प ली है और वहाँ के हिन्दुओं को डरा-धमकाकर तथा जान से मार डालने का भय दिखाकर भगा चुके हैं। इन दोनों भाइयों के कारनामे जारी ही हैं।

चुआडाँगा जिले में आलमडाँगा थानान्तर्गत जेहाला बाजार के निताईचन्द्र पाल अपने पारिवारिक उत्तराधिकार के जरिए 24 एकड़ 2 शतक जमीन के मालिक बने। लेकिन इलाके के अब्दुल बारी की अगुवाई में कुछ प्रभावशाली साम्प्रदायिक लोगों के गुट ने जाली दस्तावेज के सहारे उस जमीन पर कब्जा करने की चाल चली। आखिर निताई चन्द्र पाल ने कानून का सहारा लिया। मुकदमे में अब्दुल बारी गंदेव के कागजात जाली साबित हो गए तो फिर उन लोगों ने तरह-तरह की करतूतों का सहारा लिया और डराने-धमकाने लगे। निताईचन्द्र पाल असुरक्षा के डर में डूबे हुए हैं, इसी थाना क्षेत्र के गोविन्दपुर गाँव के राजकुमार रामेकार की पैतृक सम्पत्ति का आलमडाँगा यूनियन के भूमि ऑफिस के तहसीलदार ताहिर, अपने बेटे रकीब और कुछ दूसरे लोगों के नाम से जाली दस्तावेज बनाकर काफी दिनों से उसे हजम करने की कोशिश कर रहे हैं। तहसीलदार ने उस सम्पत्ति को कभी 'अर्पित', कभी 'खास' और 'परित्यक्त' दिखाकर लीज पर देने की कोशिश की। इस मामले में इस चौकड़ी ने राजकुमार के खिलाफ झूठा मुकदमा दायर करके उन्हें परेशान कर रखा है।

लक्ष्मीपुर जिला-शहर थाने के दलाल बाजार के निकट स्थित राधामाधव अखाड़े के सामने आने-जाने के रास्ते पर स्थानीय फीरोज आलम पटवारी, खन्दकार मफीजुल इस्लाम, मोजाम्मिल हुसेन, मो, शाहजहाँ समेत कई दबंग लोगों ने घर बनाकर मन्दिर में आने-जाने में रुकावट खड़ी कर दी। इसके बारे में जिला प्रशासन और पुलिस सुपर को बताने के बावजूद कोई नतीजा नहीं निकला। उल्टे उन प्रभावशाली लोगों ने 15.1.94 को मन्दिर जाने का रास्ता पूरी तरह से बन्द कर दिया। परिणामस्वरूप उस इलाके के हिन्दू समाज के लोग पूजा-पाठ करने से वंचित हो गए। इतना ही नहीं उल्लिखित लोगों का गुट मन्दिर पर कब्जा करने का षड्यन्त्र रच रहा है। दूसरी ओर इस घटना को केन्द्र बनाकर इलाके में साम्प्रदायिक उत्तेजना बढ़ रही है।

चट्टग्राम जिले में अनवरा थाने की 7 नम्बर हेडक्वार्टर यूनियन के चुनाव में रेजाउल करीम नामक एक उम्मीदवार बुरी तरह हारने के बाद इलाके के हिन्दू वोटरों

को तरह-तरह से धमका रहा है। उसका आरोप है कि हिन्दू वोटरों ने उसे वोट नहीं दिया। इसलिए वह अपने संगी-साथियों को लेकर हिन्दुओं को देश से भगाने की धमकी देता फिर रहा है।

कुष्टिया जिले में कुमारखाली थाने की 'यदु बयरा यूनियन' के बाकीदह गोविन्दपुर मौजा की करीब डेढ़ एकड़ जमीन पर दस वर्षों से स्थानीय तौर पर प्रभावशाली लियाकत अली सरदार अवैध रूप से कब्जा जमाए बैठा है। इस जमीन के असली मालिक अशोक मजुमदार द्वारा नियमित रूप से कर दिए जाने के बावजूद स्थानीय नेता से उन्हें कोई मदद नहीं मिली। कई बार अशोक मजुमदार ने पंचायत बुलाई। कागजात देखकर पंचायत ने अशोक मजुमदार के पक्ष में ही फैसला सुनाया। लेकिन उस प्रभावशाली व्यक्ति ने जमीन पर से कब्जा नहीं छोड़ा। उल्टे उसने अशोक मजुमदार की पत्नी गीता मजुमदार के नाम की 22 प्रतिशत जमीन पर भी कब्जा कर लिया।

मदारीपुर जिले के सदर थाना क्षेत्र के पूर्व छिलारचर गाँव के हरिपद मजुमदार और स्कूल शिक्षक दिनेशचन्द्र मजुमदार सहित दूसरे हिन्दू परिवार, गाँव के ही बबलू सरदार और सलीम भुइयाँ के गिरोह के गुंडों के आतंक से बुरी तरह दबे-सहमे हैं। इस गिरोह ने कुछ दिनों पहले रघुरामपुर पब्लिक हाई स्कूल के शिक्षक दिनेशचन्द्र मजुमदार का अपहरण करके उन पर शारीरिक अत्याचार किया और उनको छोड़ने के लिए फिरौती की माँग की। आखिरकार गुंडों की माँग के मुताबिक पैसे देकर उन्हें मुक्त कराना पड़ा। भविष्य में उनकी सुरक्षा के लिहाज से स्थानीय थाने को सारी बातें बताई गईं तो पुलिस ने बबलू सरदार और सलीम भुइयाँ को उनके साथियों समेत गिरफ्तार कर लिया। लेकिन जमानत पर छूटने के बाद यह गिरोह गाँव के हिन्दू परिवारों को देश छोड़कर चले जाने के लिए धमका रहा है—अगर ऐसा नहीं करते तो उन्हें जान से मार डालने की धमकी दी जा रही है।

जैसोर के बाधारपाड़ा थाना इलाके के श्रीपुर गाँव का मोहिउद्दीन मुल्ला कुछ जाली कागजात के जरिए उसी गाँव के राधागोविन्द मन्दिर की एक एकड़, 33 प्रतिशत जमीन पर कब्जा जमाने का षड्यन्त्र कर रहा है। पता चला है कि मोहिउद्दीन मुल्ला भूमि नापजोख विभाग के कुछ भ्रष्ट कर्मचारियों की मदद से उस जमीन को हथियाने की फिराक में है। लेकिन इसकी भनक लगने के बाद जालसाजी को खारिज करके इलाके के लोग मन्दिर की जमीन मन्दिर के नाम रेकॉर्ड करने की माँग कर रहे हैं। फिर भी इलाके के लोगों की माँग को दरकिनार कर मोहिउद्दीन मन्दिर की जमीन पर कब्जा करने की कोशिश जारी रखे हुए हैं।

हबीगंज जिले के चुनारूघाट थाना क्षेत्र के रानी गाँव यूनियन के पारफुल मौजे के तेलीमारा और हरिणमारा गाँव में कुछ हिन्दू रहते हैं। स्थानीय यूनियन परिषद के चेयरमैन खास जमीन के नाम पर उक्त हिन्दुओं की जमीन से जबर्दस्ती माटी कटवाकर, जमीन पर कब्जा करके वहाँ रहनेवाले परिवारों को उजाड़कर देश छोड़ने के लिए मजबूर कर रहे हैं।

कुमिल्ला के विक्टोरिया कॉलेज के रसायन शास्त्र विभाग के प्राध्यापक हारानचन्द्र देवनाथ ने 31.10.92 को इस कॉलेज में ज्वॉयन किया था। सरकारी नियमानुसार वे तीन साल तक इस कॉलेज में रह सकते थे, लेकिन 3.10.93 को ही उनका बरुड़ा के शहीद स्मृति सरकारी कॉलेज में तबादला कर दिया गया। जबकि उसी विभाग के एस. एम. सफीउद्दीन तेरह बरसों से विक्टोरिया कॉलेज में जमे हुए हैं। दूसरे, श्री देवनाथ की पत्नी श्रीमती सुपर्णा देवनाथ सरकारी स्कूल की शिक्षिका भी हैं और सरकारी नियमानुसार पति-पत्नी के सरकारी नौकरी में रहने की स्थिति में दोनों को एक ही जगह पोस्टिंग की प्राथमिकता प्राप्त होती है।

6 फरवरी, 1995 को ढाका के नवाब फैयाजुन्निसा हॉल की हिन्दू छात्राओं द्वारा आयोजित सरस्वती पूजा के उत्सव पर हमला करके सरस्वती की मूर्ति को तोड़ दिया गया।

बाँग्लाबाजार के 1-शिरीषदास लेन में एक ब्यूटी बोर्डिंग है। इस बोर्डिंग के मालिक प्रहलादचन्द्र साहा को स्वाधीनता संग्राम के दौरान नरपशुओं ने मार डाला था। यह ब्यूटी बोर्डिंग पचास और साठ के दशक के युवा लेखकों, कवियों, कलाकारों—के साहित्य और कला का केन्द्र था। आज उनमें से कई लोग कला-साहित्य के क्षेत्र में शीर्ष पर हैं। उनकी अनेक महत्त्वपूर्ण कृतियों की रचना इसी ब्यूटी बोर्डिंग में बैठकर हुई है। लेकिन 104/4ए/7 पुलपार, जाफराबाद मोहम्मदपुर का शरीफुल इस्लाम नामक एक आदमी इस ऐतिहासिक ब्यूटी बोर्डिंग पर कब्जा करने की साजिश कर रहा है।

ननीगोपाल हालदार नामक 35 वर्षीय एक गायक को जो बाँग्लादेश टेलीविजन के नियमित कलाकार थे, 11 नवम्बर, 1994 को ढाका की न्यूमार्केट के बगल में स्थित सुपर मार्केट के एक कमरे में बन्द करके मार डाला गया। उन्हें न्यूमार्केट के ओवर ब्रिज के पास से किडनैप किया गया था। तीन दिन के बाद पुलिस ने ननीगोपाल की लाश मार्केट इलाके में जमीन खोदकर निकाली थी। इस घटना के बाद जुड़े होने के सन्देह में तीन लोगों को गिरफ्तार जरूर किया गया लेकिन इसका जो असली मुजरिम था, उसे गिरफ्तार नहीं किया गया।

ढाका विश्वविद्यालय के सुशीलराम गौड़ नामक एक कर्मचारी को 30 मई, 1994 को अरफैनेज रोड, लालबाग के उसके मकान से बदमाशों ने अपहरण किया। शुभ नामक स्थानीय गुंडे और उसके दल ने सुशीलराम से दस हजार रुपए चन्दे की माँग की थी। जब उसने पैसे देने से इनकार किया तो गुंडे उसे घर से उठा ले गए और उन पर शारीरिक अत्याचार किया। अन्ततः गम्भीर हालत में सुशीलराम को ढाका विश्वविद्यालय के अस्पताल में इलाज के लिए भर्ती किया गया।

कुमिल्ला के योगेन्द्र कुमार माली ढाका के साभार थानान्तर्गत उत्तर काउनिया इलाके में एक जमीन खरीदकर मकान बनाने की तैयारी कर रहे थे लेकिन स्थानीय कट्टरपन्थी घर बनाने में रोड़ा डालने लगे और मकान बनाने का इरादा छोड़कर योगेन्द्र कुमार पर देश से चले जाने के लिए दबाव डाला गया। कुमिल्ला से हमेशा के लिए ढाका

चले आए योगेन्द्र कुमार इस मामले में 27 जुलाई 1994 को साभार थाने में मदद माँगने गए। इसके बावजूद थाना प्रमुख ने योगेन्द्र कुमार पर हमला करनेवालों के खिलाफ कोई कार्रवाई नहीं की।

केरानीगंज से हाजी अब्दुल मामून की अगुवाई में कट्टरपन्थियों के दल ने मार्च '93 में स्थानीय दुर्गा मन्दिर पर हमला किया। कट्टरपन्थियों ने मन्दिर की तोड़-फोड़ की और मन्दिर तथा आस-पास के मकानों से कीमती सामान लूट ले गए। इस वारदात की केरानीगंज थाने में शिकायत करने के बावजूद किसी को गिरफ्तार नहीं किया गया। ढाका जिले के केरानीगंज थानान्तर्गत माँभाइयारचर गाँव के हिन्दुओं के मकानों को भी अप्रैल, 1994 में लूटकर आग लगा दी गई। उग्रपन्थियों ने इस गाँव के पचास से भी ज्यादा घरों पर धावा बोलकर उन्हें खाक में मिला दिया।

मौलवीबाजार जिले में कमलगंज थाना क्षेत्र के पाथरखोला चाय बागान के श्रमिकों के घरों में 5 और 6 मई, 1995 को हमला करके उग्रपन्थियों ने सौ से अधिक मकान तहस-नहस कर दिए। उग्रपन्थियों के दो दिनों के इस तांडव में दो हिन्दू मरे और हजार से भी अधिक क्षतिग्रस्त हुए। पर उग्रपन्थियों के विरुद्ध कोई कानूनी कार्रवाई नहीं की गई। इसी जिले में बड़लेखा थाने के पूर्व शाहबाजपुर के निरामकुशकान्ति दे (टुटुल) को मुस्लिम कट्टरपन्थियों ने 18 जून, 1994 को जबर्दस्ती धर्मान्तरित किया। कुलाउरा थाने के मगुरा गाँव के तपनकुमार को पुलिस लम्बे समय से गिरफ्तार करके हिरासत में रखे हुई है।

इस गाँव के मुजीबुल हक ने तपनकुमार की सम्पत्ति हड़पने के लिए 12 दिसम्बर, 1994 को थाने में एक झूठा मामला दायर किया। लेकिन तरह-तरह के अत्याचार सहने के बावजूद जब तपनकुमार ने अपने पुरखों की जमीन नहीं छोड़ी तो मुजीबुल हक ने उन्हें परेशान करने के मकसद से 'हत्या का मामला' दायर किया और निरीह तपनकुमार को इस मामले का मुख्य आरोपी ठहराया।

नरसिन्दी जिले में शिवपुर थानान्तर्गत लेटावर गाँव के रजनीचन्द्र दास के पुत्र प्रबोधचन्द्र दास के घर पर 25 जुलाई, 1995 को इलाके के ही इलियास मियाँ की अगुवाई में एक गिरोह ने हमला किया और कीमती सामान लूट ले गया। प्रबोधचन्द्र को अपना पुश्तैनी मकान छोड़कर चले जाने की धमकी भी दी।

मुंशीगंज में सिराजदीखान थाने के ताजपुर गाँव में सेवानिवृत्त डिप्टी सेक्रेटरी श्यामसुन्दर नाथ के घर पर हमला किया गया। अमजद हुसेन सरदार के बेटे अब्दुल बारिक सरदार की अगुवाई में सौ से ज्यादा की तादाद में उग्रपन्थियों ने हमला किया। इस हमले में मि. नाथ के दो बेटे और पोता घायल हुआ। हमले के दौरान वे सब घर का सारा सामान लूट ले गए। 16 अप्रैल, 1995 को जब श्री नाथ इस हमले की थाने में डायरी कराके लौट रहे थे तो शाम 7 बजबकर 15 मिनट पर उग्रपन्थियों ने उन पर हमला किया। डायरी कराने के अपराध (?) में उन लोगों ने श्यामसुन्दर नाथ को बुरी तरह मारा-पीटा और घड़ी, चश्मा, कलम तथा नकदी छीन ली। यहाँ यह गौरतलब है

कि घर पर जब हमला किया गया था, श्रीनाथ उस वक्त घर पर नहीं थे। इस मामले की विस्तृत जानकारी उन्होंने जिला प्रशासक को दी फिर भी मुंशीगंज के डी.सी. ने उग्रपन्थियों के विरुद्ध कोई कार्रवाई नहीं की।

मानिकगंज में सिंगाइर थाने की जारमिता यूनियन के तहत विभिन्न गाँवों के हिन्दू स्थानीय प्रभावशाली तबके की छत्रछाया में पल रहे कुछ जाने-पहचाने बदमाशों के उत्पीड़न के शिकार हैं। ये लोग योजनाबद्ध ढंग से हिन्दुओं के मकानों में चोरी, डकैती और उनकी स्त्रियों पर अत्याचार कर रहे हैं।

ढाका शहर में सूत्रापुर थाने के तहत हाटखोला रोड के मन्दिर और मन्दिर से जुड़ी जमीन को अदालत की निषेधाज्ञा के बावजूद विदेशी कम्पनी को लीज पर दे दिया गया। सूत्रापुर थाने के ही 24, कालीचरण साहा रोड की एक 'अर्पित सम्पत्ति' मकान को लीज पर लेने के लिए उसी मकान में रहनेवाले देवेन्द्रचन्द्र सरकार और साधनचन्द्र सरकार द्वारा सारे नियम-कानून पूरे करते हुए आवेदन करने के बावजूद वह उन्हें नहीं मिला, जबकि हिन्दू आबादीवाले इलाके का वह मकान एक मुस्लिम नागरिक की लीज पर दे दिया गया। इस मामले में प्रशासन से आवेदन करने पर भी देवेन्द्र सरकार और साधन सरकार को कोई फायदा नहीं हुआ।

गाजीपुर जिले में काजी अजीमउद्दीन कॉलेज रोड से 2.6.94 को उर्मि दास नामक एक लड़की का अपहरण कर लिया गया। इस बारे में उर्मि दास के अभिभावकों द्वारा स्थानीय थाने से सम्पर्क करके मामला दायर करने के बाद भी पुलिस ने उस लड़की को ढूँढ़ निकालने की कोई कोशिश नहीं की। उर्मि दास को काफी दिनों तक अज्ञात स्थान पर रखकर अपहर्त्ताओं ने जबर्दस्ती उसका धर्मान्तरण करा दिया।

नोवाखाली जिले में रामगंज थाना क्षेत्र के करटखिल गाँव के चिन्ताहरण नाथ की दखली सम्पत्ति पर उसी थाने के पश्चिम श्रीनगर गाँव के नूर मोहम्मद और नूर हुसेन सहित दबंगों ने जाली दस्तावेज के जरिए जबरन कब्जा करने की कोशिश की। उन्होंने जबर्दस्ती जमीन पर खेती करने और घर बनाने की कोशिश की। चिन्ताहरण नाथ के विरोध करने पर उन्हें जान से मारने की धमकी दी गई। आत्मरक्षा के लिए चिन्ताहरण नाथ आखिर अपनी जन्मभूमि छोड़कर भारत भाग जाने के लिए मजबूर हुए।

फेनी जिले में परशुराम थाना क्षेत्र के बाउरसुमा गाँव के ज्योतिलाल भौमिक की पैतृक सम्पत्ति गाँव का ही अबुल हुसेन मजुमदार जाली दस्तावेज के जरिए हड़पने के फिराक में लगा है। ज्योतिलाल भौमिक को अबुल हुसेन मजुमदार अपने गुर्गों के साथ मिलकर देश छोड़कर चले जाने की धमकी दे रहा है।

राजबाड़ी जिले के सदर थाना क्षेत्र में मातुआपट्टी मन्दिर की सम्पत्ति पर स्थानीय चालबाजों ने जाली दस्तावेज और जाली कागजात के जरिए कब्जा कर लिया। स्थानीय हिन्दू सम्प्रदाय के लोगों ने मन्दिर की जगह-जमीन वापस पाने के लिए प्रशासन और स्थानीय प्रभावशाली लोगों से अपील की लेकिन उन्हें कोई मदद नहीं मिली। चालबाजों और चन्द भ्रष्ट सरकारी अधिकारियों/कर्मचारियों की साजिश से मन्दिर की सम्पत्ति पूरी

तरह बेदखल हो गई।

ठाकुरगाँव जिले के सदर थानान्तर्गत हरिहरपुर गाँव में स्थित श्री श्री काली माता मन्दिर की देवोत्तर सम्पत्ति 18 अगस्त, 1994 को नजरूल इस्लाम नामक एक आदमी ने धाँधली करके राजशाही के पोस्टमास्टर जनरल के नाम लिख दिया।

चुआडाँगा जिले में आलमडाँगा थाने के तहत जिहाला बाजार के निवासी निताईचन्द्र पाल का मकान झूठे और नकली कागजात के जरिए हड़पने का एक प्रभावशाली व्यक्ति षड्यन्त्र रच रहा है। निताईचन्द्र पाल को भगाने के लिए उस प्रभावशाली व्यक्ति ने उनके खिलाफ झूठा मामला दायर किया है।

कभी ढाका शहर में प्रतिष्ठित रहे पालवंश के पूर्वजों ने 1924 में शहर के विभिन्न इलाकों में सैकड़ों गरीब लोगों को प्रतिदिन मुफ्त में एक वक्त का खाना खिलाने के लिए कुछ जमीन दान देकर 'मदनमोहन पाल अन्नछत्र ट्रस्ट एस्टेट' की स्थापना की थी। इस ट्रस्ट का काम-काज अभी भी चल रहा है। विभिन्न सम्पत्तियों से प्राप्त भाड़े से इसका खर्च चलता है। '122, नवाबपुर रोड' की सम्पत्ति ट्रस्ट की अपनी है। उस पर फौजदारी अदालत में सजायाफ्ता, इलाके का समाजविरोधी अब्दुस्समद झूठे कागजात बनाकर कब्जा करने का षड्यन्त्र कर रहा है।

मानिकगंज जिले में सिंगाइर थानान्तर्गत चन्दनपुर गाँव में रामपद ऋषि के घर पर 8 फरवरी, 1994 को सशस्त्र गुंडों ने हमला करके उनके विदेश से लौटे छोटे भाई लक्ष्मण का लाखों रुपए का सामन लूट लिया। इससे पहले उन्हीं गुंडों ने रामपद ऋषि की पत्नी को हथियार के बल पर घर से मैदान में ले जाकर उससे बलात्कार किया था। गुंडों का यह गिरोह इसी गाँव के रत्नेश्वर ऋषि की लड़की रूपी को कई बार उठाकर ले गया और बलात्कार करके उसे छोड़ दिया। एक बार रूपी के गर्भवती हो जाने पर गरीब रत्नेश्वर द्वारा गर्भपात का कोई इन्तजाम न कर पाने की स्थिति में अन्ततः अविवाहित रूपी ने एक लड़के को जन्म दिया। रूपी के यह बताने पर भी कि बच्चा स्थानीय चेयरमैन के रिश्तेदार मिसिर अली सरदार के बेटे हबीबुर का है, उसे कोई इंसाफ नहीं मिला। रूपी का अपहरण करके जिन लोगों ने बलात्कार किया था, वे आदतन बलात्कारी थे। अविवाहित रूपी अब अपने तीन वर्ष के पुत्र सद्दाम को लिए दर-दर भटकती इंसाफ की भीख माँग रही है। और गुंडे, गाँव के दूसरे ऋषि परिवारों पर भी कहर ढा रहे हैं।

नड़ाइल निगम इलाके के महिषखोला गाँव की नड़ाइल सरकारी बालिका विद्यालय में छठी कक्षा में पढ़नेवाली रामूरानी देवनाथ का 3 फरवरी, 1994 की शाम को अपहरण कर लिया गया। राम देवनाथ के पिता खोकन देवनाथ द्वारा थाने में रिपोर्ट लिखाने के बाद भी पुलिस ने कोई मदद नहीं की। अपहृत रामूरानी देवनाथ का आठ महीने बाद भी कोई पता न चलने पर खोकन देवनाथ अपना मानसिक सन्तुलन खो बैठे हैं।

चट्टग्राम के चकबाजार इलाके के विशिष्ट व्यावसायी शुभाशीष दत्त भानु को 8 दिसम्बर, 1995 की रात अपहृत कर लिया गया। अपहर्त्ताओं ने दस लाख रुपए फिरौती

की माँग की। शुभाशीष दत्त के घरवालों के पास फोन आने पर उसके बड़े भाई द्वारा अगले दिन वादी बनकर कोतवाली थाने में मामला दायर करने के तीन दिनों बाद पुलिस शुभाशीष भानु को ढूँढ़ निकालने में कामयाब हुई। शारदीया दुर्गोत्सव के मौके पर चट्टग्राम शहर की मिनी सुपर मार्केट के स्वर्ण व्यवासयी परितोष धर, रांगुनिया थानान्तर्गत बेतागीत अपने घर गए थे। 3.10.95 मंगलवार की रात एक हथियारबन्द गिरोह ने उनका अपहरण कर लिया। अपहरण के बाद बतौर फिरौती पाँच लाख रुपए की माँग की गई। अपहृत परितोष धर के परिवारवाले अपहर्त्ताओं की धमकी के कारण थाने में कोई शिकायत दर्ज कराने की हिम्मत नहीं कर सके।

भोला जिले में दौलतखाना थाना इलाके के उत्तर सैयदपुर गाँव के निवासी विष्णुपद सेन के पुत्र संजीव सेन (15 वर्ष) का चरपाड़ा यूनियन के पूर्व चेयरमैन अब्दुर्रहमान की अगुआई में कट्टरपन्थी गिरोह ने अपहरण कर लिया। यह गिरोह संजीव सेन को बन्धक बनाकर लालच दिखाते हुए फुसलाकर धर्म-परिवर्तन की कोशिश कर रहा है। दूसरी ओर वे लोग विष्णुपद सेन को 'जीवननाश' की धमकी देकर डरा भी रहे हैं। श्री सेन का परिवार असुरक्षा के साए में दिन बिता रहा है। इस मामले की स्थानीय थाने में शिकायत दर्ज कराने पर भी कोई कार्रवाई नहीं हुई। इससे स्थानीय जनता के मन में क्षोभ पैदा हो रहा है।

हाल ही में फरीदपुर जिला स्कूल की सातवीं कक्षा के छात्रों को समाज विज्ञान पढ़ाते हुए स्कूल के शिक्षक मो. खबीरउद्दीन ने साम्प्रदायिक दंगा भड़कानेवाली बातें की। इससे स्थनीय आम हिन्दुओं के मन में क्षोभ पैदा हुआ है। भोला जिले में लालमोहन थाना (पश्चिम) के तहत आनेवाली उम्मेद यूनियन परिषद के चेयरमैन मौलाना अबू तैयब ने जांगलिया मौजे की 2802 दाग की जमीन पर अवस्थित श्मशान को खोदकर पोखर बनवा लिया है। प्रशासन को इस बात की जानकारी देने के बावजूद कोई कार्रवाई नहीं की गई। चाँदपुर जिले में कचुवा थानान्तर्गत बेड़कोटा गाँव के मेजबाउद्दीन और अड़ैत गाँव के अब्दुल मजीद व्यापारी अपने दल-बल के साथ इलाके के नरेशचन्द्र नाग, विश्वनाथ भौमिक सहित अन्य हिन्दुओं को डरा-धमका कर उनसे जबर्दस्ती पैसा वसूल रहे हैं। माँग के मुताबिक पैसे न देने पर ये गुंडे हिन्दुओं पर अत्याचार कर रहे हैं।

चाँदपुर जिले में हाजीगंज थाना क्षेत्र के भाउरपाड़ा गाँव के निवासी दिलीपचन्द्र आइच को 24.7.95 को हाजीगंज बाजार के मो. मुस्लिम मियाँ नामक गुंडे ने धारदार हथियार से मारने की कोशिश की। यहाँ उल्लेखनीय है कि लोगों के ख्याल से इसी गुंडा गिरोह ने फरवरी, 1995 को दिलीपचन्द्र आइच के छोटे भाई माणिक आइच का अपहरण करके उसे मार डाला था। इससे पहले ये गुंडे दिलीप आइच की सम्पत्ति पर कब्जा करने में तरह-तरह से डरा-धमकाकर भी नाकाम रहे। और अब उनको मारकर उनकी सम्पत्ति हथियाने की कोशिश कर रहे हैं।

बागेरहाट जिले में रामपाल थानान्तर्गत गिलातला माध्यमिक विद्यालय के सहायक शिक्षक श्री चित्तरंजन पाल की 24 जुलाई, 1995 को इसी इलाके के अब्दुल बारी,

सज्जाद हुसेन, गाजी माजिद, शेख जलाल, गाजी महबूब हुसेन समेत गुंडों के एक गिरोह ने इतनी पिटाई की कि उनकी मौत हो गई।

मागुरा जिले में मोहम्मदपुर थाने के प्रभारी शरीफ शाहजहाँ और दरोगा मफीजुल इस्लाम काजले की अगुवाई में पुलिस दल इलाके की बाबूखाली यूनियन के कुलीपाड़ा गाँव के डॉक्टर दुलालचन्द्र विश्वास की गैर मौजूदगी में उनके घर में जा घुसा। डॉक्टर दुलालचन्द्र की पत्नी सवितारानी विश्वास, द्वितीय पुत्र दीपक कुमार विश्वास एवं उसकी पत्नी बेलारानी विश्वास तथा डॉक्टर दुलालचन्द्र की छोटी पुत्री पर पाशविक अत्याचार किया। पुलिस के अत्याचार की खबर पाकर डॉ. विश्वास ने घर आकर देखा कि उनके बेटे दीपक विश्वास को पेड़ से लटकाकर पीटा जा रहा है। उसे पेड़ से उतारने का आग्रह करने पर थाना प्रभारी डॉक्टर और उनके बेटे को मारते-पीटते हुए थाने पर ले गए। दूसरे दिन दस हजार रुपए घूस लेकर डॉक्टर को जमानत पर छोड़ने के बावजूद उनके बेटे का चालान कर दिया। यहाँ यह उल्लेखनीय है कि मोहम्मदपुर थाने का ओ.सी. इसी तरह गिरफ्तारी का झूठा परवाना दिखाकर इलाके के हिन्दुओं को गिरफ्तार कर लेने की धमकी देकर पैसा वसूल रहा है।

जमालपुर जिले में देवयानगंज थाना इलाके के चुकइबाड़ी गाँव की शोभारानी समुदय की जायदाद का जाली दस्तावेज बनाकर जिले के बक्सीगंज थानान्तर्गत माइचानीरचर गाँव के निवासी स्व. शुमार अली आखन्द के बेटे शाहआलम ने जबर्दस्ती कब्जा कर लिया। शोभारानी द्वारा कानूनी कार्रवाई की कोशिश करने पर शाहआलम अपने संगी-साथियों को लेकर उन्हें मार डालने की धमकी दे आया। ढाका जिले में डेमरा थानान्तर्गत रामलक्ष्मण मन्दिर और शंकर आश्रम में आने-जाने का रास्ता इलाके के आफजउद्दीन नामक व्यक्ति द्वारा बन्द कर दिया गया है। नतीजतन इन दोनों मन्दिरों में पूजा-अर्चना बन्द है। ढाका शहर के सूत्रापुर थाने की शशिमोहन बसाक लेन में रहनेवाले काना बाबुल, दुलाल, खोकन, इकबाल, यूनुस, नूरू और कमाल आदि अपने हाथों में कानून लेकर इलाके के हिन्दुओं पर तरह-तरह से अत्याचार कर रहे हैं।

सिराजगंज जिले में उल्लापाड़ा निवासी श्री चित्तरंजन दत्त अपनी बहन की लड़कियों के साथ 3.10.95 की रात आठ बजे स्थानीय पूजा मंडप में गए। वहाँ, उसी इलाके के नानू नामक एक गुंडे ने उन पर हमला करके चित्तबाबू की भांजियों के सोने के गहने लूट लिए।

दिलीपचन्द्र पाल (गाँव : हुगली, थानाः कलमाकाँदा, जिला : नेत्रकोणा) के मकान में घुसकर स्थानीय यूनियन परिषद के मेम्बर सजल फकीर ने 10.3.95 को अपने दल-बल के साथ उनकी छोटी बहन हेलेनरानी पाल का बलात्कार किया। हेलेनरानी के पति शिवचन्द्र पाल और भाई दिलीपचन्द्र पाल ने वादी बनकर स्थानीय थाने में इस कांड की शिकायत दर्ज कराई तो सजल फकीर मामला वापस लेने के लिए उन पर दबाव डालने लगा। ऐसा न करने पर फकीर गंग द्वारा उनकी हत्या की धमकी दी गई। बड़िशाल शहर में कालीसिचन्द्र रोड के निवासी मनोरंजन मजुमदार के पुत्र विजन

मजुमदार से तथाकथित सर्वहारा पार्टी के रफीक गंग आदि ने साढ़े पाँच लाख रुपए चन्दे की माँग की। गुंडों की यह माँग पूरी न करने पर विजन मजुमदार को मार डालने की धमकी दी जा रही है। बड़िशाल शहर के ही आलेकान्दा मौजा के जे.एल.न. 50 दाग की देवोत्तर सम्पत्ति पर इलाके के स्वर्गीय नसीरूद्दीन भुइयाँ के बेटे कबीरउद्दीन भुइयाँ ने कब्जा कर लिया। पता चला है कि हिन्दू सम्प्रदाय के सैकड़ों वर्ष पुराने इस मन्दिर की जमीन पर जबर्दस्ती कब्जा करने के पीछे बड़िशाल नगर निगम के कुछ भ्रष्ट कर्मचारियों/अधिकारियों का हाथ है। सातक्षीर जिले में काटोरोआ थानान्तर्गत तुलसीडाँगा गाँव में अवस्थित काली मन्दिर की 4.88 एकड़ देवोत्तर सम्पत्ति पर स्थानीय दबंग लोगों द्वारा कब्जा कर लिया गया। इस देवोत्तर सम्पत्ति पर कब्जा करने के बाद कब्जा करनेवालों ने वहाँ खड़े एक पेड़ को काटकर एक लाख रुपए में बेच दिया। इस मामले में स्थानीय प्रशासन से शिकायत करने पर भी कोई कार्रवाई नहीं हुई। इससे इलाके के हिन्दू असुरक्षा के बीच दिन काट रहे हैं। सिलहट में त्रिपुरा चाय बागान के राधागोविन्द मन्दिर की देवोत्तर की राजीब अली नामक एक प्रभावशाली व्यक्ति बेचने की कोशिश कर रहा है।

अक्तूबर के दूसरे हफ्ते में कहिया गाँव के नरेशचन्द्र मंडल की नाबालिग लड़की रानी मंडल का उसी इलाके के मो. बाबुल ने अपने संगी-साथियों को लेकर अपहरण कर लिया। इस बारे में नरेश मंडल ने बुरहानुद्दीन थाने में मामला दायर किया है। इस मामले का नम्बर 64/1995 है।

दूसरी ओर 23-नवाबपुर रोड की जमीन के असली मालिक तो रमेन्द्रनाथ घोष हैं, लेकिन पूर्व मेयर अबुल हसनात के ससुर मो. जहीर मुल्ला जाली दस्तावेज के जरिए लम्बे समय से इस पर कब्जा जमाए बैठे हैं। इस सम्पत्ति के अलावा वे ढाका शहर की ओर भी कई जगहों पर इसी तरह से कब्जा जमाए बैठे हुए हैं। यहाँ यह जान लेना जरूरी है कि 1990 और 1992 में ढाका शहर में हिन्दुओं पर जो साम्प्रदायिक हमलों का दौर चला था, उसके मुख्य सरगना पूर्व मेयर अबुल हसनात ही थे। उन्होंने ढाका के वार्ड कमिश्नरों को बुलाकर गोपनीय बैठक की थी और हिन्दुओं पर हमले करने के निर्देश दिए थे। अबुल हसनात की योजना के मुताबिक सबसे पहले ढाकेश्वरी मन्दिर पर हमला किया गया और उसके बाद लालबाग सहित अन्य स्थानों पर। कपिलउद्दीन नामक एक वकील पुराने ढाका के ग्वाल नगर के पास रहनेवाली एक हिन्दू विधवा को धर्मान्तरित करने की सारी कोशिश करके भी जब सफल नहीं हुए तो जाली दस्तावेजों के जरिए उस महिला की सारी जमीन-जायदाद और मकान पर कब्जा कर लिया। महिला की मृत्यु के बाद उसके बेटे को झूठे मुकदमे में फँसाकर गिरफ्तार करवा दिया। 32 नम्बर ग्वालनगर के निवासी माइनू मियाँ के लड़कों मोहन, कमाल, नूरूल इस्लाम आदि के उत्पात से इलाके के हिन्दू आतंकित हैं—धमकी, ब्लैकमेलिंग आदि के जरिए वे हिन्दू व्यवसायियों से नियमित रूप से चन्दा वसूल रहे हैं। इन गुंडों के अत्याचार से इलाके के हिन्दू देश छोड़कर चले जाने के लिए मजबूर हो रहे हैं। पुराने ढाका के 45, नरेन्द्रनाथ

बसाक लेन का निवासी और दोहरे हत्याकांड का मुजरिम मोहम्मद सिकन्दर 48, नरेन्द्रनाथ बसाक लेन स्थित मन्दिर की तीन कट्ठा जमीन पर कब्जा जमाए हुए है। वह खुद भी और भाड़े के गुंडों द्वारा इलाके के धर्मप्राण हिन्दुओं को देश छोड़कर चले जाने की धमकी देता आ रहा है। इसके अलावा इलाके के विशिष्ट व्यवसायी विधु साहा द्वारा अपने विरुद्ध गवाही देने पर सिकन्दर उनको जान से मारने की धमकी दे रहा है और उनके मकान पर कब्जा करने की चाल चल रहा है।

नड़ाइल जिले में लोहापाड़ा थाने के लेजागड़ा गाँव की 16 वर्षीय किशोरी शुक्लारानी सिकन्दर को 19 सितम्बर, 1997 को आधी रात में सोए से उठाकर इसी थाना क्षेत्र के जातरा गाँव का अशराफुल आलम ले गया और उसके चेहरे तथा हाथ पर एसिड डालकर झुलसा दिया।

मैमनसिंह शहर की अधिकांश हिन्दू जायदाद पहले से ही 'शत्रु सम्पत्ति' की सूची में थी। निहित स्वार्थी तबके के लोगों ने अपने निजी लाभ के लिए इन सम्पत्तियों को 'शत्रु सम्पत्ति' के तहत कर दिया था।

इस शहर के जूट बेलिंग कारपोरेशन की सम्पत्ति एडवोकेट कानू विश्वास, शमीम अहमद, सुखेन्दु राय, नूरूल इस्लाम सहित करीब 22 लोगों के हाथों बेच दी गई। करीब सौ साल पहले जूट बेलिंग कारपोरेशन के मालिक ने यह जगह एक हिन्दू से खरीदी थी। चूँकि सौ साल पहले इस जगह के मालिक एक हिन्दू थे, सो उसी को आधार बनाकर मैमनसिंह के भूमि कार्यालय के भ्रष्ट कर्मचारियों के एक वर्ग ने साजिश करके इस सम्पत्ति को 'शत्रु सम्पत्ति' की सूची में डाल दिया।

रतिरंजन नाग मैमनसिंह में धलाबाजार के एक छोटे व्यवसायी हैं। इस बाजार से करीब दो मील दूर बाबूपुर गाँव में उनकी पैतृक सम्पत्ति थी। उस गाँव में सिर्फ वही एक अकेला हिन्दू घर था। रतिरंजन के पिता के जीवित रहते ही डरा-धमकाकर, उनके मकान में चोरी-डकैती करके, उन्हें गाँव से भगा दिया गया। हाल में रतिरंजन की किशोरी नाबालिग लड़की को उस इलाके का एक प्रभावशाली आदमी बहला-फुसलाकर ले गया। लड़की को वापस पाने के लिए पंचायत बुलाकर भी कोई उपाय न देखकर रतिरंजन नाग ने कानून की शरण ली। मैमनसिंह में इस मामले की सुनवाई के दौरान ही प्रभावशाली लोगों ने इसका ढाका में ट्रांसफर करा लिया, ताकि उस छोटे से व्यवसायी के लिए ढाका आना-जाना करके मुकदमे की पैरवी कर पाना सम्भव न रह जाए। लड़की को खोकर रतिरंजन नाग असहायता और दुख में दिन काट रहे हैं। ऊपर से अब मुकदमे के ढाका स्थानान्तरित होने से वे हताश हो गए हैं।

1994 में गोपालगंज जिले में काशियानी थाना इलाके की सिंगा यूनियन में जरीब से जमीन पर की पैमाइश हो जाने के बाद जमीन का रेकॉर्ड तैयार किया गया था। जमीन का रेकॉर्ड तालिकाबद्ध हो जाने के बाद सिंगा यूनियन में कोई 'शत्रु (अर्पित) सम्पत्ति' नहीं थी। लेकिन पैमाइश सम्बन्धी सारा काम पूरा हो जाने के तीन साल बाद 10 अगस्त, 1997 को काशियानी थाना इलाके के सहायक कमिश्नर (भूमि) ने सिंगा

यूनियन के 530 परिवारों की जमीन को शत्रु सम्पत्ति करार देते हुए नोटिस जारी कर दिया। गोपालगंज सदर थाने के खेलना एवं टलपुर गाँव की सारी जायदाद को 'शत्रु (अर्पित) सम्पत्ति' की सूची में दिखाया गया।

चट्टग्राम में रउजान थाना इलाके के आन्धारमानिक गाँव के हिन्दू स्थानीय गुंडों के कारण 1996 में दुर्गापूजा नहीं कर पाए। कुख्यात देशद्रोही फजलुल कादिर चौधुरी के पुत्र सांसद गयासुउद्दीन कादिर चौधुरी के भाड़े के गुंडे के रूप में परिचित कुछ बदमाशों द्वारा पूजा समिति से काफी मोटी रकम चन्दे के बतौर माँगी गई। लेकिन कमेटी द्वारा पैसा अदा न कर पाने की स्थिति में उन गुंडों की धमकी के आगे आखिरकार पूजा बन्द कर देनी पड़ी।

दुर्गापूजा के समय अपनी बुआ के घर घूमने आई फटिक्छड़ी थाने के खिलाम गाँव की एक स्कूली छात्रा सिनेमा देखकर लौटते वक्त पाँच गुंडों द्वारा अपहरण के बाद बलात्कार का शिकार हुई। 22 अक्टूबर, 1996 को चट्टग्राम के हाटहजारी स्थित रूपाली सिनेमा हॉल में बुआ के देवर के साथ सिनेमा देखकर लौटते वक्त, सिकन्दर की अगुवाई में हथियारबन्द स्थानीय गुंडों ने उस लड़की का अपहरण किया और बारी-बारी से पाँचों गुंडों ने उसके साथ बलात्कार किया।

चट्टग्राम शहर के विशिष्ट स्वर्ण व्यवसायी मिलनकान्ति धर का 1996 के अगस्त महीने में हाटहजार थाने के इनायतपुर के हथियारबन्द गुंडों ने अपहरण कर लिया। अपहरण के बीस घंटे बाद वे अपहर्त्ताओं को चकमा देकर रउजान के घने जंगल से भाग आए। हालाँकि मिलनकान्ति धर निकल भागने में सफल हुए। फिर भी उनके अपहरण की घटना से देश के हिन्दू असुरक्षा के डर से आतंकित हैं। क्योंकि पूरे देश में हिन्दू व्यवसायियों का अपहरण, उन पर अत्याचार और उन्हें डरा-धमकाकर जोर-जबर्दस्ती चन्दा वसूल किया जा रहा है। एक राष्ट्रीय दैनिक समूह ने इस विषय में एक रिपोर्ट प्रकाशित की है। दैनिक 'आजकेर कागज' में 11 अगस्त, 1996 को इस बारे में जो रिपोर्ट प्रकाशित हुई, वह महज एक उदाहरण भर है।

अपहरण के 16 महीने बाद भी टाँगाइल जिले में मधुपुर के केन्दुवा उच्च विद्यालय की छात्रा सुमितारानी बसाक मुक्ता को बरामद नहीं किया जा सका। टाँगाइल के धनबाड़ी कॉलेज के अध्यापक जीतेन्द्रनाथ बसाक की लड़की चौदह वर्षीय सुमितारानी बसाक मुक्ता का 4 जून, 1985 को उसी इलाके के बेलाल हुसेन ने अपहरण कर लिया था।

नारायणगंज जिले में रूपगंज थानान्तर्गत नेवड़ा गाँव में 30 फीसदी हिन्दू हैं। इलाके की कानून-व्यवस्था में गिरावट के कारण इस वर्ष (1996) वे लोग दुर्गापूजा करने की हिम्मत नहीं कर पाए। फरीदपुर जिले में भाँगा थाना इलाके के चंडीदानदी गाँव के श्मशान की जमीन पर 20.3.1996 को उसी इलाके के सरोयार मोल्ला और शमसुद्दीन ने अवैध रूप से कब्जा कर लिया। इस मामले में प्रशासन से मदद की गुहार लगाकर भी हिन्दू लोग नाकाम रहे।

सिराजगंज के सरकारी कॉलेज में प्रथम वर्ष की छात्रा झूमा घोष (17) का कॉलेज जाते समय मायागोविन्द गाँव के मोहम्मद अली सहित कुछ गुंडों ने 29.8.1996 को अपहरण कर लिया।

सातक्षीरा जिले में पाइकगाछा थानान्तर्गत पुटीमारी गाँव के गरीब आदमी विमल मंडल की पत्नी शेफाली मंडल (25) के साथ 21 अगस्त, 1996 को उसी थाने के श्रीरामपुर गाँव के सुलेमान फकीर के लड़के कुद्दूस फकीर ने बलात्कार किया। थाने में इसकी शिकायत दर्ज कराने के बावजूद पुलिस ने किसी को गिरफ्तार नहीं किया। कुद्दूस खुलेआम घूम रहा है और शेफाली तथा उसके पति को देश छोड़कर भारत चले जाने के लिए धमकी दे रहा है।

शरीयतपुर जिले के बाहेर कुलिया गाँव की वृद्धा अलोकरानी कुंडू (पति स्व. नगेन्द्रनाथ कुंडू) की सम्पत्ति पर उसी इलाके का डॉ. सिकन्दर लम्बे समय से कब्जा किए हुए है। असहाय अलोकरानी को डॉ. सिकन्दर के भाड़े के गुंडे देश छोड़कर चले जाने की धमकी दे रहे हैं। मदारीपुर के राजैर थाना इलाके की बाजितपुर यूनियन के निवासी राजकुमार मजुमदार की माँ के नाम से बने पारम्परिक त्रिपुरसुन्दरी दातव्य चिकित्सालय को टेंडर के जरिए बेच दिए जाने को लेकर इलाके में काफी उत्तेजना है। 7 फरवरी, 1995 को तत्कालीन अवामी लीग सरकार द्वारा इस दातव्य चिकित्सालय का राष्ट्रीयकरण करने के बावजूद खालिदा जिया सरकार ने उसे बेच दिया। इलाके की जनता खालिदा सरकार की बिक्री को खारिज करने की माँग करती आ रही है।

लक्ष्मीपुर जिले में सदर थानान्तर्गत कालीचरगाँव के कान्तिलाल मजुमदार की सम्पत्ति को उसी इलाके के मो. नूरुद्दीन ने धोखे से हथिया लिया। कान्तिलाल द्वारा इसकी अदालत में शिकायत किए जाने पर कब्जा करनेवाले उनको जान से मार डालने की धमकी दे रहे हैं।

मौलवीबाजार जिले के राजनगर थाना इलाके का काशपुर चाय बागान 1965 से सरकार की देखरेख में है। सरकार की ओर से अहमद चौधुरी इस चाय बागान की अस्थायी रूप से देखभाल कर रहे थे। 23.6.1996 को सरकार की ओर से एक पत्र द्वारा यह बता दिया गया कि चाय बागान के स्वत्वाधिकारी देवेशचन्द्र पुरकायस्थ हैं। इसके बावजूद अहमद चौधुरी चाय बागान पर गैरकानूनी ढंग से कब्जा जमाए हुए हैं और इस दौरान बागान की सम्पत्ति में से तीस लाख रुपए हजम कर चुके हैं या फिर इतने का नुकसान पहुँचा चुके हैं। एक दैनिक अखबार के विशिष्ट पत्रकार प्रभुल्लकुमार भक्त की लड़की सुप्रिया भक्त का अपहरण करने में सोहेल बशर नामक एक युवक असफल रहा। अब ढाका शहर के 9-चमेलीबाग स्थित प्रफुल्ल भक्त के घर जाकर सोहेल तरह-तरह की धमकी देता फिर रहा है। फिलहाल भक्त का परिवार चरम असुरक्षा के भय से आतंकित है। इस बात की जानकारी देते हुए 17.8.1996 को मोतीझील थाने में जी डी (नम्बर 15/2) दायर किया गया। 9.8.1996 को मैमनसिंह जिले के फूलपुर थानान्तर्गत नगाँव की निवासी मिनतीरानी (22 वर्ष) इसी थाना क्षेत्र की कालिया

यूनियन के कंडल बालिया गाँव में पति की अस्वस्थता की खबर सुनकर जब पिता के घर से ससुराल आ रही थी तो फूलपुर बस स्टैंड पर रात के ग्यारह बजे इंजिल मियाँ, अब्दुस्सत्तार और रफीकुल इस्लाम नामक तीन पुलिस कांस्टेबुलों ने उसे पकड़ लिया। मिनतीरानी को थाने पर ले जाकर रात-भर तीनों ने पाशविक अत्याचार किया।

मापुरा जिले के सदर थानान्तर्गत अठारहखोदा यूनियन के नलदा गाँव के नृपेन्द्रनाथ ने हाल में अपने पड़ोसी चितरंजन विश्वास से उनका मकान और जमीन खरीदी थी। सम्पत्ति बेचकर चित्तरंजन भारत चले गए। उनके जाने के बाद से ही बगल के गाँव के रहनेवाले बदीउल आलम और तुकी मुंशी जाली दस्तावेज दिखाकर उनकी सम्पत्ति पर कब्जा करने की कोशिश कर रहे हैं। इस मामले को लेकर नृपेन्द्रनाथ द्वारा अदालत में मुकदमा दायर किए जाने पर इलाके के कुख्यात बदमाश जहाँगीर की मदद से नृपेन्द्रनाथ सहित इलाके के अन्य हिन्दुओं पर अत्याचार का सिलसिला शुरू कर दिया गया है। नृपेन्द्रनाथ अत्याचार सहन न कर पाने के कारण देश छोड़कर भारत चले जाने के लिए मजबूर हो गए हैं।

फरीदपुर राजबाड़ी के आदर्श महिला कॉलेज की छात्रा शिल्पीरानी सरकार का 7 अगस्त, 1996 को पांशा थाने के दामुकदिया गाँव निवासी मो. गफूर मंडल के लड़के सईदुल इस्लाम ने अपहरण कर लिया। शिल्पीरानी के पिता तारापद सरकार द्वारा अपहरण का मामला दायर करने के बाद भी शिल्पीरानी की बरामदगी नहीं हो सकी।

बड़िशाल शहर के विशिष्ट वकील और समाजसेवी मिहिर दत्त की सम्पत्ति इलाके के प्रभावशाली तबके के लोग हथियाने की कोशिश कर रहे हैं। गुंडों ने न सिर्फ मिहिरदत्त को मारा-पीटा बल्कि परिवार के अन्य सदस्यों को धमकी भी दे रहे हैं। जयपुरहाट जिले में भानाइकुश लिया के हुसेन मुरमू की पत्नी श्रीमती रूमिला माँडी की बेटी पुतुल मुरमू की 1.90 एकड़ जमीन पर इलाके के निजामुद्दीन अबू सूफियान, कुरबान अली, अब्दुस सुभान आदि जाली दस्तावेज की मदद से कब्जा करने की कोशिश कर रहे हैं।

ढाका जिले में नवाबगंज थाना इलाके के काशिमपुर मौजा की 170 दाग की 1.21 एकड़ जमीन श्री श्री सिद्धेश्वरी काली मन्दिर की देवोत्तर सम्पत्ति है। इसके बावजूद निहित स्वार्थी तत्त्व उस पर अवैध रूप से कब्जा करने की कोशिश कर रहे हैं। नतीजतन इलाके के हिन्दू सम्प्रदाय की पूजा-अर्चना में बाधा आ रही है और वे लोग असुरक्षा के डर के बीच दिन काट रहे हैं। राजधानी के डेमरा थानान्तर्गत मातुआइल के कोनापाड़ा में आदर्शवाद गाँव के मनोरंजन सरकार की बेटी स्वप्ना (8 वर्ष) के साथ इलाके के गुंडों ने बलात्कार किया। छोटी बहन के बलात्कार का विरोध करने पर गुंडों ने स्वप्ना के बड़े भाई गोपाल को बेरहमी से मारा-पीटा। यह घटना 24.11.96 को हुई। इसी तरह ढाका के नवाबगंज थानान्तर्गत कलाकोपा गाँव के हिन्दुओं पर स्थानीय स्वार्थी तबके का अत्याचार-उत्पीड़न इतना बढ़ गया है कि इलाके के हिन्दू अपनी जन्मभूमि छोड़कर भारत भागने के लिए मजबूर हो रहे हैं। ढाका शहर के सबुजबाग थाने के तहत

राजारबाग निवासी जयदेवचन्द्र दास की 13 वर्षीय लड़की नयनतारा दास 13.1.1997 को रात 10 बजे जब अपने चाचा के घर से टी.वी. देखकर लौट रही थी, इलाके के ही अनवर हुसेन ने उसका अपहरण कर लिया। महानगरी के डेमरा थानान्तर्गत 443-मुरादपुर मदरसा रोड के निवासी राजेन्द्रचन्द्र मंडल का बेटा है श्यामचन्द्र मंडल। 20.1.1997 को इस इलाके के नामजद बदमाश कमाल हुसेन के लड़के मो. लिटन और उसके 8/10 साथियों ने श्यामचन्द्र मंडल के गैरेज पर हमला करके कैश बॉक्स तोड़कर सारा पैसा लूट लिया। इस घटना की श्यामचन्द्र द्वारा तहकीकात कराए जाने पर लिटन उसे जान से मारने की धमकी दे रहा है।

बागेरहाट जिले की रायेन्दा कृषि बैंक शाखा के निरीक्षक अधीरकुमार साहा 30.11.95 को फकीरहाट राजस्व दफ्तर से लौट रहे थे। उसी समय रफीकुल इस्लाम की अगुवाई में बदमाशों के एक गिरोह ने हथियार के बल पर उनसे 50 रुपए के स्टैम्प पेपर पर दस्तखत करवा लिया। वह स्टैम्प पेपर दिखाकर बाद में 20.1.97 को फलतीता में अधीर बाबू के 'चिंगड़ी घेरे' से लाखों रुपए की चिंगड़ी मछली पकड़कर वह ले गया। गुंडे अधीरबाबू को 'चिंगड़ी घेरा' सहित सारी सम्पत्ति छोड़कर भारत चले जाने के लिए धमकाते आ रहे हैं। फिलहाल अधीरकुमार साहा का परिवार घोर असुरक्षा में दिन काट रहा है। इसी जिला शहर के बाजार से सटी घोष पट्टी के सातक्षीरा निवासी स्व. मनोरंजन घोष के पुत्र रामप्रसाद घोष की 'घोष डेयरी' को बाबू मुल्ला ने जबर्दस्ती अपने नाम रजिस्ट्री करवा लिया। अब रामप्रसाद दीन-हीन हालत में रास्ते पर भटक रहे हैं।

कुड़ीगाँव जिले में उलीपुर के श्री श्री गोविन्दजी और शिव विग्रह मन्दिर की जमीन पर अब्दुल हक के बेटे खोंदकर अबू जाफर मोहम्मद सालेह ने गैर कूननी ढंग से कब्जा कर लिया। उसने मन्दिर के पेड़ों को काट डाला है और इमारत को भी तोड़-फोड़ रहा है। इस मामले में उलीपुर थाने के प्रभारी को इत्तिला दिए जाने पर भी कोई कदम नहीं उठाया गया। इसी थाने के जोनाईदाँगा गाँव के डॉ. उपेन्द्रनाथ सरकार की जमीन हथियाने की कोशिश उनका पड़ोसी फजलउद्दीन कर रहा है। धरम श्रेणी यूनियन के पालपाड़ा गाँव के जगदीश की जमीन का भी जाली दस्तावेज बनाकर उस पर कब्जा किया जा चुका है। प्रशासन को इस बात की जानकारी देने के बावजूद कोई कार्रवाई नहीं की गई। नतीजतन उलीपुर के हिन्दू असुरक्षा के बीच दिन काट रहे हैं।

चट्टग्राम जिले में सीताकुंड थाना इलाके के चन्द्रनाथ चतुष्पाटी टोल की जमीन व मन्दिर की सड़क पर गैरकानूनी ढंग से कब्जा करने की मो. इस्लाम का बेटा मो. अमीरूज्जमा कोशिश कर रहा है। चट्टग्राम शहर के 188/ए, जुबली रोड की 'महुआ एंटरप्राइज' के मालिक अमितबरन मित्र ने पचलाइश थाने के 19-कातालगंज के निवासी प्यार मोहम्मद के पुत्र हसन अली के साथ साझेदारी में निर्यात उद्योग के लिए 18 लाख 15 हजार रुपए लगाए थे। लेकिन अब वह अमितबरन का सारा पैसा हजम करने की कोशिश कर रहा है और उन्हें जान से मार डालने की धमकी

दे रहा है।

ढाका में टँगी थाने के तहत फकीर मार्केट के 'कुमिल्ला मेडिकल हाउस, के मालिक अनिल कुमार सरकार और उनकी पत्नी सीमारानी सरकार हैं। इस दुकान पर कब्जा करने के लिए 25.7.95 को षड्यन्त्र के तहत आविचपुर गाँव के आ. सत्तार गाजी के लड़के अलाउद्दीन की अगुवाई में गुंडों के एक गिरोह ने श्रीमती सीमारानी का अपहरण कर लिया। पैंतालिस दिनों तक उन्हें अपने कब्जे में रखकर उन पर पाशविक अत्याचार किया गया। 50 हजार रुपए देकर 9.9.95 को अनिल सरकार अपनी पत्नी को वापस घर ले आए। इसके बाद पुनः 1.1.96 को उस गिरोह के एक आदमी मतिउर रहमान ने यह दावा किया कि सीमा मुसलमान बन गई है और वह उसकी पत्नी है। सीमारानी को लौटा देने के लिए वह अनिल सरकार पर दबाव डाल रहा है, पैसे की माँग की जा रही है और जान से मार डालने की धमकी भी दी जा रही है।

फरीदपुर जिले में मधुखाली थाने के पास भाटीकाँदी मथुरापुर गाँव में बदमाशों ने विषमरानी (24) के साथ बलात्कार करने के बाद उसकी हत्या कर दी। इस गाँव के दीनबन्धु सिंह राय की लड़की विषमरानी 17.1.96 की रात को पेशाब करने के लिए जब कमरे से बाहर निकली तो आँगन में पुआल के ढेर के पीछे घात लगाए बैठे बदमाशों ने उसे पुआल के ढेर के पीछे खींच लिया और बारी-बारी से बलात्कार किया। अन्त में उसके गले में मफलर लपेटकर मार डाला।

कुमिल्ला के कोतवाली थानान्तर्गत स्थित राजराजेश्वरी कालीबाड़ी के मालिक स्व. ज्योतिंभूषण दत्त ने मृत्यु से पूर्व वसीयत लिखी थी कि उनकी 1.15 एकड़ में स्थित दुकान, मन्दिर और जमीन से होनेवाली आय को जनता के तीर्थों पर खर्च किया जाएगा। वसीयत के मुताबिक ज्योतिभूषण ट्रस्ट का गठन किया गया। इस ट्रस्ट की आय को राज राजेश्वरी कालीबाड़ी, कात्यायनी कालीबाड़ी, आर. के. अनाथ आश्रम, चाँदी कालीबाड़ी, बौद्ध मन्दिर आदि पर खर्च किया जाता है। लेकिन हाल ही में एक निहित स्वार्थी तबके ने उस वसीयत का विरोध करते हुए हाई कोर्ट में एक मुकदमा दायर किया है और उस सम्पत्ति पर कब्जा करने की कोशिश कर रहा है। जिले के मुरादनगर थानान्तर्गत त्रिशगाँव के स्व. सुखलाल देव के लड़कों की जमीन 1992 में कुमिल्ला-सिलहट और कम्पनीगंज-नवीनगर सड़क-निर्माण के सरकार ने अधिग्रहीत की थी। सड़क बन जाने के बाद फिलहाल काफी जमीन फालतू पड़ी हुई है। पर वह जमीन सुखलाल देव के लड़कों को लीज पर न देकर दूसरे लोगों को दी जा रही है।

फेनी जिले के फूलगाछी थाना क्षेत्र के निवासी गोपालचन्द्र धर के पिता और भाई को बुरी तरह घायल करके गुंडों ने उसकी बहन का 21.6.1987 को अपहरण कर लिया। बाद में निचली अदालत में गुंडों को सजा हुई लेकिन फिर उन्होंने हाईकोर्ट में अपील कर दी। फिलहाल हाईकोर्ट में इस मुकदमे की पैरवी करने से वे गुंडे गोपालचन्द्र को रोक रहे हैं और जान से मार डालने की धमकी दे रहे हैं। नोवाखाली जिले में बेगमगंज थाने के सोनामुड़ी मौजे की 55 खतियान के एस.आर. 57 की 12.81 एकड़ जमीन के

मालिक कुंजमोहन साहा के पुत्र किरणमय साहा के परिवार के 25 लोग हैं। उनकी करीब पाँच एकड़ जमीन विभिन्न सरकारी संस्थानों के निर्माण के लिए अधिग्रहीत किए जाने का हुक्म जारी किया गया। सोनामुड़ी पुलिस इनवेस्टिगेशन केन्द्र के निर्माण के लिए हाल में बाकी बची हुई जमीन के अधिग्रहण का भी हुक्म जारी हो गया। सारी जमीन छिन जाने के बाद किरणमय साहा का परिवार देश छोड़ने के लिए मजबूर हो गया है। इसी थाने के तहत सिराजुउद्दीनपुर की 12, गोपालपुर यूनियन में आनेवाले श्रीरामकृष्ण आश्रम (गोपालपुर रामकृष्ण आश्रम) की स्थापना 1928 में हुई थी। मुक्तियुद्ध के दौरान इस आश्रम का अधिकांश हिस्सा नष्ट हो गया। फिलहाल इस इलाके का मो. इदरीस मियाँ (पिता स्व. हाजी आबिद मियाँ) इस सेवा प्रतिष्ठान की जमीन पर कब्जा करने के मकसद से आश्रम के सचिव डॉ. सतीन्द्रनाथ को जान से मारने की धमकी दे रहा है। उसके तरह-तरह के आतंकवादी क्रियाकलाप जारी हैं।

मौलवी बाजार जिले में श्रीमंगल थाने के भूनवीर-शासन गाँव का श्री श्रीगौरांग महाप्रभु का मन्दिर 14.19 एकड़ जमीन पर स्थित है। लम्बे समय से अनिलचन्द्र पाल इस देवोत्तर सम्पत्ति की देखभाल करते आ रहे हैं। कुछ दिनों पहले इसी इलाके के बशीर अहमद आदि इस मन्दिर के खेतों से धान काट ले गए। बशीर अब मन्दिर के सेवा कार्य में बाधा डाल रहा है और सेवायत को जान से मार डालने की धमकी दे रहा है। चाँदपुर जिले में हाजीगंज थाना इलाके के बाकिला गाँव के विशिष्ट चिकित्सक डॉ. मनीन्द्र सरकार को हाल में गुंडों ने मार डाला। उनकी सम्पत्ति पर कब्जा करने के घिनौने मकसद से गुंडों ने उनके घर पर हमला किया और उन्हें धारदार हथियार से काटकर मार डाला। अब डॉ. सरकार के परिवार के अन्य बचे हुए सदस्यों को तरह-तरह से आतंकित करते हुए मार डालने की धमकी दी जा रही है। गुंडों की धमकी और आतंक के बीच वे अनिश्चयता में दिन गुजार रहे हैं। इसी जिले में फरीदगंज थानान्तर्गत पाइकपाड़ा अष्टागाँव के निवासी उपेन्द्रकुमार मजुमदार की 260-अष्ठा मौजा के दाग नम्बर 674,687,683,689,675, 697 की जमीन पर अदालत की निषेधाज्ञा के बावजूद 21.8.94 को अब्दुल मन्ना और उसके साथियों ने जमीन पर खड़े पेड़ों को काट लिया। इस मामले में प्रशासन से शिकायत करने पर भी कोई कार्रवाई नहीं हुई।

लक्ष्मीपुर जिले में हैदरगंज थाना क्षेत्र के निवासी चित्ररंजन मजुमदार को दबंग लोगों द्वारा जान से मार डालने की धमकी दी जा रही है। उनके बगीचे से नारियल, सुपारी तथा अन्य फल तोड़ लिए जा रहे हैं और उन्हें देश छोड़ने की धमकी दी जा रही है। ऐसा न करने पर चित्तरंजन को सपरिवार खत्म कर देने की भी धमकी दी गई है। इस जिले के उत्तर, मागुरी घनश्यामपुर के दत्तापाड़ा के बाशिन्दा हाराचन्द्र ने (पिता स्व. देवेन्द्र कुमार दे) द्वारा अदालत से जमीन की डिग्री पाने के बावजूद उसी इलाके के मो. शम्सुल हक (पिता अब्दुल अजीज गंग) जमीन का दखल नहीं लेने दे रहा है। उलटे यह दबंग आदमी उनको मार डालने की धमकी दे रहा है।

पाबना जिले में साथिया थाना क्षेत्र के आताइकुला में स्थित हरिबाड़ी मन्दिर की

सम्पत्ति को अवैध रूप से हथियाने के लिए मो. सगीरउद्दीन, मुस्तफा, हेलाल, और नजरूल इस्लाम (पिता स्व. फकीर महमूद, ग्राम सड़ाभागी) लम्बे समय से कोशिश कर रहे हैं।

काक्सबाजार के महेशखाली कुतुबदिया निर्वाचन क्षेत्र के पूर्व सांसद और अवामी लीग के नेता इसहाक मियाँ होआनक गाँव के विधुभूषण को धमकाते आ रहे हैं। 24.7.95 को इसहाक मियाँ की अगुवाई में उनके गुर्गों ने विधुभूषण के घर पर हमला करके तोड़-फोड़ की और महिलाओं के साथ बलात्कार किया। इस मामले में जी.आर. 17/96 इंग में मुकदमा दायर किया गया। फिलहाल इसफाक मियाँ की गुंडावाहिनी की धमकी के चलते इलाके के हिन्दू घोर असुरक्षा में दिन काट रहे हैं।

गाइबाँधा जिले में गोविन्दगंज थानान्तर्गत राजविराट एक ऐतिहासिक तीर्थस्थान है। प्राचीनकाल से यहाँ श्री श्री मदनमोहनजी के विग्रह की पूजा-अर्चना होती चली आ रही है। इस देवोत्तर सम्पत्ति के तहत दो पोखरे हैं। इसके अलावा यहाँ हाट और मेला लगता है जो सरकारी नियन्त्रण में है। सरकारी नियन्त्रण के चलते मन्दिर में सेवा के कामकाज में खलल पड़ रही है। इससे इलाके के हिन्दुओं में काफी क्षोभ पैदा हो रहा है।

टाँगाइल जिले में बासाइल थाना इलाके के फूलबाड़ी में स्व. धनीराम घोष के लड़के नरेशचन्द्र घोष पर खन्दकार इस्माइल हुसेन आदि लम्बे समय से साम्प्रदायिक अत्याचार कर रहे हैं। अब इधर उनको देश छोड़कर भारत चले जाने को कहा जा रहा है। ऐसा न करने पर मार डालने की उनको धमकी दी जा रही है। नरसिन्दी जिले के बौयाकूब सरकारी प्राथमिक विद्यालय में चौथी कक्षा की छात्रा नौ वर्षीय स्वप्ना का उसी इलाके के मियाँपाड़ा निवासी 25 वर्षीय मनीरूल इस्लाम ने अपहरण कर लिया। स्वप्ना के पिता हरिपद द्वारा वादी बनकर थाने में मामला दायर करने के बावजूद स्वप्ना का उद्धार नहीं हो सका।

किशोरगंज में कालीपूजा के दिन एक दुखद घटना में विप्लव नामक एक युवक की मौत हो गई। बाद में विप्लव की मौत को मुद्दा बनाकर गुंडों के एक गिरोह ने हिन्दुओं के घरों पर हमला किया। जैसोर जिले में झिकरगाछा थाने के तहत गदखाली के काली मन्दिर से जुड़े श्मशान पर कुछ स्वार्थी लोग कब्जा करने की कोशिश में लगे हुए हैं। शेरपुर जिले में नालिताबाड़ी थानान्तर्गत बाघबेड़ गाँव के हिन्दू नागरिकों पर इलाके के कालीनगर गाँव के हाजी मोफज्जल हक के लड़के लुत्फर रहमान आदि का अत्याचार इतना ज्यादा है कि वहाँ के हिन्दू देश छोड़ने को मजबूर हो रहे हैं। गुंडों का यह गिरोह पड़ोस के गाँव के हिन्दुओं पर जैसा अत्याचार कर रहा है, उसकी जिला पुलिस सुपर को जानकारी देने के बावजूद किसी तरह की कार्रवाई नहीं की गई।

फेनी के रेजुमियाँ बाजार से 27 अक्तूबर, 1997 की दोपहर में विमलचन्द्र राय का निजामुद्दीन की अगुवाई में गुंडों ने अपहरण कर लिया। फर्नीचर की एक दुकान में ले जाकर ड्रिल मशीन से विमलचन्द्र राय के हाथ-पाँव छेदने के बाद ईंट और राड से

पीट-पीटकर उन्हें मार डाला गया। विमल फेनी के श्रीचन्द्रपुर गाँव के रहनेवाले थे। गुंडों ने उनके पिता से एक लाख रुपए की माँग की थी। पैसा न मिलने पर वृद्ध निकुंज को मारा-पीटा था। विमल ने इस घटना का जब विरोध किया तो बदमाशों ने उन्हें बड़ी बेरहमी से मार डाला।

ढाका शहर के नारिन्दा इलाके में श्री लक्ष्मी मिष्ठान्न भंडार के मालिक निताईचन्द्र दे हैं। 79, ऋषिकेश दास रोड की यह मिठाई की दुकान सोहरावर्दी कालेज के छात्र होने की आड़ में गुंडों के कारण आज कंगाल हो चुकी है। ऐसी स्थिति में भी गुंडे नियमित रूप से यहाँ चन्दे की माँग कर रहे हैं।

ढाका जिले के किरानीगंज थानान्तर्गत शुभट्या गाँव के स्व. नरेन्द्र कुमार साहा की बेटी मायारानी साहा की जमीन को अवैध रूप से हथियाने के लिए स्थानीय मोमिन अली (पिता स्व. एकब्बर अली) लम्बे समय से कोशिश करता आ रहा है। प्रशासन के एक भ्रष्ट तबके की मदद से वी.पी. 142/78 नम्बर केस में 1978 में उसने 'लीज' तो ले लिया लेकिन अवैध लीज के विरुद्ध किए गए मुकदमे में वह भ्रष्ट तबका हार गया। अब दबंग लोगों का यह गिरोह मायारानी साहा के घर में जाने के रास्ते में रुकावट डालकर उन पर अत्याचार कर रहा है। इसी थाना क्षेत्र के बिल काठुरिया गाँव के स्व. लक्षीन्दर मिस्त्री के लड़के परशुराम मंडल को घोर असुरक्षा के बीच दिन काटने पड़ रहे हैं। कुमलीभीटा गाँव के मो. अ. समद का लड़का मो. असगर अली लम्बे समय से परशुराम मंडल की किरानीगंज थाना क्षेत्र में शुभट्या मौजा स्थित 0.51 एकड़ जमीन पर जबर्दस्ती कब्जा कर पाने में नाकाम हुआ। अब मो. असगर अली और उसके संगी-साथी परशुराम मंडल को मार डालने की धमकी दे रहे हैं। इसी थाना इलाके में शुभट्या गाँव के पश्चिमपाड़ा के श्यामचन्द्र मंडल के जमीन-जायदाद पर अनीसुर रहमान मृधा और उसके सहयोगियों द्वारा जबरन कब्जा करने की कोशिश जारी है। देवकी नन्दन केजरीवाल 'दोयल ग्रुप ऑफ इंडस्ट्रीज' 69, दिलकुशा बी/ए, ढाका-1000 के एक प्रतिष्ठित व्यवसायी हैं।

ढाका-साभार रोड पर बैंक टाउन के पास कर्णपाड़ा ब्रीज के पश्चिमवाले नाले के उत्तरी किनारे से लगी जमीन पर उनकी एक गार्मेंट फैक्टरी बन रही है। हाल में साभार थाने के सहायक भूमि कमिश्नर ने मुकदमा दायर करके उनको तरह-तरह से परेशान करना शुरू किया है। इसी थाना क्षेत्र के पूर्व आगानगर के निवासी हरिनाथ माल इलाके के मो. जाफर, मो. आलमगीर, मो. अजहर, मो. काजी मोजाम्मिल, मो. हाबू, मो. अपुदे आदि द्वारा सताए जा रहे हैं। आतंकवादी किस्म के लोग किरानी गंज थाना क्षेत्र के जिजिंरा मौजे के 650 और 651 नम्बर के मकान में रहनेवाले निरीह अल्पसंख्यक मछुआरों पर अत्याचार करके, उन्हें सताकर देश छोड़ने के लिए मजबूर कर रहे हैं। जिले के नवाबगंज थाना क्षेत्र में काशिमपुर मौजे की दाग नम्बर 170 की 1.21 एकड़ जमीन श्री श्री सिद्धेश्वरी काली मन्दिर की देवोत्तर सम्पत्ति होने के बावजूद अवैध लीज की आड़ में निहित स्वार्थी तबके द्वारा कब्जा कर ली गई है। परिणामस्वरूप हिन्दुओं की

पूजा-अर्चना में बाधा आ रही है और ये धार्मिक अल्पसंख्यक असुरक्षा के बीच दिन काट रहे हैं। ढाका महानगर के उत्तरा थानान्तर्गत कुमुदखोला गाँव की प्रेमदासी नामक विधवा की सम्पत्ति हड़पने के लिए एक बड़ी साजिश रची गई। मछुआपाड़ा के मियाजउद्दीन, सुरूज मियाँ, बाबुल मियाँ (पिता इब्राहिम मैनारटेक) ने 15.11.96 और 16.11.96 को करीब दो सौ हथियारबन्द बदमाशों को लेकर शशिमोहन दास (साधु) के मकान सहित 8/10 हिन्दुओं के मकानों पर हमला करके तोड़-फोड़ और लूटपाट की। हमलावरों ने प्रेमदासी, शशिमोहन दास, सुशीलारानी दास, वासनारानीदास, गौरदासी सहित कई लोगों को मार डालने की धमकी दी। मियाजउद्दीन ने असीरून्निशा के जरिए शशिमोहन दास पर पवित्र कुरान का अपमान करने का आरोप लगाया। इस मामले में असली घटना को दरकिनार करके उत्तरा थाने की पुलिस की ओर से पक्षपातपूर्ण मुकदमा दायर किया गया। इससे गाँव का अल्पसंख्यक सम्प्रदाय घोर असुरक्षा में पड़ गया है।

टाँगाइल जिले के फूलबाड़ी गाँव के परेशचन्द्र घोष (पिता स्व. धनीराम घोष) जमीन पर जालसाजी करनेवाले स्थानीय गिरोह से परेशान होकर जान के डर से भागते फिर रहे हैं। गाँव की ही खोन्दकार परिवार गैरकानूनी ढंग से परेशचन्द्र के घर-द्वार पर कब्जा करने के लिए उन्हें मार डालने की धमकी दे रहा है। उनके परिवार के सदस्यों को उत्पीड़ित किया जा रहा है। खोन्दकार गुट ने मन्दिर की मूर्ति को तोड़ दिया है और घोष परिवार के मन्दिर के अहाते में जबर्दस्ती रह रहा है। स्थानीय प्रशासन को इसकी जानकारी देने के बावजूद वह रहस्यमय चुप्पी साधे हुए है। इसी तरह अपहरण के कई दिन बीत जाने के बावजूद पुलिस चौदह वर्षीय स्कूली छात्रा सुभारानी चटर्जी को बरामद नहीं कर पाई और न अपहर्त्ता को ही गिरफ्तार कर पाई। टाँगाइल जिले में नागपुर थाना इलाके के बाटरा गाँव के निवासी बासुदेव चटर्जी की लड़की सुमारानी चटर्जी का अपहरण 4.3.97 को बगल के गाँव कोकादाइर के हाजी सयानउद्दीन के लड़के अब्दुस्सलाम ने किया।

मैमनसिंह शहर के कोतवाली क्षेत्र में धीरेन्द्रचन्द्र वणिक (पिता स्व. विपिनचन्द्र वणिक) 9, यादव लाहिड़ी लेन, मछुआ बाजार में वर्षों से मकान खरीद कर रह रहे हैं। अब इधर मोहम्मद मुजीबुर रहमान, (पिता स्व. मो. अब्दुल मजीद 95/ए ब्रह्मपल्ली, थाना कोतवाली) वणिक की सम्पत्ति, मकान और दुकान का मालिक होने का दावा कर रहा है। इस मामले में मैमनसिंह कोर्ट में मुकदमा दायर किया गया है, मुकदमे का नम्बर है 20/97। मुकदमे के कारण मुजीबुर रहमान और उसका लड़का मो. जुयेल, दोनों मिलकर धीरेन्द्रचन्द्र वणिक के परिवार को खत्म कर डालने की धमकी दे रहे हैं। मैमनसिंह जिले के सदर थानान्तर्गत 4, परानगंज यूनियन अवस्थित श्मशान में बने मन्दिर और श्मशान की जमीन पर अवैध रूप से कब्जा करने की कोशिश चल रही है। स्थानीय चेयरमैन अब्दुल जलील इसी बीच श्मशान के मन्दिर का आधा हिस्सा तोड़ चुका है और वहाँ दाह-कार्य में बाधा डाल रहा है। इस बात को लेकर इलाके के अल्पसंख्यकों में क्षोभ पैदा हुआ है। स्थानीय प्रशासन को इसकी जानकारी देने के

बावजूद कोई असर नहीं हुआ। मैमनसिंह जिले के कोतवाली थान्तर्गत आदमजी रेल मोड़ पर विश्वनाथ राय के पुत्र हरिलाल राय लम्बे समय से लीज पर जगह लेकर रहते आ रहे हैं। हाल में उनकी लीज को खारिज करके अहमद नामक एक व्यक्ति को वह जगह दे दी गई। अब हरिलाल राय उजड़ने की आशंका में दिन काट रहे हैं।

नारायणगंज में सदर थाना इलाके के देत्तभोग पालपाड़ा के हिन्दुओं को उत्पीड़ित किया जा रहा है। मो. हिनू (पिता मनसूर मियाँ), लिटन, अकबर, सलीम, गफूर आदि की अगुवाई में गुंडे धार्मिक अल्पसंख्यकों की महिलाओं पर अत्याचार कर रहे हैं और उन्हें तरह-तरह से डरा-धमका रहे हैं। गुंडों के डर से महिलाएँ घर से बाहर नहीं निकल पा रही हैं। सोनागाँव थाना इलाके में अवस्थित महातीर्थ बारदी के श्री श्री बाबा लोकनाथ ब्रह्मचारी आश्रम में देश-विदेश से आनेवाले असंख्य भक्तों को एक निहित स्वार्थी तबका लम्बे समय से प्रताड़ित करता आ रहा है। इससे आश्रम की भावभूति नष्ट हो रही है। बजलुल हक, जहीरूल हक, सईदुल हक, ताजुल हक (गाँव मिश्रीपाड़ा) समेत नूरूद्दीन सरकार, जहाँगीर सरकार, सुबहान सरकार और इलियान आदि लोग श्रद्धालुओं की प्रताड़ना से जुड़े हैं। ये लोग रोज आश्रम के अन्दर जाकर चढ़ावा चढ़ाने के नाम पर वहाँ मौजूद श्रद्धालुओं से काफी पैसे ऐंठकर हजम कर ले रहे हैं। इसी तरह 21.1.97 की रात में रूपगंज थानान्तर्गत मुड़ापाड़ा के आनन्दमयी काली मन्दिर में घुसकर गुंडों और समाज विरोधियों का एक गिरोह मन्दिर की कसौटी पत्थर की बनी मूर्ति और स्वर्णालंकार लूट ले गया। इस गिरोह ने थाने पर भी हमला किया। फिर भी अभी तक उचित कदम नहीं उठाया गया है।

फेनी नगर निगम इलाके के सुलतानपुर गाँव के निवासी स्व. वृन्दावन लस्कर के पुत्र चन्द्रकुमार लस्कर इलाके के स्व. चान्न मियाँ के बेटे (मालिक मेसर्स अमीनउद्दीन बीड़ी फैक्टरी) अमीनउल्लाह के अत्याचार के शिकार हैं। अमीनुउल्लाह जाली दस्तावेज बनवाकर चन्द्रकुमार लस्कर के परिवार को भगाने की कोशिश कर रहा है।

मदारीपुर जिले के कालकिनी थानान्तर्गत राजारचर गाँव के धार्मिक अल्पसंख्यकों पर घोर अत्याचार किया जा रहा है। उस इलाके के कुख्यात बदमाश और फौजदारी मामले में लम्बे समय के लिए सजायाफ्ता मुजरिम मो. तुफैल हुसेन उर्फ तुफैल अहमद उर्फ इसहाक मोल्ला (पिता स्व. वकीलउद्दीन मोल्ला) का गिरोह धार्मिक अल्पसंख्यकों के मकान और जमीन-जायदाद पर कब्जा करने से लेकर हिन्दू महिलाओं की इज्जत लूटने जैसा कुकर्म कर रहा है। इस बारे में स्थानीय प्रशासन को जानकारी देने पर भी कोई प्रभावी कदम नहीं उठाया जा रहा है। मदारीपुर जिले में ही राजौर थाना क्षेत्र की बदरपाशा यूनियन के चर मोस्तफापुर गाँव के धार्मिक अल्पसंख्यक लम्बे समय से एक बदनाम गिरोह के जुल्म के शिकार हैं। गिरोह के लोगों ने उक्त गाँव के मणीन्द्रमोहन संन्यासी की विधवा सुनीतिरानी संन्यासी उर्फ स्वर्णलता की 17.9.96 को हत्या कर दी। थाने में मामला दायर किया गया है। यह गिरोह फिलहाल माँ-बाप खो चुके भाइयों रमणीमोहन और निताईचाँद को मार डालने की धमकी दे रहा है।

ठाकुरगाँव सदर थाने के तहत गड़ेया यूनियन के लस्करा गाँव के निवासी धीरेन्द्र नाथ चौधुरी (पिता स्व. श्रीमन्तलाल चौधुरी) के घर पर रखी श्री श्री विष्णुमूर्ति को स्थानीय प्रशासन के अजायबघर में जमा करने का निर्देश दिए जाने से स्थानीय धार्मिक अल्पसंख्यकों में तीव्र क्षोभ पनपा है। स्थानीय तौर पर नक्कटे देवता के रूप में परिचित वह मूर्ति धीरेन्द्र चौधुरी के निवास पर है और बैशाख महीने में टुकुली नामक पोखरे के तट पर उसकी स्थापना-पूजा की जाती है। हाल में स्थानीय प्रशासन के एक कुचक्री गुट द्वारा उक्त मूर्ति को अजायब घर में स्थानान्तरित करने का निर्देश दिए जाने से अल्पसंख्यक सम्प्रदाय के बीच तीव्र उत्तेजना पैदा हुई। इस मामले को लेकर इलाके की जनता ने दोषी लोगों को दंडित किए जाने की माँग की है।

फीरोजपुर सदर थाना क्षेत्र की सिकदर मल्लिक 'यूनियन' के जुजुखोला गाँव के स्व. सुरेन्द्रनाथ मल्लिक के पुत्र सन्तोष कुमार माँझी को उसके पैतृक मकान से बेदखल करने की कोशिश की जा रही है। सलीम नामक एक दबंग आदमी सन्तोष को मकान छोड़ने के लिए तरह-तरह से परेशान कर रहा है। इसी जिले के पाड़ेरहाट में माध्यमिक बालिका विद्यालय की प्रधान शिक्षिका अनुरूपा भौमिक बाइस वर्षों से अपने पद पर पूरी दक्षता के साथ काम करते हुए अपना दायित्व निभाती आ रही हैं। लेकिन कुछ स्वार्थी लोग उनके काम-काज में अड़चनें डाल रहे हैं। जैसोर शिक्षा बोर्ड से 13.5.96 को निर्गत बी. अ/308/1221 नम्बर ज्ञापन और 5.10.96 को निर्गत बी. अ/308/3473 (?) नम्बर ज्ञापन के जरिए यथोचित निर्देश देने के बावजूद वह कार्यकारी नहीं हो रहा है।

चट्टग्राम जिले के रउजान थानान्तर्गत ढेउआपाड़ा गाँव में चट्टग्राम-रांगामाटी सड़क के किनारे स्थित विशाल ताल 'रायमुकुट दीघी' को गैरकानूनी 'फेरबी कबला' बनाकर कम दाम में हथियाने के लिए एक निहित स्वार्थी जमात जी-जान से कोशिश कर रही है। इस ताल के सभी मालिक धार्मिक अल्पसंख्यक सम्प्रदाय के हैं। करीब पचास वर्षों से इस ताल के मालिकों द्वारा गठित और सरकार द्वारा पंजीकृत 'नद ढेउआपाड़ा फिशरी कम्पनी, साफ-सफाई और विकास कार्य करके लम्बे समय से मछली पालन कर रही है। ताल के किनारे देवालय, श्मशान-मन्दिर और श्मशान की जमीन पर रह रहे गैरकानूनी 'फेरबी गबला' के लोगों के विरुद्ध कम्पनी ने चट्टग्राम की अदालत में फौजदारी और दिवानी मुकदमे दायर किए हैं। उच्च न्यायालय द्वारा स्थगन आदेश दिए जाने के बावजूद विवादी लोग गुंडों की मदद से जायदाद पर कब्जा किए हुए हैं। ये लोग ताल के किनारे पक्के और कच्चे मकान बनाकर धार्मिक कामकाज में रुकावट डालने, श्मशान-भूमि की पवित्रता नष्ट करने के साथ ही उस पर जबरन कब्जा करने की चाल चल रहे हैं। इससे इलाके के अल्पसंख्यक घोर असुरक्षा के बीच आतंक में दिन काट रहे हैं। इस जिले के सीताकुंड थाने के तहत सीताकुंड चन्द्रनाथ चतुष्पाटी टोले की जमीन पर स्व.मो. इस्माइल का बेटा मो. अमीरूज्जमान अवैध रूप से कब्जा करने की कोशिश कर रहा है। गौरतलब है कि स्वतन्त्रता-संग्राम के समय अमीरूज्जमान कई बार उस पर कब्जा करने की कोशिश करके भी असफल रहा था। इसको लेकर

अदालत में मामला विचाराधीन है।

मानिकगंज जिले के शिवालय थाना इलाके के नयारचर, बकचर और कलाड़िया गाँव के सौ से ज्यादा अल्पसंख्यक परिवार गुंडों के एक संगठित गिरोह के चंगुल में छटपटा रहे हैं। इस इलाके के समाज विरोधी मोहिउद्दीन के बेटे जलीलउद्दीन, बाजउद्दीन और खलील इस गुंडा-गिरोह के असली सरगना हैं। स्वतन्त्रता के बाद से ही यह गिरोह तरह-तरह से अल्पसंख्यकों पर अत्याचार करके उन्हें सताता आ रहा है। उनके अत्याचार से तंग आकर नयाचर गाँव के सुरेशचन्द्र विश्वास, सतीशचन्द्र कविराज, हाराधन कविराज और सन्तोषचन्द्र कविराज इस दौरान देश छोड़कर जा चुके हैं। 1997 में पाँच मार्च को बदमाशों ने शशांक कुमार विश्वास के घर में घुसकर योजनाबद्ध ढंग से डकैती की। झिनाइदह सदर थाने के पोड़ाहाटी गाँव के अपहृत गौरकुमार सरकार, उनकी पत्नी मंजुरानी (40 वर्ष) तथा दो बेटियों मिठू रानी (13 वर्ष) और टिटूरानी (11 वर्ष) को अपहरण के डेढ़ महीने बाद भी पुलिस तलाश नहीं पाई। गुमशुदा गौर कुमार की माँ और भाइयों को आशंका है कि पूरे परिवार की हत्या कर दी गई होगी। गौर कुमार सरकार और उनका परिवार 28 मई, 1997 से लापता है। इस घटना की रात से ही गौर कुमार के मकान पर गाँव के सादिक अली, फजल करीम और उसके संगी-साथियों ने कब्जा कर लिया। इस मामले को लेकर झिनाइदह थाने में रपट दर्ज है।

सिलहट के सीमावर्ती कम्पनीगंज के रनिखाई गाँव में भैरवीबाला शुक्लवैद्य नामक लड़की का रात के अँधेरे में हथियारों के बल पर अपहरण करके इच्छा के विरुद्ध उसे धर्मान्तरित किया गया। उससे शादी करने के बाद बड़ी बेरहमी से जहर पिलाकर उसे मार डाला गया। 11 मई, 1996 को नया थाना क्षेत्र के जीवनपुर गाँव के अब्दुर रहीम के चार लड़कों इस्लामउद्दीन, रईसउद्दीन लुत्फरउद्दीन, बकुल और गाँव के अब्दुल जब्बार ने रनिखाई गाँव के कालाचाँद शुक्ल वैद्य की नाबालिग लड़की भैरवी का अपहरण किया था। बाद में उसका नाम अमीना बेगम रखा गया और इस्लामाउद्दीन ने उससे शादी कर ली। काफी समय तक उस पर अत्याचार करने के बाद 19.5.97 को उसे जहर पिलाकर मार डाला गया। हत्या के बाद 21 मई, 1997 को सिलहट के उस्मानी मेडिकल कॉलेज-अस्पताल में सबसे छिपाकर जल्दी से पोस्टमार्टम का काम सलटाया गया और लाश को कम्पनीगंज ले जाकर सिलहट शहर के नजदीक खादिमनगर आउटपोस्ट के पीरगाँव में दफना दिया गया। प्रभावशाली तबके के लोगों ने शुक्ल परिवार को इस मामले में मुँह खोलने पर एक और 'याद रखने लायक' वारदात करने की धमकी दी। आखिरकार यह असहाय परिवार अपना मकान आदि छोड़कर दूसरी जगह आश्रय लेने को लाचार हो गया। सिलहट जिले के ही सदर थानान्तर्गत हरिनाथपुर गाँव के परेशचन्द्र चक्रवर्ती (पिता स्व. पार्वती चक्रवर्ती) की करीब तेइस एकड़ जमीन का जाली दस्तावेज बनाकर गाँव के ही मियादउल्लाह के लड़के विहानउद्दीन और उस्मानका के लड़के मिसिल अली ने अवैध रूप से उस पर अपना कब्जा कर लिया।

अब वे उसे अपने नाम करा लेने में लगे हैं। सलहट के जयन्तापुरा राजबाड़ी में विष्णुमन्दिर के स्थान पर एक मदरसा बनाने की साजिश चल रही है। इलाके के धार्मिक अल्पसंख्यकों की माँग पर प्रशासन द्वारा उस जगह पर मदरसे के निर्माण की अनुमति न देने पर भी एक समूह अपनी कोशिश जारी रखे हुए है।

भोला जिले में तजमुद्दीन थाना क्षेत्र के शशिगंज के तहत एम. ए. 210 खतियान हाल 4485 दाग की पश्चिमी हिस्से की दस एकड़ जमीन समेत टीन के बने गोदाम को हड़पने की कोशिश की जा रही है। इसके मालिक स्व. हरमोहन शील के पुत्र नारायणचन्द्र शील हैं। काफी दिनों से इलाके के मो. फरीदउद्दीन, मो. मजजुल इस्लाम, मो. अ. मन्नान और उसके साथी इस जायदाद पर कब्जा करने की कोशिश में हैं। इससे पहले भोला जिले के तजमुद्दीन में सहकारी जज की अदालत में चले मुकदमे (15/92 नं.) में नारायणचन्द्र शील की जीत हुई थी। लेकिन 9.6.97 को उन गुंडों ने जबर्दस्ती नारायणशील की जमीन पर घर बना लिया है। अब नारायण और उनके परिवार को घर से निकालकर हत्या करने की धमकी दी गई है।

काफी दिनों से चल रही साजिश के तहत, घर-द्वार समेत समूची सम्पत्ति हड़पने के मकसद से हबीगंज जिले के औलियाबाद गाँव के चन्द्रधर देव पटेल के परिवार के आठ सदस्यों का 26 मार्च, 1997 को घर से अपहरण कर लिया गया।

घर का सामान वगैरह असुरक्षित पड़े रहने की हालत में अपहरण के दूसरे दिन गाँव के एक प्रभावशाली आदमी ने अपने-दल-बल के साथ चन्द्रदेव के मकान में जाकर उस पर कब्जा कर लिया। अड़ोस-पड़ोस के लोगों द्वारा रोके जाने पर उसने कहा, "माल-असबाब समेत मकान बेचकर चन्द्रदेव सपरिवार भारत चले गए।" लेकिन सम्पत्ति बेचे जाने का कोई कागजात वे पेश नहीं कर सके। आखिरकार गाँववालों के विरोध के कारण वे सज्जन खुद को समेटकर लोगों के सामने से चले गए। गाँववालों का कहना है, ये हजरत काफी दिनों से चन्द्रदेव बाबू की सारी सम्पत्ति हड़पने की कोशिश में लगे थे। गाँव में उनका अपना एक गिरोह भी है। इसी जिले के सान्थिया थाना क्षेत्र के अताइकुला में अवस्थित हरिबाड़ी मन्दिर की सम्पत्ति पर कब्जा करने की कोशिश जारी है। साड़ाभांगी गाँव के सगीरउद्दीन, मोस्तफा हिलाल, नजरूल इस्लाम (पिता स्व. फकीर महमूद) और लियाकत अली व मोजाहिर अली वगैरह लम्बे समय से इस कोशिश में लगे हैं। ये दबंग लोग 1990 में योजनाबद्ध ढंग से मन्दिर पर कब्जा करने में नाकाम होने के बाद अब फिर कब्जे की कोशिश कर रहे हैं और इलाके के हिन्दुओं को हत्या करने की धमकी के साथ उन्हें देश छोड़कर चले जाने की चेतावनी दे रहे हैं। इस बात को लेकर थाने में एक मामला दर्ज कराया गया है।

फरीदपुर जिले में भाँगा थाना क्षेत्र के चंडीदास नामक गाँव के अल्पसंख्यक लम्बे समय से एक श्मशान का इस्तेमाल करते रहे हैं। 1990 के बाद उस सार्वजनिक श्मशान को हथियाने के लिए एक षड्यन्त्रकारी गिरोह के लोग इलाके के हिन्दुओं पर कहर ढाते

आ रहे हैं। प्रशासन को इसकी जानकारी भी दी गई लेकिन अभी तक कोई कदम नहीं उठाया गया। फरीदपुर जिले के ही कोतवाली थानान्तर्गत अलीपुर गाँव के प्रभातचन्द्र राय के पुत्र दिलीपकुमार राय की 388 खतियान में 277 दाग की 0.54 एकड़ जमीन को 'शत्रु सम्पत्ति' बताकर कर्मचारियों का एक वर्ग अवैध रूप से उस पर कब्जा करने की कोशिश कर रहा है। इस मुकदमे में दिलीपकुमार राय की जीत होने के बावजूद उस जमीन को 'शत्रु सम्पत्ति' घोषित करने की कोशिश चल रही है। इस जिले के अलफाडांगा थाना इलाके के बलेवायना मौजे के पाँच सौ साल पुराने श्मशान की जमीन को हड़प लिया गया। इलाके के बाशिन्दा अब्दुल हई मोल्ला, बोहार मोल्ला, मुशर्रफ मोल्ला, अशरफ, मोल्ला, मोहम्मद मोल्ला, सबुर मोल्ला, कमरूल मोल्ला समेत एक कुख्यात गिरोह ने श्मशान की जमीन अपने कब्जे में कर ली। यह गिरोह अब श्मशान में दाह-संस्कार के काम में रुकावट डाल रहा है। इससे इलाके के हिन्दुओं में गहरा क्षोभ पैदा हुआ है। फरीदपुर जिले के नगरकाँदा थानान्तर्गत फुकरा गाँव के स्कूल शिक्षक सुकुमारचन्द्र सरकार की बेटी प्रतिभा सरकार (सुमा) जो सालथा जूनियर हाईस्कूल में छठी कक्षा की छात्रा है, उसके साथ 30.6.97 को गाँव के ही हामिद मोल्ला के लड़के मुनीरूज्जमा मोल्ला (मुनीर) ने बलात्कार किया। इस वारदात की रपट स्थानीय थाने में लिखाई गई। बलात्कारी फरार है। उसके पिता हामिद मोल्ला न सिर्फ सुकुमार सरकार पर मामला वापस लेने के लिए दबाव डाल रहे हैं बल्कि उन्हें जान से मार डालने की धमकी भी दी जा रही है। इसी थाने की बाना यूनियन इलाके के पाँच सौ साल पुराने बाना श्मशान घाट की जमीन पर हाल में एक प्रभावशाली आदमी ने अवैध ढंग से कब्जा कर लिया। हिन्दू सम्प्रदाय को दाह संस्कार करने में वह बाधा डाल रहा है। इसके चलते उस इलाके में उत्तेजना फैल रही है।

खुलना जिले के डुमरिया थानान्तर्गत बड़डाँगा गाँव के विनयकृष्ण विश्वास (पिता कनाईलाल विश्वास), चित्तरंजन विश्वास (पिता विनयकृष्ण विश्वास), अघोर विश्वास एवं सुफला दासी (पिता लालचाँद विश्वास) की 15.97 एकड़ जमीन पर दिलावर हुसेन खान (पिता यूसुफ अली खान), गोलना, डुमरिया के लोग जाली दस्तावेज बनाकर कब्जा करने की कोशिश कर रहे हैं। पहले दो बार उस जमीन के लिए मुकदमा करके विरोधी पक्ष हार चुका है। पिछले मुकदमे के समय यह दिलावर हुसेन गुंडों की मदद से जमीन के असली मालिक विनयकृष्ण विश्वास को उनकी जमीन तक जाने के रास्ते पर रुकावट डाल रहा था और अब अवैध रूप से कब्जा करने के फिराक में लगा हुआ है।

नड़ाइल जिले में लोहागड़ा थानान्तर्गत देवी गाँव के सुनील कुमार विश्वास की बेटी स्वप्नारानी विश्वास का 18.9.97 को उसी गाँव के मकसूद खोन्दकर के लड़के झंटू खोन्दकर और मोहब्बत खोन्दकर ने बारह-तेरह कुख्यात गुंडों की मदद से अपहरण कर लिया। इस बारे में लोहागड़ा थाने में मामला दर्ज कराने पर भी अभी तक स्वप्ना को मुक्त नहीं कराया जा सका है। उल्टे अपराधी मामला वापस लेने के लिए सुनील विश्वास पर दबाव डाल रहे हैं और जान से मार डालने की धमकी दे रहे हैं।

नड़ाइल जिले में ही कालिया थाना इलाके की चाचुड़ी-पुरूलिया यूनियन के धाड़ियाघाटा गाँव के जयदेव विश्वास और उनके परिवार के लोग जान के डर से गाँव छोड़कर भागते फिर रहे हैं। इलाके के हिमायत मोल्ला (पिता फूलमियाँ), सरफू शेख (पिता मजीद), मनि शेख (पिता कुटी मियाँ), बादशाह शेख, मिंटू शेख, बच्चू शेख एवं हारून शेख (पिता जलील शेख), राजिब मोल्ला (पिता हिमायत), अकरम शेख (पिता मन्ताज शेख) आदि मिलकर जाली दस्तावेज के जरिए जयदेव विश्वास की जमीन पर अवैध रूप से कब्जा करने की कोशिश कर रहे हैं। इन सबने जयदेव को डरा-धमकाकर गाँव से निकाल दिया है। इस बारे में कालिया की नालिशी अदालत में शिकायत दर्ज कराई गई है। मुकदमे का नम्बर सी आर 547/95 है।

सिराजगंज जिले में कामारखन्द थाना इलाके के चदेगोजी गाँव के पूजा मंडप में 15.10.97 को शाम के सात बजे तक लक्ष्मीपूजा हो रही थी, गाँव के ही अब्दुर रज्जाक मास्टर और उनकी पत्नी ने कुछ बदमाशों को साथ लेकर प्रतिमा की तोड़-फोड़ की और मन्दिर की जगह पर कब्जा करने की कोशिश की। इस बात को लेकर इलाके के अल्पसंख्यकों में गहरा क्षोभ पैदा हुआ है।

नगाँव जिले में धामरहाट थाना क्षेत्र की इसबपुर यूनियर के वैद्यबाटी गाँव में पाखीराम के परिवार सहित 20/25 अल्पसंख्यक परिवार लम्बे समय से शान्ति-सद्भाव के साथ रहते आ रहे थे। लेकिन इधर कुछ समय से गाँव के मो. अब्दुर रहीम (पिता मो. मुजम्मिल हक उर्फ पचा) और कुछ दूसरे लोग अल्पसंख्यकों पर तरह-तरह से अत्याचार के जरिए जबर्दस्ती उनकी जमीन-जायदाद हथियाने की कोशिश में लगे हैं। 25.3.97 को मो. अब्दुर रहीम और उनके लोग पाखीराम के खेत में लगी धान की फसल जबर्दस्ती काट ले गए। लेकिन इस असल घटना को छिपाकर अपराधियों ने उल्टे धार्मिक अल्पसंख्यकों के विरुद्ध झूठा मामला दायर कर दिया है।

कुमिल्ला जिले में लाकसाम थाना क्षेत्र में अवस्थित श्री श्रीलक्ष्मी गोविन्द मन्दिर के पुजारी हरिप्रसन्न साहा लम्बे समय से मन्दिर की सम्पत्ति की देख-रेख और सेवा-कार्य करते आ रहे हैं। अब इधर इस देवोत्तर इस्टेट के मैदान की पैमाइश के कामकाज में एक निहित स्वार्थी वर्ग बाधा डालकर मन्दिर की सम्पत्ति अपने नाम कराने की कोशिश कर रहा है। इस जिले में बरुड़ा थाने के तहत पश्चिम इल्लाशपुर गाँव के अमरचन्द्र पाल (पिता स्व.राजमोहन पाल) को उनके मकान से बेदखल कर दिया गया। 2.2.92 को गाँव के गनी मियाँ (पिता स्व. अली अहमद), मलिक मियाँ (पिता स्व. महवत अली), चाँद मियाँ (पिता मइदर अली), तैयब अली (पिता स्व. अली अहमद), लतीफ मियाँ (पिता स्व. फजर अली गाँव टामदा, चान्दिना) आदि ने मकान पर कब्जा कर लिया। बदमाशों का यह गिरोह अब अमरपाल के मकान में शराब और जुए का अड्डा चला रहा है। घर से खदेड़े गए अमरपाल अपनी बूढ़ी माँ के साथ दर-दर भटक रहे हैं।

नोवाखाली जिले में बेगमगंज थाना क्षेत्र की गोपालपुर यूनियन का श्री श्री रामकृष्ण

आश्रम (गोपाल रामकृष्ण आश्रम) एक सेवाधर्मी संस्थान है। इसकी स्थापना सन् 1928 ई. में हुई थी। मुक्तियुद्ध के दौरान इसका अधिकांश भाग ध्वस्त कर दिया गया था और धूल में मिला दिया गया था। बहुत दिनों से मो. इदरीश मियाँ (पिता स्व. हाजी आबिद मियाँ) आदि गुंडागर्दी के जरिए इस सेवाधर्मी संस्थान को बर्बाद करने की कोशिश में लगे हैं। रामकृष्ण आश्रम के सचिव डॉ. जतीन्द्र नाथ को हत्या की धमकी दी जा रही है।

कारण : दो

साम्प्रदायिक हमले

1989

15 अप्रैल। हिन्दू-बौद्ध-क्रिश्चियन ऐक्य परिषद के अध्यक्ष मेजर जनरल (अवकाश प्राप्त) सी.आर दत्त की हत्या के मकसद से उन्हें निशाना बनाकर गोली चलाई गई और बम फेंका गया। जनरल दत्त गुलिस्तान के टी. एंड टी. भवन में एक टेलीग्राम करके पत्नी के साथ अपनी गाड़ी से जब घर लौट रहे थे, रास्ते में 'तीन नेताओं की मजार' के पास नीले रंग की एक जीप बगल से उनकी गाड़ी को धक्का मारकर रुक गई। जीप से कुछ हथियारबन्द लोग बाहर निकले और उन्हें निशाना बनाकर गोली बरसाने लगे, उन्होंने सिर नीचे करके अपने को बचाने की कोशिश की। ऐसी स्थिति में उन पर कुछ हथगोले फेंककर हमलावर भाग गए। गम्भीर हालत में जनरल दत्त को ढाका मेडिकल कॉलेज अस्पताल ले जाया गया। ऑपरेशन किए जाने पर धीरे-धीरे वे स्वस्थ हुए।

15 सितम्बर। खुलना शहर में जन्माष्टमी के मौके पर पुनर्मिलन के अन्त में शोभायात्रा निकाली गई। जब शोभायात्रा शहर में घूमती हुई तारेरपुकुर नामक स्थान पर पहुँची तो हथियारों से लैस एक समूह ने शोभायात्रा पर हमला कर दिया। इस हमले के परिणामस्वरूप शोभायात्रा पूरी तरह तितर-बितर हो गई और कई धार्मिक हिन्दू जख्मी हुए। ब्राह्मणबाड़िया जिले में सदर थाने के निदाराबाद गाँव के शशांक देवनाथ को 16 अगस्त, 1987 को घर से बुलाकर उनकी हत्या कर दी गई। इस हत्याकांड के बाद भी जब शशांक देवनाथ की एगार कानी (ग्यारह कट्ठा) जमीन पर कब्जा करने में कामयाबी नहीं मिली तो 5 सितम्बर को रात डेढ़ बजे के आस-पास घर का दरवाजा तोड़कर शशांक देवनाथ की पत्नी बिरजाबाला (45), बेटा सुभाष देवनाथ (13), सुमन देवनाथ (7) दूसरा लड़का सुजन देवनाथ (3), बेटी मिनतीबाला देवनाथ (17) और प्रणति देवनाथ (11) का अपहरण करके आँख-मुँह बाँधकर एक नाव से चुपचाप दो किलोमीटर दूर धोपाबाड़ी नाले के पास सुनसान जगह पर ले जाकर टुकड़े-टुकड़े करके सबकी हत्या कर दी गई। सभी छह लोगों के शवों को टुकड़ा-टुकड़ा करके उन्हें चूने के घोल में डुबोकर ड्रम में बन्द करके नाले में पानी के नीचे गाड़ दिया गया। शशांक देवनाथ की हरषपुर यूनियन के बाजा से सटी एगार कानी (ग्यारह कट्ठा) जमीन हड़पने के लिए ताजुल इस्लाम, हबीबुर रहमान, नजरूल इस्लाम, अजीजुर रहमान, और इनू

आदि ने 16 अक्तूबर, 1987 को शशांक को घर से बुलाकर मार डाला। इसके बाद ताजुल इस्लाम ने एक मौलवी इब्राहिम के साथ उस जमीन को खरीदने का दावा किया। लेकिन मौलवी इब्राहिम ने प्रथम श्रेणी के मजिस्ट्रेट के पास जाकर एफीडेविट करके यह कह दिया कि उन्होंने इस जमीन को खरीदा ही नहीं है। आखिरकार ताजुल इस्लाम के विरुद्ध जाली दस्तावेज बनाने का मुकदमा शुरू हुआ। यह मुकदमा शशांक देवनाथ की पत्नी बिरजाबाला लड़ रही थीं। इसीलिए 5 मार्च की रात को ताजुल इस्लाम की अगुवाई में यह भयानक हत्याकांड हुआ।

10 मार्च को एक हिन्दू संगठन की ओर से गोपालगंज जिला कमेटी द्वारा राखदिया में आयोजित एक जनसभा के खत्म होने पर घर वापसी के समय रास्ते में संगठन के लोगों पर पुइसुर यूनियन के चेयरमैन कमरूल इस्लाम ने अपने आदमियों के साथ हमला कर दिया। इस हमले में तेईस लोग घायल हुए। 11 मार्च को भोला जिले में लालमोहन थानान्तर्गत श्री श्री मदनमोहन अखाड़े में कीर्तन के समय दूसरे दिन दस बजे कुछ स्थानीय कुख्यात लोगों की अगुवाई में सौ से भी ज्यादा सशस्त्र लोगों ने कीर्तन मंडप पर धावा बोल दिया। हमलावारों ने मन्दिर में घुसकर भक्तों को मारा-पीटा और प्रतिमा तोड़ डाली। इसके अलावा बलवाइयों ने दत्तपाड़ा के विभिन्न मन्दिरों में घुसकर तोड़-फोड़ की और लूटपाट करके आग लगा दी।

गोपालगंज सदर थाने के बौलतली बाजार के दक्षिण की ओर स्लुइच गेट के पास 25 मार्च की शाम को करपाड़ा यूनियन के वनग्राम निवासी एनजेल हक मजुमदार, बुलबुल मोल्ला, अबुल बशर मोल्ला, बरकत अली सिकदर आदि ने लूटपाट की और 'पद्म विला' में रामेन्द्रनाथ कांजिलाल के घर पर धावा बोलकर मोटी रकम की माँग की। पैसा न देने पर जान से मार डालने की हमलावरों ने धमकी भी दी। 29 मार्च की रात को इन्हीं हमलावरों ने कांगुरा गाँव के हिन्दू नागरिकों पर हमला कर दिया। इन लोगों ने स्त्रियों पर पाशविक अत्याचार किया और जाते समय हिन्दुओं को देश छोड़ देने का फरमान सुना गए।

कुमिल्ला के ऐतिहासिक अभय आश्रम में लम्बे समय से बाँग्ला नववर्ष मनाने की परम्परा चली आ रही है। लेकिन पिछले नववर्ष के दिन प्रार्थना के समय बदमाशों ने पत्थर फेंककर अनुष्ठान को भंग कर दिया। हर साल वैशाख सप्तमी को त्रिपुरा महाराज की मयनामती रानी के बंगले से जुड़ी कालीबाड़ी में विग्रहरूपी कालीवृक्ष को केन्द्रित कर वैशाखी मेला और पूजा का आयोजन होता है। लेकिन पिछले वर्ष पहला वैसाख के दिन उस वृक्ष में आग लगा दी गई। कुमिल्ला शहर के बीचोबीच कापड़िया पट्टी के लक्ष्मीनारायण अखाड़े में हर रविवार को भगवत पाठ और सन्ध्यापूजा-आरती होती है। हाल में अनुष्ठान के दौरान पत्थर बरसाने से उपस्थित भक्तों और बाद में इलाके के हिन्दुओं में भय-आतंक का माहौल बन गया।

लालमाई पहाड़ के दक्षिण में त्रिपुरा के महाराज द्वारा बनवाए गए शिवमन्दिर और चंडीमन्दिर में सदा-सदा से भक्तों का समागम होता आ रहा है। लेकिन कुछ दिनों पहले

दुष्कर्मी जबर्दस्ती मन्दिर में घुसकर वहाँ के पेड़ों को काट ले गए और पुजारी को डराया धमकाया। दाउदकान्दी थाने के सिंगला गाँव में पूजा मंडप से पिछले वर्ष जिस शिवमूर्ति को चुराया गया था, उसे पुलिस आज तक नहीं ढूँढ पाई है। इसी तरह इलियटगंज बाजार की ऐतिहासिक मूल्यवान काली की मूर्ति को भी दुष्कर्मी चुरा ले गए थे, लेकिन एक बर्ष बाद भी उसका उद्धार नहीं हुआ।

1990

भारत के बाबरी मस्जिद बनाम राम मन्दिर का विरोध करने के नाम पर 30-31 अक्तूबर और इसके बाद ढाका और चट्टग्राम समेत देश की अन्य जगहों पर कट्टरपन्थी साम्प्रदायिक तत्त्वों ने हजारों मन्दिरों, उपासनास्थलों, वाणिज्यिक प्रतिष्ठानों और घरों-इमारतों में लूटपाट एवं तोड़-फोड़ की, आग लगाई तथा उन्हें ढहा दिया। हजारों मूर्तियों को तोड़कर माटी में मिला दिया गया, कई ऐतिहासिक वाणिज्यिक प्रतिष्ठानों को नेस्तनाबूद कर दिया गया। परिणामस्वरूप हजारों परिवार असहाय और भिखारी हो गए। लगभग पचास महिलाएँ बलत्कृत-लांछित हुईं। सत्तासीन एरशाद सरकार इस विध्वंस की योजना में लगे लोगों की मददगार रही—ऐसे आरोप भी सामने आए। इस नारकीय और दर्दनाक दुर्घटना से समूचे देश के विवेक सम्पन्न नागरिक ही नहीं, दुनिया-भर के लोग हक्के-बक्के रह गए। 1989 में भी इसी विवाद को सामने रखकर विध्वंस यज्ञ चलाया गया था। 1990 के 30-31 अक्तूबर को और उसके बाद जो विध्वंस का दौर चला, उसकी एक झलक देखिए—

ढाका के लालबाग थाने के अधीन आता है, सैकड़ों साल पुराना ऐतिहासिक ढाकेश्वरी मन्दिर। साम्प्रदायिक ताकतों और गुंडों ने मिलकर इस मन्दिर में और इसके अन्य घरों में जमकर लूटपाट की तथा तोड़-फोड़कर आग लगा दिया। मन्दिर में सेवारत लोगों के ग्यारह घरों में आग लगा दी गई, तोड़-फोड़ की गई और लूटपाट की गई। पुजारी-पुरोहित घायल हालत में दीवार फाँदकर किसी तरह अपनी जान बचाने में सफल हुए। चार घंटे तक इस मन्दिर में आगजनी और विध्वंस का तांडव चलता रहा। हजारी बाग की 35-भागलपुर लेन के श्री श्री काली मन्दिर, 49-भागलपुर लेन के श्री श्री दुर्गा मन्दिर और 119-भागलपुर लेन (हाजीपुर मछुआपाड़ा) के श्री श्री दुर्गा मन्दिर पर हमला करके तोड़-फोड़ और लूटपाट की गई। इन मन्दिरों की प्रतिमाओं को तोड़-फोड़कर मिट्टी में मिला दिया गया। लालबाग रोड की पुष्पराज साहा लेन में स्थित श्री श्री गिरिगोवर्धनजी मन्दिर में लूटपाट और तोड़-फोड़ की गई।

96-97 नम्बर, हरनाथ घोष लेन के सारंगधर रघुनाथजी के अखाड़े में तोड़-फोड़ और लूटपाट की गई। लालबाग के कामरांगीचर श्मशान में भी लूटपाट और तोड़फोड़ की गई। नगर बेलतली लेन के निवासी रमानन्द दास, गौरांग दास, शम्भुनाथ दास,

अनिल दास, गोविन्द चन्द्र दास, रत्ना दास, पूर्णचन्द्र दास, हरिचरण दास, जगदीशचन्द्र दास, लक्ष्मणचन्द्र दास, धीराजचन्द्र दास, स्वप्न कुमार दास, ब्रजनाथ दास, चंडी दास, बुधाई दास, उत्तमकुमार दास, विक्रमकुमार दास आदि चापड़ की चोट से घायल हुए। इसके अलावा कट्टरपन्थियों के हुजूम ने लालबाग रोड और हरनाथ घोष रोड के पचास से भी अधिक हिन्दू घरों और दुकानों में लूटपाट की, तोड़-फोड़ किया और आग लगा दी। नगर बेलतली और हजारीबाग इलाके में और भी ज्यादा करीब सौ मकानों और दुकानों तथा दर्जन-भर छोटे-बड़े मन्दिरों पर हमला करके तोड़-फोड़ की गई और फिर आग लगा दी गई।

सुत्रापुर थाना इलाके में 19-जयकाली मन्दिर रोड के रामसीता अखाड़ा, बी.सी.सी. रोड के शिवमन्दिर, नवाबपुर रोड के राधेश्यामजी के मन्दिर, लक्ष्मीनारायण मन्दिर, नरेन्द्रनाथ बसाक लेन के भगवत् अनुशीलन मन्दिर, 257 नवाबपुर रोड के महावीर मन्दिर, लालमोहन स्ट्रीट के शिवमन्दिर, महाजनपुर लेन में स्थिर शीतला मन्दिर एवं दुर्गा मंडप, 24-उत्तर मैशुंडी के भगवत मन्दिर, चन्द्रमोहन बसाक लेन के गोविन्द मन्दिर, नरिन्दा शरतगुप्ता रोड के मधुसूदन नारायण मन्दिर, 17-नरिन्दा लेन के कालाचाँदजी के मन्दिर, ऋषिकेश दास रोड के काली मन्दिर और नरिन्दा के प्रसिद्ध माधव गौड़ीय मठ पर हमले किए गए। तोड़-फोड़, लूटपाट और आग लगाई गई।

मठ, मन्दिर, आश्रम के अलावा साम्प्रदायिक हमलावरों ने जिन व्यावसायिक प्रतिष्ठनों और दुकानों पर धावा बोलकर लूटपाट व तोड़-फोड़ की तथा आग लगा दी, वे हैं—14, बी.सी.सी. रोड के न्यू काललाल स्वीट्स, बाबूलाल स्वीट्स, नित्यलाल स्वीट्स ठठेरी बाजार के विश्वनाथ घोष और कालू घोष के वाणिज्यिक संस्थान, 141-नवाबपुर रोड का छेनाघर, 170-नवाबपुर रोड की मरणचाँद एंड कम्पनी, 31-नवाबपुर रोड का मधुमिता स्टोर, 29/1 नवाबपुर रोड की ननीगोपाल घोष की दुकान, 19-नवाबपुर रोड का ब्यूटी स्वीट्स, 18/1 नवाबपुर रोड के लालचाँद घोष एंड संस, 18-नवाबपुर रोड के मरणचाँद एंड संस, 262 नवाबपुर रोड की साहा वणिक की दुकान, 27-टीपू सुल्तान रोड का एस. के. कॉरपोरेशन, 19-जयकाली मन्दिर रोड के दुलालचन्द्र घोष, निर्मलेन्दु घोष और भोलानाथ सिंह के वाणिज्यिक संस्थान, 80/4-दयागंज बाजार स्थित तृप्ति मिष्ठान भंडार, शरतगुप्त रोड का साधना औषधालय, 45-बाँग्ला बाजार का ढाकेश्वरी बासनालय (बर्तन की दुकान), 50-बाँग्लाबजार का लोकनाथ कुटीर, 14-पैरीदास रोड का चाँदनी चिकित्सालय, फरीदाबाद में 27-के.बी. राय रोड का गणेश मिष्ठान्न भंडार, 52-ऋषिकेश दास रोड का मीना ज्वेलर्स और 106-ऋषिकेश दास रोड पर एडवोकेट रमणीकान्त भट्टाचार्य का चेम्बर आदि। इसके अलावा सूत्रापुर थाना इलाके में सैकड़ों वाणिज्यिक प्रतिष्ठानों और मकानों पर हमला करके तोड़-फोड़ और लूटपाट के बाद अधिकांश जगहों में आग लगा दी गई।

गोतवाली थाने के पटुआटोली के पारम्परिक ब्रह्मसमाज के ऑफिस और लाइब्रेरी, शंखारी बाजार के श्रीधर विग्रह मन्दिर, नयाबाजार के प्राचीन मठ, कायथटोली के

हर्षनाथ सेन के मकान के विख्यात साँप मन्दिर पर कट्टरपन्थियों ने हमला करके तोड़-फोड़ एवं लूटपाट की, फिर आग लगा दी। इन सारे धार्मिक संस्थानों के अलावा पटुआटोली के के.एम. भट्टाचार्य एंड कम्पनी नाम की प्रसिद्ध होमियोपैथी दवा की दुकान, होटल राज, ढाकेश्वरी ज्वैलर्स, वाद्ययन्त्र की प्रसिद्ध दुकान जतीन एंड कम्पनी, सदरघाट मोड़ का वी.आई.पी. स्टोर, इस्लामपुर का सोहाग ज्वेलर्स, न्यू घोष ज्वेलर्स, अल्पना ज्वेलर्स, कश्मीरी बिरियानी हाउस, जय बुलियन स्टोर, रूपश्री ज्वेलर्स, मानसी ज्वेलर्स, 49-पटुआटोली के गोविन्द वणिक का सोने-चाँदी का कारखाना, मिताली ज्वेलर्स, शुकलाल मिष्ठान्न भंडार, शांखारी बाजार का न्यू शिला वितान, सोमा स्टोर, साहा कैंटीन, सदरघाट पर बुड़ीगंगा नदी के नाव पर तैरते हिन्दू होटल 'उजाला', पान्थनिवास, नयाबाजार में स्वीपर कालोनी सहित कोतवाली थाना इलाके में कम-से-कम सौ मकानों और वाणिज्यिक प्रतिष्ठानों पर आक्रमण करके कट्टरपन्थियों ने उन्हें नष्ट कर दिया। उन्होंने सिर्फ यहाँ हमले ही नहीं किए बल्कि लूटकर आग भी लगा दी। इसके अलावा रमना थाना क्षेत्र के बंगबन्धु एवेन्यु में मतिलाल स्वीट्स, पुरानी पल्टन के मरणचाँद ग्रैंड संस और गुलशन थाना क्षेत्र के रामपुरा बाजार की बहुत सारी हिन्दू दुकानों तथा मोहम्मदपुर थाना इलाके के राय बाजार का बेनीमाधव मिष्ठान्न भंडार, अशोक ज्वेलर्स सहित राय बाजार इलाके के हर हिन्दू घर पर धावा बोलकर इस अशुभ साम्प्रदायिक ताकत ने लूटपाट की। उन लोगों ने राय बाजार के श्मशान घाट पर भी तोड़-फोड़ की।

डेमरा थानान्तर्गत जुराइन इलाके में शंकर साधु आश्रम, श्री श्री राम-लक्ष्मण मन्दिर, मातुआइल के शनि मन्दिर, काली मन्दिर, राजारबाग के काली मन्दिर में लूटपाट करके आग लगा दी गई। इसके अलावा युगल चाँद सरकार, विशाखारानी दास, सहदेव मंडल, स्वप्न चन्द्र दास, हरिआनन्द दास, जीवनचन्द्र दत्त, तारापद्शील, हेमन्तचन्द्र दास, फूलचाँद दास, मणीचन्द्र दास, नगेन्द्रचन्द्र दास, शिवचन्द्र दास समेत इस थाना क्षेत्र के करीब दो सौ हिन्दू-मकानों पर हमले किए गए। कट्टरपन्थी उनके घरों को लूटकर ही शान्त नहीं हुए, अधिकतर मकानों में आग लगा दी। ढाका शहर के दूसरे थाना इलाके के हिन्दुओं पर भी इसी तरह के हमले, लूटपाट, अत्याचार किए गए और उनके मकानों में आग लगा दी गई। ढाका जिले के केरानीगंज थाना इलाके के चुनकुटिया पूर्वपाड़ा के हरिसभा मन्दिर, कालीबाड़ी के काली मन्दिर, मीरबाग के मन्दिर, गोशम बाजार अखाड़ा, शुभ्यडा चन्द्रानिकारा के मन्दिर, पश्चिमपाड़ा के काली मन्दिर, श्मशान घाट, तेघरिया के रामकानाई मन्दिर, कालिन्दी बड़ीशर बाजार के दुर्गा, काली और मनसा मन्दिर पर हमला करके लूटपाट की गई और मूर्तियों की तोड़-फोड़ करके आग लगा दी गईं। शुभ्यडा यूनियन के खजूरबाग इलाके के पैरिमोहन मिश्र के पुत्र रवि मिश्र के मकान समेत करीब पचास किराएदार हिन्दू परिवारों पर हमला करके उनके घरों को तहस-नहस कर दिया गया। तेघरिया के पूर्वदी के भवतोष घोष व परितोष घोष के मकान, कालिन्दी के मान्दाइल हिन्दूपाड़ा में और वनगाँव तथा ऋषिपाड़ा के करीब तीन

सौ घरों में तोड़-फोड़ और लूटपाट के बाद उन्हें आग के हवाले कर दिया गया।

नारायणगंज जिले में रूपगंज-मुड़ापाड़ा थाना इलाके के पचास से अधिक हिन्दू घरों को लूटने तथा तोड़-फोड़ के बाद जला दिया गया। गलाचिपा और गोपालपाड़ा में कुछ मकानों और दुकानों पर धावा बोलकर आग लगा दी गई। बन्दरगाह श्मशान घाट और पगला में कई हिन्दू घरों और दुकानों पर कट्टरपन्थियों ने हमले किए।

मुंशीगंज जिले के लौहजंग थानान्तर्गत बालिगाँव-ऋषिपाड़ा में करीब दो सौ मकानों को लूटने के बाद आग लगा दी गई। नरसिन्दी जिले के रायपुरा थाने के रहीमाबाद में एक मन्दिर को मिट्टी में मिला दिया गया। 31 अक्तूबर की रात सदर थाने के कान्दापाड़ा में एक हिन्दू को छुरा मारकर घायल कर दिया गया। सिलहट में सदर के अन्तर्गत करीब एक दर्जन मन्दिरों पर कट्टरपन्थियों ने हमला करके मूर्तियों को तोड़ डाला। हबीगंज के रामकृष्ण मिशन पर हमला करके साम्प्रदायिक लोगों ने उसे पूरी तरह बर्बाद कर दिया। जैसोर में सदर थाना इलाके के मारवाड़ी मन्दिर, बेजपाड़ा मन्दिर, काली मन्दिर, भूपतिबाड़ी के मन्दिर और नोवापाड़ा बाजार में हिन्दुओं की दुकानों और घरों पर धावा बोलकर, लूटपाट के बाद मूर्तियों को तोड़कर आग लगा दी गई। झिनाइदह सदर थाना और शैलकुपा थाना इलाके के हिन्दुओं के मकानों और दुकानों पर धावा बोलकर लूटपाट की गई। राजबाड़ी जिले के बालियाकाँदी थाना इलाके के कात्यायनी मन्दिर समेत बारह मन्दिरों में तोड़-फोड़ करके लूटा गया। पाबना के राधानगर और पायरातला में दो हिन्दू घरों पर हमला करके उनमें आग लगा दी गई। फरीदपुर में बोआलमारी थाना क्षेत्र के करीब एक दर्जन मन्दिरों पर हमले किए गए और तोड़-फोड़ हुई। इसी थाना क्षेत्र में लोहारों के गाँव में दस हिन्दू-मकानों पर हमला किया गया। बड़िशाल में परम्परा के वाहक राधा मन्दिर पर हमला करके आग लगा दी गई। श्मशान के काली मन्दिर की मूर्ति को तोड़कर उसे आग के हवाले कर दिया गया। श्मशान के और कुछेक दूसरे मठों तथा कोतवाली थाने के काशीपुर में अवस्थित विख्यात महामाया मन्दिर पर हमला किया गया और उन्हें जला डाला गया। टाँगाइल जिले में मिर्जापुर के जमुर्की मन्दिर और सदर उपजिले के वामाकानपुर मन्दिर पर भी हमला किया गया और उन्हें आग लगा दी गई। कुमिल्ला में दाउदकाँदी थाना क्षेत्र के जुरानपुर और कामारकाँदी गाँव के हिन्दुओं के घरों पर हमला करके कट्टरपन्थियों ने उन्हें तहस-नहस कर दिया।

लक्ष्मीपुर जिले में रामगति थाना चर के अलेक्जेंडर-करुणानगर इलाके के कई मन्दिरों और घरों तथा चौदह दुकानों में साम्प्रदायिक तत्त्वों ने तोड़-फोड़ की और लूटपाट के बाद आग लगा दी। अक्तूबर के साम्प्रदायिक हमलों में चट्टग्राम महानगर के पारम्परिक कैवल्यधाम, चट्टेश्वरी कालीबाड़ी, पंचाननधाम आश्रम, बक्रीरहाट हरिसभा मन्दिर, श्रीगुरुधामका सिंह अखाड़ा, कुर्बानीगंज की कालीबाड़ी, अभय मित्र महाश्मशान, नाथपाड़ा काली मन्दिर, देवानेश्वरी काली मन्दिर समेत कई मन्दिरों पर धावा बोलकर लूटपाट की गई और मूर्तियों को तोड़कर उनमें आग लगा दी गई। इस महानगर के

सतसंग आश्रम, दत्तात्रेय अखाड़ा और रामकृष्ण मिशन के अलावा हिन्दू समुदाय के सभी मन्दिरों और उपासनागृहों पर कट्टरपन्थियों ने हमले किए। चकबजार, रियाजउद्दीन बाजार, पाथरघाटा, बाकलिया, बालुआर दीघी, जमालखान, बद्दरहाट, इलियास कॉलोनी, कैवल्यधाम मालीपाड़ा, सोलशहर एक नम्बर गेट, अन्दरकिला समेत शहर के विभिन्न इलाकों में हिन्दुओं के मकानों और व्यवसायिक प्रतिष्ठानों में आग लगाने, लूटपाट करने और तोड़-फोड़ की घटनाएँ हुईं। पूरे शहर में क्षतिग्रस्त घरों और दुकानों की तादाद करीब तीन हजार रही। इसके अलावा चट्टग्राम के उत्तरी इलाके में साम्प्रदायिक हमलों से सात हजार हिन्दू परिवारों को क्षति हुई और करीब सात हजार हिन्दू स्त्री-पुरुष, बच्चे घायल हुए। अनगिनत स्त्रियों का बलात्कार किया गया। तीन लड़कियों को अपहरण करके ले जाया गया। इसी तरह चट्टग्राम के दक्षिणी इलाके में तीन हजार हिन्दू परिवार क्षतिग्रस्त हुए। एक स्त्री की मौत हो गई और बलात्कार-उत्पीड़न की घटनाएँ हुईं असंख्य।

सन् 1991 में बाँग्लादेश की राष्ट्रीय सत्ता के सर्वोच्च पद पर जज शहाबुद्दीन अहमद आसीन थे। इस वर्ष के अधिकांश समय तक अस्थायी राष्ट्रपति के रूप में अपने सारे कामकाज के जरिए वे एक अच्छे उदाहरण की छाप छोड़ गए हैं। बंगबन्धु शेख मुजीबुर रहमान के बाद जज शहाबुद्दीन ही एकमात्र और साम्प्रदायिक राष्ट्रपति रहे। जियाउर रहमान ने इस देश के संविधान से धर्मनिरपेक्षता को निकाल दिया, जबकि एरशाद ने इस्लाम को राष्ट्रधर्म बना दिया और खालिदा जिया इस देश के घोर कट्टरपन्थी राजनीतिक दल जमाते-इस्लामी का समर्थन लेकर सत्ता में आईं। जज शहाबुद्दीन के शासनकाल में ही इस देश में साम्प्रदायिक सद्भाव मोटे तौर पर काफी अच्छा था।

1992

धर्मान्ध साम्प्रदायिक समूह के हाथों 1992 के 6 दिसम्बर को भारत में बाबरी मस्जिद ढहाई गई। उसकी प्रतिक्रिया बाँग्लादेश में बहुत घिनौने रूप में देखने को मिली। क्या यह निहित स्वार्थी तबके की प्रतिक्रिया थी या फिर योजनाबद्ध ढंग से इस अमानवीय घटना को अंजाम दिया गया ? इस देश के जितने लोग धर्मान्धता के शिकार हुए हैं, उनमें से कितने लोग बता पाएँगे कि बाबरी मस्जिद कहाँ है ? बाँग्लादेश के किस हिन्दू ने हजारों मील की दूरी पर सरयू नदी के तट पर स्थित बाबरी मस्जिद को कभी देखा है ? अगर नहीं देखा है तो फिर उस पर यह अत्याचार और उत्पीड़न क्यों ?

अयोध्या की बाबरी मस्जिद के टूटने के बाद बाँग्लादेश में धर्मान्ध स्वार्थी लोगों के हमले में अट्ठाइस हजार मकानों को ध्वस्त कर दिया गया। एक मस्जिद को तोड़ने का बदला तीन हजार छह सौ मन्दिरों और उपासना गृहों को पूरी तरह से मिटाकर तथा

क्षतिग्रस्त करके किया गया। इन हमलों में घायल हुए दो हजार लोग और बारह लोगों की मौत हो गई। दो हजार छह सौ स्त्रियों, युवतियों और बच्चों पर अत्याचार किया गया। अनुमानित आर्थिक नुकसान दो सौ करोड़ रुपए का होगा। असहाय, क्षतिग्रस्त लोगों के पुनर्वास की योजना में सरकारी तौर पर कोई कदम नहीं उठाया गया। स्वयंसेवी संस्थाओं को भी सहायता के लिए आगे आने की सरकारी तौर पर अनुमति नहीं मिली। हालाँकि गैर सरकारी संस्थाएँ सरकार की परवाह किए बिना ही क्षतिग्रस्त लोगों की सहायता के लिए आगे आईं।

पूष की कड़कड़ाती ठंड में हिन्दू समुदाय के आश्रय और धनहीन हजारों स्त्री-पुरुषों को एन.जी.ओ. के लोगों ने खुले आसमान के नीचे दिन गुजारते देखा है। इन सारे पीड़ित-प्रताड़ित लोगों के पास वस्त्र नहीं, खाना नहीं, सिर छुपाने की जगह नहीं। यह भी देखा है कि हजारों-हजार माँ-बहनें अपनी इज्जत लुटाकर मूक हो गईं। कारोबारी--व्यवसायी अपना सब कुछ खोकर सड़क पर आ गए। उनके सामने एक अनिश्चित भविष्य के सिवाय कुछ नहीं बचा। पुरोहित, संन्यासी या फिर बौद्ध भिक्षुगण भी बच नहीं पाए आसुरी शक्ति के पंजों से। प्रशासनिक हस्तक्षेप के जरिए कट्टरपन्थियों का यह तांडव बहुत आसानी से रोका जा सकता था। जबकि इस प्रसंग में 'परिषद वार्त्ता' ने 29 माघ, 1.3.99 को लिखा–''हमले के समय प्रशासन द्वारा कहीं-कहीं निष्क्रिय दर्शक की भूमिका का पालन किया गया, कहीं-कहीं पर तो प्रत्यक्ष और परोक्ष रूप से मदद भी की गई।'' देश के पाँचों क्षेत्रों में सभी जगह चला यह तांडव। 64 में से 43 जिले सीधे कट्टरपन्थियों के हमलों से आक्रान्त हुए।

ढाका जिले में 7 से 9 दिसम्बर तक जिन-जिन जगहों पर हमले किए गए, उनका एक संक्षिप्त विवरण इस प्रकार है–ढाकेश्वरी मन्दिर और मेलांगन, सिद्धेश्वरी काली मन्दिर, रामकृष्ण मिशन, जगबन्धु महाप्रकाश मठ, नारिन्दा गौड़ीय मठ, भोलागिरि आश्रम आदि पर हमले किए गए। स्वामी बाग के मन्दिर और महन्त के घर को लूटकर तथा तोड़-फोड़ करके 7 दिसम्बर की शाम को आग लगा दी गई। इस मन्दिर के आस-पास के और भी कई हिन्दू घरों में आग लगा दी गई और घरों का एक-एक सामान लूट लिया गया। 7 और 8 दिसम्बर को शनि अखाड़े के पच्चीस घरों को लूटकर, तोड़-फोड़ करके आग लगा दी गई, दयागंज मछुआपट्टी और नारिन्दा ऋषिपाड़ा में बेरहमी से हमला किया गया। 8 दिसम्बर को ठठेरी बाजार के मन्दिरों को तोड़-फोड़कर उनमें आग लगा दी गई। शान्तिनगर के 'जलखाबार' नामक मिठाई की दुकान और शतरूपा स्टोर, फार्मगेट, पल्टन बाजार और नवाबपुर में मरणचाँद की मिठाई की दुकान, मोतीझील और टिकाटुली में देशबन्धु की मिठाई की दुकान में लूटपाट करने के बाद उन्हे तोड़-फोड़कर आग लगा दी गई। इसी दिन और भी कई जगह हमले हुए। ऋषिकेश दास रोड के श्रीलक्ष्मी मिष्ठान भंडार, इमामगंज के दुर्गामंडप, सोयारी घाट के मन्दिर और श्यामपुर के मन्दिर में तोड़-फोड़ की गई। इसी दिन धामराई के ऐतिहासिक रथ में आग लगा दी गई, कागतियापाड़ा में बुड़ी के मन्दिर, दक्षिणपाड़ा, पुकुरिया और कानियाजुड़ी

के काली मन्दिर पर हमला किया गया, तोड़-फोड़ की गई और आग लगा दी गई। डेमरा में जुराइन के श्री श्री रामलक्ष्मण आश्रम पर हमला करके देवी-देवताओं की मूर्तियों को तोड़ डाला गया। पूजा का सामान बर्बाद कर दिया गया। नार्थ ब्रुक हॉल रोड पर स्थित सार्वजनिक पूजा के कार्यालय, जमींदार घराने की काली की प्रतिमा और मन्दिर को नेस्तनाबूद कर दिया गया। यह घटना 7 दिसम्बर को हुई।

मानिकगंज जिले में जो तांडवलीला हुई थी, उसका संक्षिप्त विवरण इस प्रकार है—जिले में 7 और 8 दिसम्बर को 25 मन्दिरों में तोड़-फोड़ की गई और उनमें आग लगा दी गई। 30 लोग इन हमलों में घायल हुए। सदर थाना इलाके के बकशुड़ी गाँव के लोगों के एक गिरोह ने एक हिन्दू लड़की का अपहरण करके उसके साथ बलात्कार किया। मानिकगंज शहर में धारा 144 लागू की गई। लेकिन इसी दौरान एक मन्दिर में तोड़-फोड़ की गई। 8 दिसम्बर की शाम को घिउर बाजार में दस हिन्दू-दुकानों को लूटकर उनमें आग लगा दी गई। 9 दिसम्बर को इस थाने के पुकुरिया, बड़टिया, कार्जुना और नालीगाँव के कई मकानों और मन्दिरों पर हमला किया गया। लूटपाट की गई और आग लगा दी गई। 8 दिसम्बर को घिउर थाने के तेरश्री, तौलतपुर थाने के विनोदपुर और सदर थाने के बकारी दड्ढुसरा, कालीखोला समेत विभिन्न जगहों पर इसी तरह का व्यापक तांडव मचाया गया।

मैमनसिंह में फूलपुर थाना क्षेत्र के गाँव में 7 दिसम्बर को दो मन्दिर, एक पूजामंडप तथा त्रिशाल के एक काली मन्दिर में तोड़-फोड़ की गई, इसी दिन नरसिन्दी के चाकाकचर और मनोहरदी में मन्दिर और घरों में लूटपाट करके आग लगा दी गई। गुंडों ने 10 दिसम्बर को इसी जिले में रायपुर थाना क्षेत्र के बैकुंठपुर गाँव में जगदीश के घर की काली की मूर्ति को तोड़ डाला और आस-पास के अन्य कई मकानों पर हमले किए। इसी रात सदर थाना क्षेत्र के आलली गाँव में एक घर को जला दिया गया और मनोहरपुर के एक गाँव में आग लगा दी गई।

गोपालगंज जिले में कुलर्स और पाटगति गाँव के पाँच मन्दिरों तथा लेबुरतला, चिंगुड़ी और नारायणजली गाँव में 10 दिसम्बर की सुबह 15 मकानों को कट्टरपन्थियों ने जला डाला। प्रत्यक्षदर्शियों के अनुसार जमाते इस्लामी और खिलाफत आन्दोलन की अगुवाई में गुंडों के एक गिरोह ने इन मकानों में आग लगाई थी। कई घर फूँक डाले गए। इस गाँव के एक मन्दिर में तोड़-फोड़ की गई।

15 दिसम्बर को कोटालीपाड़ा की सयोगाँव यूनियन के चार मन्दिरों को जला देने के बाद घर लूटे गए। इस साम्प्रदायिक हमले में करीब एक दर्जन लोग घायल भी हुए। फरीदपुर जिले में सदरपुर थाना क्षेत्र के कई मन्दिरों और रामकृष्ण मिशन पर हमला करके लूटपाट की गई। 7 दिसम्बर को हुए इस हमले में मिशन के महाराज और कुछ छात्र गम्भीर रूप से घायल हुए। गाजीपुर के दुर्गामन्दिर और माधवमन्दिर पर भी इसी दिन हमला किया गया। नारायणगंज में रूपगंज थाने के मुड़ापाड़ा बाजार से सटे मन्दिर पर युवकों के एक समूह ने हमला किया। इसके एक दिन पहले यानी 7 दिसम्बर को

सोनार गाँव में काशीपुर के एक मकान पर धावा बोला गया। इसी दिन शाम को शहर के लक्ष्मीनारायण अखाड़ा मन्दिर में कीर्तन के दौरान एक युवक ने मन्दिर के गेट में आग लगा दी। 11 दिसम्बर को कोर्ट के अहाते में 'हिफाजते-इस्लाम' नामक संगठन की जनसभा के बाद इसके सदस्यों ने मन्दिरों और हिन्दू घरों पर हमले किए। 16 दिसम्बर की रात रामकृष्ण मिशन पर कट्टरपन्थियों के एक समूह ने धावा बोलकर लूटपाट की और इसके बाद उसमें आग लगा दी। 7 दिसम्बर से 9 दिसम्बर तक राजबाड़ी जिले के 30 मन्दिरों और उनके आस-पास के घरों को लूटकर उनमें आग लगा दी गई। 10 दिसम्बर को मदारीपुर जिले के पनिछत्र इलाके के हिन्दू घरों में आग लगा दी गई और और कालकिनी थाने के कर्जपाड़ा गाँव में एक मन्दिर पर हमला किया गया। 11 दिसम्बर को रात में बादामतला इलाके के हिन्दू घरों में आग लगा दी गई।

शेरपुर के कृषि प्रशिक्षायतन के अन्नपूर्णा मन्दिर, शेरीघाट आशान के काली मन्दिर और सरकारी कॉलेज से सटे पैरीमोहन जी के मन्दिर की प्रतिमा को 7 और 8 दिसम्बर को जमाते-इस्लामी की अगुवाई में तोड़ डाला गया। 8 दिसम्बर की शाम को शहर के बागबाड़ी मन्दिर और गरहाटी इलाके के दो मन्दिरों को बदमाशों के एक दल ने तोड़ डाला। इस दल ने शेरीपाड़ा के कालीमन्दिर और शिवबाड़ी के कालीमन्दिर पर भी हमले किए। बागबाड़ी इलाके में एक हिन्दू व्यवसायी की मिठाई की दुकान पर हमला किया। 9 दिसम्बर को रात में माधवदी के आनन्दी गाँव में मन्दिर पर धावा बोलकर प्रतिमा को तोड़ दिया गया और एक अन्य मन्दिर में आग लगा दी गई। 10 दिसम्बर की दोपहर को शहर के पैरीमोहन मन्दिर में साम्प्रदायिक तत्त्वों ने आग लगा दी। किशोरगंज जिले में 9 दिसम्बर को कट्टरपन्थियों के एक दल ने आधी रात को सदर थाना क्षेत्र के चरशोलकिया इलाके में हिन्दुओं के घरों पर अचानक हमला करके लूटपाट और तोड़-फोड़ की। इन लोगों ने शहर की कालीबाड़ी पर भी हमला किया और सदर थाना क्षेत्र के श्मशान घाट की दीवार को पूरी तरह ध्वस्त कर दिया। जिले के अन्य मन्दिरों तथा श्मशानों में भी इसी तरह का तांडव चला।

बड़ाबाजार इलाके में निर्मल चन्द्र साहा के जूट के गोदाम, हरिदास कैरी की लाजेंस फैक्टरी और 'तीन चमार' की दुकानों में आग लगा दी गई।

कट्टरपन्थियों ने चट्टग्राम में दिल दहला देनेवाला तांडव मचाया। जिले के सन्दीप थाना क्षेत्र के बाउरिया में तीन मन्दिरों, कालापनिया में दो मन्दिरों, मगधराय में तीन मन्दिरों, टेउरिया में दो मन्दिरों, हरीशपुर में एक मन्दिर, रहमतपुर में एक मन्दिर, पश्चिम सारिकाई में एक मन्दिर और माइटभांगा में एक मन्दिर पर हमले किए। पश्चिम सारिकाई में सुचारू दास को मार-पीटकर उसका सब कुछ लूट लिया। टोकातली में दो घरों में लूटपाट करके दो लोगों को चाकू मारकर घायल कर दिया। पाटिया थाना क्षेत्र में दो घरों और एक मन्दिर पर हमला करके लूटपाट के बाद तोड़-फोड़ की गई। बाँसखाली थाना क्षेत्र में छह मकान कट्टरपन्थियों के हमले के शिकार हुए। रागुनिया थाना इलाके में बारह मकानों और चार मन्दिरों में लूटपाट और तोड़-फोड़ की गई।

अनवरा थाना क्षेत्र में चार मन्दिर और सत्रह मकान साम्प्रदायिक हमलों के शिकार हुए। बोआलखाली थाना इलाके में मेधसमुनि के आश्रम और श्यामरायहाट में कपड़े की एक दुकान में आग लगाकर लूटपाट की गई। चट्टग्राम नगर इलाके में पारम्परिक कैवल्यधाम, तुलसीधाम आश्रम, अभय मित्र श्मशान, श्मशान कालीबाड़ी, कुर्बानीगंज की श्रीश्री बरदेनबरी कालीबाड़ी और पंचाननधाम सहित दस मन्दिरों को विध्वस्त और भस्मीभूत कर दिया गया। सदरघाट कालीबाड़ी और गोलपहाड़ श्मशान मन्दिर पर भी धावा बोला गया। जमालखान रोड और सिराजुद्दौला रोड की हिन्दू दुकानों में तोड़-फोड़ की गई तथा इनायत बाजार, के.सी. दे रोड और ब्रिकफील्ड रोड की विभिन्न दुकानों और घरों में लूटपाट के बाद आग लगा दी गई। कैवल्यधाम मालीपाड़ा में 38 घरों और सदरघाट मछुआपाड़ा में सौ से अधिक घरों को लूटकर उनमें आग लगा दी गई।

आग्राबाद मछुआपाड़ा और बहद्दरहाट मैनेजर कॉलोनी में लूटपाट और तोड़-फोड़ की गई। मीरसराय और सीताकुंड थाना क्षेत्र में साम्प्रदायिक कट्टरपन्थियों ने सबसे ज्यादा कोहराम मचाया। कट्टरपन्थियों ने मीरसराय के सातबाड़िया गाँव के पचहत्तर परिवारों, मसदिया यूनियन के दस परिवारों, बेसरत में सोलह परिवारों एवं तीन मन्दिरों, वेदपुर में बीस परिवारों, खजुरिया में बारह परिवारों और जाफराबाद में सत्तासी परिवारों पर हमले किए। इनके घरों में लूटपाट, तोड़-फोड़ की गई और आग लगा दी गई। सीताकुंड थाना क्षेत्र की मुरादपुर यूनियन के एक परिवार, बहरपुर के अस्सी परिवार, बढ़ईपाड़ा के 340 परिवार और नारायण मन्दिर, बाँसबाड़िया के बारह परिवार बाड़बफुंड के सतरह परिवार और दो मन्दिर तथा फरहादपुर के चौदह परिवार हमलों के शिकार हुए। लूटपाट के बाद उनके घरों में आग लगा दी गई। हाटहजारी थाना क्षेत्र के मेघला में एक मन्दिर और एक परिवार, धलई में तीन मन्दिर और दस परिवार, शिकारपुर में एक परिवार और चारिया में चार मन्दिर तथा बत्तीस परिवारों पर हमले किए गए। इनके मकान और मन्दिर लूटपाट और अग्निकांड से बच नहीं पाए। राउजान थाना इलाके में हल्दिया यूनियन के एक मन्दिर, डाबुराय के आठ मकानों और तीन मन्दिरों, चिकदाइर में बारह घरों और तीन मन्दिरों, राउजान सदर क्षेत्र के एक मन्दिर, गुजराय और कदलू में दो-दो मन्दिरों, पहाड़तली में तीन परिवार और एक मन्दिर, उरकीरचर में दो मन्दिरों, पश्चिम गुजराय में एक मन्दिर पर साम्प्रदायिक समूहों ने हमले किए, लूटपाट की और फिर घरों में आग लगा दी। फटिक्छड़ी थानार्न्गत कर्णफूली चायबागान के चौदह परिवारों, दान्तमारा यूनियन के तहत दो मन्दिरों, सुन्दरपुर के तीन परिवारों एवं एक मन्दिर, पाइनदर में तीन परिवारों, कचनपुर में बीस परिवारों, धुरंग में दो मन्दिरों और नौ परिवारों, लेलांग में चौहत्तर परिवारों, नानपुर में सात परिवारों, सोयाबिल में छह मन्दिरों और दो परिवारों, रोसांगिरि इलाके में पाँच मन्दिरों और रांगामटिया में तीन परिवारों और एक मन्दिर पर कट्टरपन्थियों के हमले किए, लूटपाट की और आगजनी की वारदातें कीं। चन्दनाइश थाना क्षेत्र के पठानदंडी गाँव के विभासकान्ति चौधुरी, विजयकृष्ण चौधुरी और गौरांगमोहन दासगुप्त के 40/45 नम्बर जमीन की धान की

फसल, छह पोखरों और एक बड़े तालाब की मछलियाँ 17, 18, 19 और 20 सितम्बर को मिराज नामक व्यक्ति के सशस्त्र गुंडों ने लूट ली। इन लोगों ने 20 सितम्बर को पुलिस की मौजूदगी में विभासकान्ति चौधुरी पर हथियार से वार भी किए।

काक्सबाजार की शुरू स्कूल यूनियन के सेकाखोला के मन्दिर और चितखोला के मन्दिर को साम्प्रदायिक तत्त्वों ने तोड़ डाला। जलालाबाद यूनियन के ईदगाह बाजार में स्थित काली मन्दिर, हिन्दूपाड़ा के सार्वजनीन दुर्गा मन्दिर, मछुआपाड़ा के मनसा मन्दिर एवं हरि मन्दिर, बोआलखाली के दुर्गा मन्दिर, अद्वैतचिन्ताहारी मठ और इससे जुड़े मठाधीश के आवास तथा दूसरे पाँच पारिवारिक मन्दिरों में आग लगाकर उन्हें भस्मीभूत कर दिया गया। इस यूनियन के हरिमन्दिर में लूटपाट और तोड़-फोड़ की गई। चौफलदंडी यूनियन के आठ मन्दिरों, छह मकानों और दो दुकानों को आग लगाकर राखकर दिया गया। इस यूनियन के 165 परिवारों को पूरी तरह से लूट लिया गया। कट्टरपन्थियों ने बाजार की पाँच हिन्दू दुकानों को लूट लिया और उनके मालिकों की पिटाई भी की। इसी यूनियन के विभिन्न हिन्दू परिवारों के धान की मंडी और धान के ढेर में किरासन डालकर सारा अनाज जलाकर राख कर दिया गया। उखिया थाना इलाके की राजापालंग यूनियन की भैरवबाड़ी को पूरी तरह ढहा दिया गया। इस थाने की साबरांग यूनियन के प्रमुख मन्दिर में तोड़-फोड़ की गई और उसमें आग लगा दी गई। महेशखाली में तीन मन्दिरों और ग्यारह मकानों को साम्प्रदायिक कट्टरपन्थियों ने लूट लिया। होयाक यूनियन के चार गीता स्कूलों और एक मकान को जला डाला गया। कालारमार यूनियन के तहत कालारमार बाजार के सार्वजनीन काली मन्दिर और कालीपाड़ा स्थित हरिमन्दिर में तोड़-फोड़ की गई और उनको ध्वस्त कर दिया गया। कुतुबदिया थाना इलाके के बड़घोप बाजार से लगे केन्द्रीय काली मन्दिर और नट मन्दिर सहित छह मन्दिरों को जलाकर राख कर दिया गया। साम्प्रदायिकों के दल ने बड़घोप बाजार में चार सोने की दुकानों का सारा सामान लूट लिया। अली अकबर डेइल यूनियन में 51 परिवारों के मकानों को जलाकर राख कर दिया गया। कट्टरपन्थियों ने कुतुबदिया में तीन बच्चों को जिन्दा जला दिया। रामू थाना इलाके की ईदगढ़ यूनियन के सार्वजनीन काली मन्दिर और मछुआपाड़ा के हरि मन्दिर में तोड़-फोड़ के बाद उन्हें जलाकर राख कर दिया गया। फतेखारकुल यूनियन के पाँच मन्दिरों और 54 घरों को लूटकर, तोड़-फोड़ के बाद उनमें आग लगा दी गई।

सिलहट में छह दिसम्बर से लेकर नौ दिसम्बर, 1992 तक साम्प्रदायिक कट्टरपन्थियों ने विभिन्न मन्दिरों, मकानों और व्यवसायिक स्थलों पर हमला करके एक दिल दहला देनेवाले इतिहास को जन्म दिया। हमले के शिकार हुए—सिलहट शहर के कालीघाट की कालीबाड़ी, शिवबाड़ी, जगन्नाथ अखाड़ा, चालीबन्दर बैरबबाड़ी, चालीबन्दर श्मशान और श्मशान की कालीबाड़ी, जतरपुर महाप्रभु अखाड़ा, मीराबाजार, रामकृष्ण मिशन तथा बलराम अखाड़ा, चालीबन्दर उमेशचन्द्र निर्मलबाल-छात्रावास, बन्दर बाजार ब्रह्ममन्दिर और साहित्य-परिषद, जिन्दाबाजार गोविन्दजी का अखाड़ा तथा

जगन्नाथ अखाड़ा, लामाबाजार का नरसिंह अखाड़ा, नया सड़क अखाड़ा, देवपुर अखाड़ा, टीलागढ़ दुर्गाबाड़ी, बियानी बाजार कालीबाड़ी, ढाका दक्षिण महाप्रभुबाड़ी, गोटरीकर शिवबाड़ी, महालक्ष्मी बाड़ी और महापीठ आदि। फेंचूगंज खाद कारखाना दुर्गाबाड़ी, विश्वनाथ की शाजीबाड़ी, वैरागीबाजार अखाड़ा, चन्द्रग्राम शिव मन्दिर, सुनासार मन्दिर, बारहाटा अखाड़ा, गाजीपुर अखाड़ा, वीरश्री अखाड़ा आदि जगहों पर कट्टरपन्थियों ने हमले किए। तोड़-फोड़ और लूटपाट के बाद सभी मन्दिरों और अखाड़ों में आग लगाकर उन्हें पूरी तरह भस्मीभूत कर दिया गया। इसके अलावा भी विभिन्न हिन्दू घरों पर हमले किए गए। हमले के दौरान वेणुभूषण दास, सुनीलकुमार दास, कानूभूषण दास आदि को आग में झोंक दिया गया। 9 दिसम्बर को दोपहर में माधवपुर सदर थाना क्षेत्र में कट्टरपन्थियों ने जुलूस निकालकर तीन मन्दिरों पर आक्रमण किया। पुलिस जब उनको रोक पाने में असफल हुई तब घटनास्थल पर बी.डी.आर.एस. ने गोली बरसाई। परिणामस्वरूप दो लोगों की मौत हो गई और पन्द्रह लोग घायल हुए। बी.डी.आर. ने कुल 61 राउंड गोली चलाई। डी.सी. और एस.पी. के घटना स्थल पर पहुँचने के बाद बी.डी.आर. को हटा लिया गया और गोली चलाने का आदेश देनेवाले अधिकारी को सस्पेंड कर दिया गया। इसके बाद अनियन्त्रित भीड़ ने बाजार के काली मन्दिर तथा नोवागाँव के स्मृति मन्दिर पर हमला कर दिया। लोगों ने इन दोनों मन्दिरों को पूरी तरह नेस्तानाबूद कर दिया। 10 दिसम्बर की सुबह साम्प्रदायिकों के दल ने प्रसिद्ध चिकित्सक तपनकुमार दासगुप्ता के चेम्बर पर हमला किया। आठ से दस दिसम्बर के तीनों दिनों में राजनगर और कुलाउड़ा थाना इलाकों में हमले किए गए। इन इलाकों के छह मन्दिरों और अखाड़ों में तोड़-फोड़ और लूटपाट के बाद आग लगा दी गई। इलाके की सात दुकानों को लूटा गया। सुनामगंज चौमुहानी पर 'खुट्दामुद्दीन नामक एक उग्रवादी संगठन ने नौ दिसम्बर को सभा की। सभा के बाद लोगों ने चार मन्दिरों और पचास दुकानों पर हमला करके उन्हें लूट लिया और आग लगा दी। कट्टरपन्थी लोगों ने हिन्दुओं के घरों पर बम भी फेंके।

सात दिसम्बर, 1992 को कुमिल्ला में आधी रात को ब्रिटिशविरोधी आन्दोलन में महत्त्वपूर्ण भूमिका निभानेवाले अभयाश्रम के एक छात्रावास में आग लगाकर उसे पूरी तरह जला दिया गया। आठ दिसम्बर की सुबह लालमाई पहाड़ पर स्थित पुरातात्विक महत्त्व के चंडीमुड़ा मन्दिर पर हमला करके व्यापक तोड़-फोड़ की गई। लाकसाम के कदमतली और उत्तदाय में दो-दो मन्दिरों तथा बरूड़ा थाना इलाके के सिंहल मन्दिर एवं चौदहग्राम थाना क्षेत्र के पहुआबाजार के काली मन्दिर में भी तोड़-फोड़ की गई। शुभपुर गाँव के मछुआपाड़ा में बारह घरों में लूटपाट की गई। ऋषिपाड़ा में तोड़-फोड़ और लूटपाट की गई। काशारियापट्टी और चकबाजार के मन्दिर तथा व्यावसायिक केन्द्र पर हमला किया गया। टिक्कारचर श्मशान में तोड़-फोड़ की गई। उसी दिन सुबह कुमिल्ला शहर में हिन्दुओं के 30 घरों और 20 दुकानों में तोड़-फोड़ और लूटपाट की गई।

लक्ष्मीपुर जिले के रामगंज थाना क्षेत्र के टाँगिर बाजार में एक दुकान में आग लगा

दी और दो मन्दिरों में तोड़-फोड़ की गई। आठ और नौ दिसम्बर को भवानीगंज और दिघली में मन्दिरों पर धावा बोला गया। मदारी बाजार के रामठाकुर देवाश्रम में तोड़-फोड़ तथा रामगंज के रतनपुर मन्दिर पर हमला हुआ और दाशकपुर यूनियन के नन्दी गाँव में चार मन्दिरों को धूल में मिला दिया गया। लक्ष्मीपुर सदर के विराहिमपुर गाँव में तीन-चार मन्दिरों और घरों, पार्वतीनगर में एक काली मन्दिर, भाँगाता यूनियन के दो मन्दिरों, चन्द्रगंज यूनियन के देवपाड़ा, बसु दुहिता और धन्यपुर गाँव के मन्दिरों समेत पाँचपाड़ा गाँव के काली मन्दिर और कामारहाट के तीन मन्दिरों में तोड़-फोड़ और लूटपाट की गई, फिर आग लगा दी गई। लक्ष्मीपुर सदर थाना क्षेत्र के दत्तपाड़ा बाजारवाले मन्दिर को तोड़ डाला गया और मन्दिर से लगी झील की मछलियाँ लूट ली गईं। इसी तरह पंचायत इलाके के शाखारी पाड़ावाले मन्दिर पर हमला किया गया। आठ दिसम्बर को फेनी जिले के सहदेवपुर गाँव में जुलूस निकालकर कट्टरपन्थियों के एक दल ने तेरह घरों पर हमले किए। दस दिसम्बर को छागलनाइया थाने के जयपुर गाँव में मुअज्जम हुसेन नामक एक व्यक्ति की अगुवाई में दो सौ लोगों ने गोविन्द प्रसाद राय के घर पर हमला किया। ग्यारह दिसम्बर को चाँदपुर के पुराने बाजार इलाके में एक मन्दिर पर भी हमला किया गया।

फेनी जिले में परशुराम थाने के वसन्तपुर गाँव में श्री श्री आदि राधाकृष्ण सेवाश्रम मन्दिर पर 20 जून को बदमाशों ने हमला किया। हमलावरों ने राधाकृष्ण की युगल मूर्ति को तोड़कर जमीन पर फेंक दिया।

नगाँव जिले में मन्दा थाने के पारशिमला गाँव में श्री श्री कालीमाता मन्दिर के प्रांगण में पहली मार्च को तारिफुन बीवी, तनिशा बीबी, सुन्दर बीबी, मो. खैर अली, पाइकम्बर मंडल और इसराइल तालुकदार वगैरह जबरन घुस गए। इन लोगों ने मन्दिर-कमेटी के महासचिव को अपमानित किया और मन्दिर के अहाते की बागवानी को तहस-नहस कर दिया। इसके पहले इन लोगों ने गाँव के हिन्दुओं पर हमले किए और उन्हें देश छोड़कर भारत चले जाने की धमकी भी दी।

राजशाही जिले में बाघा थाना क्षेत्र के श्री श्री कृष्णप्रसन्न खेपाबाबा आश्रम पर सात दिसम्बर को जमाते-इस्लामी की बाघाशाखा के अध्यक्ष प्रो. अब्दुल मुताल के मुल्लाओं की अगुआई में दो सौ से ज्यादा की तादाद में कट्टरपन्थियों ने हमला किया। वे लोग आश्रम की सोने की मूर्ति समेत सोने के गहने और नगदी तथा अन्य सारी चीजें लूट ले गए। इसके बाद इस कट्टरपन्थी दल ने विस्फोटक पाउडर और पेट्रोल का इस्तेमाल करके मन्दिर को पूरी तरह जला डाला। आश्रम की क्षति लगभग एक करोड़ आँकी गई।

हबीबगंज जिले में वनियाँचंग थाने के अमीरखानी गाँव में स्थित जयकालीबाड़ी के अहाते से लगे विभिन्न मन्दिरों और आश्रम पर आठ दिसम्बर को हमला किया गया। करीब डेढ़ सौ दुष्कर्मियों के एक दल ने जयकाली बाड़ी में स्थित मन्दिर और आश्रम पर धावा बोलकर काली की मूर्ति को तोड़ डाला और कीमती अलंकार, मन्दिर का

दरवाजा तथा पूजा की सारी सामग्री लूट ले गया। जाने से पहले उन लोगों ने मन्दिर में आग लगा दी जिससे मन्दिर और आश्रम जलकर राख हो गए। इसी के साथ उन लोगों ने शिव मन्दिर के शिवलिंग को तोड़ा और श्री श्री श्यामानन्द स्वामी के मन्दिर और नट मन्दिर पर हमला करके तोड़-फोड़ एवं लूटपाट की, फिर आग लगा दी।

आठ अगस्त को झिनाईदह जिले में हरिणाकुंडू थाने की चाँदपुर यूनियन के तहत बभूतादड़ा गाँव के दासपाड़ा में शैलकुपा थाने के कुलचारा गाँव के रजाउल उर्फ रजा की अगुवाई में तीस-चालीस लागों के एक आतंकवादी दल ने कटार, चाइनीज कुल्हाड़ी कट्टा-राइफल आदि से लैस होकर अचानक नवदीप दास सहित अन्य लोगों के घर पर हमला बोल दिया। उन लोगों ने सत्तर वर्षीय वृद्ध नवदीप दास को पास के एक तालाब में डुबोया, गजेन्द्र की पत्नी ममता और सुशील की पत्नी दुर्गारानी को नंगा कर दिया, लंकेश्वर की पत्नी ज्योत्सना रानी को मार-पीटकर भात की हांडी को लात मारकर फेंक दिया। जाते समय ये गुंडे उनके पालतू पशुओं समेत सामान आदि लूट ले गए।

नोवाखाली जिले के साधुराम थाने की सुन्दरपुर यूनियन में सात दिसम्बर को अधरचाँद आश्रम समेत सात घरों को लूटने के बाद उन्हें जलाकर राख कर दिया गया। जगदानन्द गाँव में तीन घरों को लूटकर उनमें आग लगा दी गई। दस दिसम्बर को गंगापुर गाँव में भी तीन घरों में अगा लगाकर उन्हें पूरी तरह जला डाला गया। 12 दिसम्बर को रागरगाँव के एक मकान में आग लगा दी गई। नवाजपुर यूनियन के दौलतपुर गाँव के दो मकानों में लूटपाट के बाद आग लगा दी गई। सोनारपुर सार्वजनिक महाश्मशान के शिवकाली मन्दिर को तोड़ डाला गया और विनोदपुर अखाड़े पर हमला किया गया, इसके अलावा इलाके के अनेक घरों को आग लगाने की कोशिश की गई। बहुतेरे लोगों के पुआल के ढेर में आग लगा दी गई, बेगमगंज थाने के तहत चौमुखी पंचायत भवन के उत्तरवाले काली मन्दिर, दुर्गापुर, गाँव की वणिक बाड़ी के पासवाले मन्दिर, कुतुबपुर गाँव के एक मन्दिर और गोपालपुर मन्दिर में तोड़-फोड़ हुई और मूर्तियों को ध्वस्त करके आग लगा दी गई। आठ दिसम्बर की रात को सुलतानपुर गाँव के डॉ. आर.के. सिंह की दवा की दुकान, अखंड आश्रम, रमनीहाट से सटी पोखर के पाकाघाट और मैदान में लूटपाट एवं तोड़-फोड़ के बाद आग लगा दी गई। छावनी बाजार इलाके के मन्दिर की तोड़-फोड़ की गई, सोथापाड़ा गाँव के केशवचन्द्र कुरी के मकान को जलाकर राख कर दिया गया और बाजार की कई दुकानों को लूटा गया। महिदपुर में एक महिला को जला डाला गया। बाबूपुर में काजीरहाट, रसूलपुर में जमींदारहाट, चौमुहानी की पोड़ाबाड़ी और भवभद्री गाँव में आठ और नौ दिसम्बर के दो दिनों में दस मन्दिरों, अट्ठारह घरों, एक दुकान और एक गाड़ी को लूटकर उनमें आग लगा दी गई। कम्पनीगंज थाने के बड़ाबाजार गाँव में सात दिसम्बर को उन्नीस घरों को लूटने के बाद आग लगा दी गई, और स्त्रियों पर अत्याचार किया गया। सात दिसम्बर की रात को रामदी गाँव में भी लूटपाट और आगजनी हुई तथा 12 दिसम्बर को विप्लव भौमिक को कटार से काट डाला गया। इसी दिन कट्टरपन्थियों ने बिराहिमपुर में मन्दिर और घरों

को लूटकर तोड़-फोड़ की। सिरादपुर में प्रत्येक हिन्दू परिवार के साथ अत्याचार हुआ, लूटपाट और आग लगाने जैसी वारदातें हुईं। सोनबाग थाना क्षेत्र में सात दिसम्बर को एक साम्प्रदायिक समूह द्वारा कल्याण दी हिन्दू मिशन मन्दिर की मूर्तियों की तोड़-फोड़ की गई और आग लगा दी गई। 11 दिसम्बर को ठाकुरबाड़ी मन्दिर पर आक्रमण किया गया। नलदिया और मंडलबाड़ी के शीतला मन्दिरों में तोड़-फोड़ की गई। 13 दिसम्बर को बड़वारी गाँव में आग लगाई गई और लूटपाट की गईं। छतरा पाइया बाजार के काली मन्दिर और वीरकोर्ट ठाकुरबाड़ी की तोड़-फोड़ की गई तथा जमालपुर में सुनीलदास के घर में आग लगा दी गई। चाटखील थाने के साहापुर गाँव में सनातन हरिसभा मन्दिर को तोड़ा गया और तीन कीमती सिंहासन एवं मूर्तियों को बर्बाद कर दिया गया। इतना ही नहीं कट्टरपन्थियों ने मन्दिर की अन्य कीमती वस्तुओं को लूट लिया और मन्दिर से जुड़े तीन घरों में आग लगा दी।

शिवरामपुर और रघुनाथपुर में मन्दिर की तोड़-फोड़ के बाद आग लगा दी गई। सोमपाड़ा बाजार में दस दिसम्बर को केशवचन्द्र की सोने की दुकान और घर में लूटपाट की गई। शीतला मन्दिर में आग लगा दी गई। मातृभंडार नामक एक दुकान और रवि मास्टर के घर में तोड़-फोड़-लूटपाट की गई। इनके पारिवारिक मन्दिर और मूर्तियों को नष्ट कर दिया गया।

भोला जिले के हिन्दू बहुल तजमुद्दीन और बोरहानउद्दीन थानान्तर्गत ताउरी, गोलकपुर, शम्भुपुर, दासहाट, खासहाट, दरियाराम पुर, पद्मासन और मनिराम गाँव के दस हजार परिवारों के कम-से-कम पचास हजार हिन्दुओं को साम्प्रदायिक गिरोहों ने कंगाल बना दिया। इन इलाकों में सात दिसम्बर से व्यापक लूटपाट, तोड़-फोड़, आगजनी तथा अत्याचार जैसी वारदातों का दौर चला। यहाँ की क्षति पचास करोड़ रुपए से अधिक आँकी गई। हमले में दो लोग मारे गए और दो सौ से अधिक घायल हुए। उजड़े हुए इन लोगों के बदन पर कपड़ा नहीं था, बच्चे भूख से बिलबिला रहे थे, स्त्रियों की हालत सबसे ज्यादा दर्दनाक थी। गाँवों के सभी आवासीय मकान भस्मीभूत हो गए। सैकड़ों दुकानों को लूट लिया गया। दासेरहाट बाजार में कोई भी हिन्दू दुकान लूट के तांडव से बच नहीं सकी। पूरे इलाके को ध्वंसपुरी में तब्दील कर दिया गया। चाँदपुर यूनियन के प्रकाश महाजन के घर से अपहृत 45 वर्षीय एक महिला को चार दिनों बाद ग्यारह दिसम्बर की रात को एक झाड़ी में पाया गया। आठ दिसम्बर को भोला शहर में मदनमोहन ठाकुरबाड़ी और मन्दिर, लक्ष्मीगोविन्द ठाकुरबाड़ी और मन्दिर, कालीबाड़ी मन्दिर और महाप्रभु अखाड़े में आग लगाकर इन्हें भस्मीभूत कर दिया गया। इस दिन और इसके पहलेवाले दिन के हमलों के बाद दौलतखान बोरहानउद्दीन, चरफैशन, तजमुद्दीन और लालमोहन थाना इलाके में किसी मन्दिर का अस्तित्व बाकी नहीं छोड़ा कट्टरपन्थियों ने। किसी अखाड़े या उपासना गृह का नामो-निशान भी नहीं रहा। भोला शहर से दो मील दूर घुरन्या इलाके के दो मील के क्षेत्रफल में बसे हिन्दुओं के घरों में आग लगाई गई और लूटपाट का तांडव चला। दौलतखान थाने के सप्तबाजारवाले बृहद अखाड़े को

भी सात दिसम्बर की रात में जला दिया गया। आठ दिसम्बर की सुबह बोरहानउद्दीन बाजार के मुख्य अखाड़े की तोड़-फोड़ की गई और उसे जला दिया गया। बोरहानउद्दीन थाने के कुतुवा गाँव में पचास घरों को आग लगा दी गई। चरफैशन थाना क्षेत्र में हिन्दुओं के घरों पर व्यापक हमला हुआ और लूटपाट की गई। भोला शहर में अरविन्द नामक एक आदमी को चाकू मार दिया गया। दस दिसम्बर को सुबह के नौ बजे से 12 घंटे के लिए कर्फ्यू में ढील दी गई तो इस दौरान करीब तीन सौ लोगों ने साबल-कुल्हाड़ी लेकर भाग्यलक्ष्मी नारायण अखाड़े पर तीसरी बार हमला किया। भोला जिले के प्रशासक का हवाला देते हुए 'परिषद वार्त्ता' (11 जनवरी, 1993) में लिखा गया, "जिला प्रशासक ने जानकारी दी है कि उक्त जिले के हजारों घरों में लूटपाट हुई है, हजारों घर जला दिए गए हैं और, हिन्दुओं के खेतों से धान की फसल तक लूटकर ले जाई गई है।"

भोला जिला में साम्प्रदायिक हमलों में हुए नुकसान का आँकड़ा इस प्रकार रहा—बोरहानउद्दीन में 1561 घरों को पूरी तरह जला दिया गया और दो हजार मकानों को आंशिक क्षति हुई। तजमुद्दीन थाना क्षेत्र में ध्वस्त हुए घरों की संख्या दो हजार दो सौ और आंशिक रूप से क्षतिग्रस्त मकानों की संख्या दो हजार रही। लालमोहन थाना क्षेत्र में तीन सौ मकानों को पूरी तरह नष्ट कर दिया गया और दो सौ मकान आंशिक रूप से क्षतिग्रस्त हुए। भोला जिले में पूरी तरह से नष्ट और आंशिक रूप से क्षतिग्रस्त सार्वजनिक मन्दिरों की संख्या 260 रही। पुलिस की भूमिका के बारे में उक्त पत्रिका के उसी अंक में लिखा गया, "भोला एवं अन्य स्थानों पर मन्दिर और घरों की लूटपाट तथा आग लगाए जाने के समय घटनास्थल पर तैनात पुलिस दल रहस्यमय ढंग से निष्क्रिय बना रहा।" दूसरी तरफ बड़िशाल के स्वरूपकाठी थाने की धलहार यूनियन के चेयरमैन समीरन विश्वास की 20 जून को गोली मारकर हत्या कर दी गई। सातक्षीरा शहर में सात दिसम्बर की रात को शिव मन्दिर और कालीगंज थाने के साताली मन्दिर में आग लगा दी गई। नूरनगर के एक मन्दिर में तोड़-फोड़ की गई।

बड़िशाल जिले में बाउफल थाने के कनकदिया और काहिपाड़ा गाँव के दो मन्दिरों को जलाकर राख कर दिया गया। बरगुना शहर के सांसद धीरेन्द्रनाथ शम्भु के घर पर कट्टरपन्थियों ने हमला किया। शहर की चार-पाँच मिठाई की दुकानों को लूटा गया। वजीरपुर धमुड़ा के मन्दिरों पर हमले किए गए। रहमतपुर कृषि प्रशिक्षण इंस्टीट्यूट के छात्रावास में हिन्दू छात्रों के कमरों पर हमले किए गए। रात में विभिन्न हिन्दू घरों पर साम्प्रदायिक गिरोहों द्वारा हमले किए गए। 14 दिसम्बर को वजीरपुर थाने के दत्तेश्वर गाँव में लोगों के एक दल ने दो मन्दिरों में आग लगा दी, एक मन्दिर की तोड़-फोड़ की और एक मन्दिर के सामान की लूटपाट की गई। इन नरपशुओं के हमले के समय चौंतीस मकानों के लोग तो भाग गए, लेकिन एक बूढ़ा आदमी न भाग पाने की स्थिति में उनके हाथों बुरी तरह पीटा गया। इसी दिन शाम को बड़िशाल श्मशान में एक शवदाह के वक्त कुछ लोग आकर अड़चन डालने लगे और ईंट-पत्थर बरसाने लगे। इसके बाद उन्होंने शव को जलाने से पहले चन्दे की माँग की। चन्दा न पाने की स्थिति

में वे बिजली के तीन चार्जर छीन ले गए। बड़िशाल के श्मशान काली मन्दिर, बाजार के हरि मन्दिर और दक्षिण झाउपुर, बाकेरगंज हिजली, मेंहदीगंज के सारे मन्दिरों को जला दिया गया। चरकदिया यूनियन में गोकुलनाथ के मकान के काली मन्दिर, हरिपदनाथ के समाधि मन्दिर और प्रफुल्लकुमार पाल के मकान की तोड़-फोड़ की गई और उनमें आग लगा दी गई। गोविन्द यूनियन के वासुदेव मन्दिर में भी तोड़-फोड़ की गई और उनमें आग लगा दी गई। झालकाठी जिले में 7 से 12 दिसम्बर तक चला यह तांडव। सदर थाने के पोलाबालिया में शिवमन्दिर सहित दो मन्दिरों, बेड़लोचा गाँव में एक मन्दिर, नलछिटी सदर थाने के एक मन्दिर और राजपुर सदर थाने के एक मन्दिर को तोड़ डाला गया। नौ दिसम्बर की शाम को गौर नदी थाने के बार्थी मन्दिर पर सैकड़ों कट्टरपन्थियों ने एक साथ हमला किया।

पटुआखाली जिले में बाउफल थाने के चाँदकाठी, केशवपुरी, गुसिया नामक जगहों पर पाँच मन्दिरों पर हमले किए गए। हमला करते समय पुलिस ने चार हमलावरों को गिरफ्तार भी किया। इनमें ढाका सेनानिवास की 38, बेंगाल रेजिमेंट का जवान मनिरूज्जमान भी था। छुट्टी में आए हुए इस जवान का नम्बर 4002543 है। नौ दिसम्बर को बाउफल और कलापाड़ा थाना क्षेत्र के सात मन्दिरों में अगा लगा दी गई और तोड़-फोड़ करके लूटपाट की गई। खुलना जिले के तीन थाना क्षेत्रों में 7 और 8 दिसम्बर को दस मन्दिरों में तोड़-फोड़ और लूटपाट के बाद आग लगा दी गई। हमलावरों ने कई हिन्दुओं के घरों पर आक्रमण किया। इन गुंडों के हमले में एक हिन्दू युवक बुरी तरह घायल हुआ। 7 और 8 दिसम्बर को मगुरा जिले में भी हमले किए गए। सदर थाने के अलाईपुर, रामचन्द्र, बरई गाँव और मोहम्मदपुर थाने के काठालबाड़िया गाँव के कई पूजा मंडपों पर हमले किए गए। इसके अलावा शहर के बाटिकाडाँगा के एक मन्दिर पर भी हमला किया गया। आठ दिसम्बर को बरगुना जिले में पाथरघाटा थानान्तर्गत काकघिरा बाजार की पुलिस चौकी के मुख्य अधिकारी मधुसूदन की कट्टर पन्थियों ने बुरी तरह से पिटाई की जिससे वे गम्भीर रूप से घायल हो गए।

सिराजगंज शहर के सोहरावर्दी रोड की सप्तर्षि संसद के काली मन्दिर, बाहिरगोला के कालीमन्दिर तथा दो अन्य मन्दिरों पर भी 'छात्र शिविर' और 'युवा कमांडो' के आतंकवादियों ने हमले किए। 11 दिसम्बर को जिला इमाम समिति की अगुवाई में शहर के एक अखाड़ा समेत कालीमन्दिर और करीब पन्द्रह व्यावसायिक प्रतिष्ठानों एवं घरों पर हमले हुए और लूटपाट की गई। हमलावरों के साथ जमाते-इस्लामी के कार्यकर्त्ता भी थे। शाम को घोषपाड़ा के एक मन्दिर में तोड़-फोड़ की गई। इमाम समिति और जमातेइस्लामी के साझे कार्यक्रम की घोषणा को देखते हुए शहर की सारी दुकानें डर के मारे बन्द कर दी गई थीं। 10 दिसम्बर को सिराजगंज जिले में 40 मन्दिर तोड़े गए। 11 दिसम्बर की आधी रात को सिराजगंज शहर को गोरखा पंचायत श्मशान घाट के मन्दिर में आग लगा दी गई और इसके लोहे के बने दरवाजे एवं खिड़कियों को निकाल ले जाया गया। पावना में सालगड़िया के किनारे स्थित ठाकुर आश्रम के भद्रकाली मन्दिर

और राधानगर के दो कालीमन्दिरों में आग लगा दी गई। लक्ष्मी मिष्ठान्न भंडार सहित पन्द्रह दुकानों को जला दिया गया। आठ दिसम्बर की दोपहर में कालाचाँदपाड़ा मन्दिर पर हमला किया गया। इसी दिन शाम को साँथिया काली मन्दिर, पद्रबिला काली मन्दिर, चेकनिया काली मन्दिर और कालघर काली मन्दिर पर जमाते इस्लामी के एक जुलूस ने हमला किया। इस जुलूस ने तीन मकानों को आग लगा दी और बाजार की दो दुकानों में तोड़-फोड़ की। ईश्वरदी थाने के दाँतरिया में एक काली मन्दिर पर हमला करके उसे नुकसान पहुँचाया गया।

सात दिसम्बर को कुष्टिया में जमाते इस्लामी के कार्यकर्त्ताओं ने जुलूस निकालकर छह मन्दिरों में तोड़-फोड़ की। 11 दिसम्बर को करीब पाँच हजार कट्टरपन्थियों ने पुलिस और बी.डी.आर. के घेरे को तोड़कर कुष्टिया बाजार के श्मशान पर हमला किया। श्मशान के काली मन्दिर, शिव मन्दिर और दुर्गामन्दिर को तोड़ डाला गया और फिर पूरे श्मशान में आग लगा दी गई। नाटोर के जामे-मस्जिद के पास आठ दिसम्बर को हुई सभा के बाद कट्टरपन्थियों ने कानाईखाली मुहल्ले में ईंट-पत्थरों की बरसात की जिससे बीस मकानों को क्षति पहुँची। सात और आठ दिसम्बर को बाजारवाले मन्दिर और मठपाड़ा के मन्दिर समेत सात मन्दिरों में तोड़-फोड़ की गई और उन्हें जला दिया गया। ठाकुर गाँव जिले में संकैल थाने के होसेन गाँव के एक पूजा मंडप, परिगंज थाने के देवहाट पूजामंडप सदर थाने के धुल्ली और बालिया के पूजामंडप समेत नौ इलाकों के सभी पूजा मंडपों को जला दिया गया। बेगुड़ा शहर में कालीतलाहाट के काली मन्दिर सहित पाँच मन्दिरों में तोड़-फोड़ की गई और उन्हें आग लगा दी गई। नगाँव शहर में मंडलपाड़ा के पूजा मंडप की तीन मूर्तियों को तोड़ डाला गया।

दिनाजपुर में गोपालगंज सत्संग विहार, इनायतपुर कालीमन्दिर, विग्रह कांचनघाट साधु आश्रम, फूलतला श्मशानघाट काली मन्दिर, आनन्दसागर शिवमन्दिर, निमनडा कालूबाड़ी काली मन्दिर तथा गणेश मन्दिर, नीमतला राधाकृष्ण मन्दिर, गरूहाटी मनसा मन्दिर और शनि मन्दिर समेत सोलह मन्दिरों में लूटपाट और तोड़-फोड़ करके उनमें आग लगा दी गई। 11 दिसम्बर को राष्ट्रीय इमाम समिति के जुलूस में शामिल लोगों ने शहर के सौ से अधिक व्यवसायिक प्रतिष्ठानों को लूट लिया और तोड़-फोड़ की। स्थानीय प्रबुद्ध लोगों की शिकायत है कि विभिन्न मन्दिरों में पुलिस तैनात किए जाने के बावजूद हमले के दौरान पुलिस तमाशबीन बनी रही। दिनाजपुर के बहादुर बाजार, पाबना स्वीट्स, बगुड़ास्वीट्स, और थाने से सटे अजीत घोष स्वीट्मीट, माँ मिष्ठान्न भंडार में तोड़-फोड़ और लूटपाट की गई। शहर के मालहपट्टी में रमेश वस्त्रालय, सन्तोष वस्त्रालय, दिलीप वस्त्रालय, जय वस्त्रालय, फ्रेंड्स क्लाथ स्टोर आदि दुकानों को साम्प्रदायिक गिरोहों द्वारा लूटा गया और तोड़-फोड़ की गई। रंगपुर में आलमनगर स्टेशन के काली मन्दिर, कोतवाली थाने में ताथकाट के अभय आश्रम, अभिराम के संन्यासी मन्दिर बुड़ी हाट के काली मन्दिर को लूटा गया, तोड़-फोड़ की गई और आग लगा दी गई। महिगंज में भी इसी तरह हमला किया गया।

इसके अलावा नड़ाइल, ब्राह्मबाड़िया और पिरोजपुर के हिन्दू भी साम्प्रदायिक गिरोहों की हिंसक वारदातों के शिकार हुए। नड़ाइल में सदर थाने के रतनडाँगा गाँव में सार्वजनिक मन्दिर, धोना के सार्वजनिक मन्दिर, कुड़लिया गाँव के सार्वजनिक श्मशानघाट मन्दिर, निखिलचन्द्र दे के पारिवारिक मन्दिर, शिवप्रसाद पाल के पारिवारिक मन्दिर, बादन गाँव के दुलालचन्द्र चक्रवर्ती के पारिवारिक मन्दिर, कृष्णचन्द्र लस्कर के घर के मन्दिर, तालतला गाँव के सार्वजनिक मन्दिर, पंकबिला गाँव के सार्वजनिक मन्दिर और लोहागड़ा थाने के दौलतपुर में पूर्वपाड़ा नारायणजी के मन्दिर पर हमला किया गया। कट्टरपन्थियों ने इन इलाकों में लूटपाट और तोड़-फोड़ के बाद आग लगा दी। ब्राह्मणबाड़िया जिले के सराइल थाने के कालीकच्छ गाँव में सात दिसम्बर को आनन्दजय दुर्गा समाधि मन्दिर, सौदामिनी समाधि मन्दिर, वासुदेव मन्दिर और मूर्ति, रक्षाकाली मन्दिर और काली की मूर्ति, राधागोविन्द मन्दिर और मूर्ति, श्मशानकाली मन्दिर और मूर्ति, झूलन मन्दिर, शम्भुसाहा के मन्दिर और मूर्ति समेत पास के गाँव के बड्डापाड़ा की श्मशान स्मृतिसौंध, भजनकुमार पाल के मकान और सदर थाने के सुहीलपुर गाँव की शिवबाड़ी में लूटपाट करके उन्हें आग के हवाले कर दिया गया। इसके अलावा शहर के सीमराइलकाँदी श्मशान और नवीनगर में दो मन्दिरों पर हमला करके लूटपाट की गई। चुमटा गाँव में एक मन्दिर और अरूआइल गाँव के अखाड़ा घर और मन्दिर में तोड़-फोड़ तथा लूटपाट के बाद आग लगा दी गई।

इसी तरह पिरोजपुर जिले के विभिन्न इलाकों में कट्टरपन्थियों ने मन्दिरों, मूर्तियों और व्यावासयिक प्रतिष्ठानों में व्यापक लूटपाट, तोड़-फोड़ का अभियान चलाया और आग लगाकर उन्हें नष्ट कर दिया। इनमें प्रमुख हैं–पिरोजपुर सदर थाने की काली बाड़ी देवार्चना का काली मन्दिर, मनसा मन्दिर, दुर्गा मन्दिर, शीतला मन्दिर, शिवमन्दिर, नारायण मन्दिर, पिरोजपुर मदनमोहन मन्दिर, अखाड़ा मन्दिर, रायेरकाठी कालीबाड़ी मन्दिर, कृष्णनगर राइ सराज सेवाश्रम और मन्दिर, दक्षिण डुमुरतला में सुरेश साहा के घर का काली मन्दिर, डुमुरतला के रमेश साहा और नरेन साहा का मनसा मन्दिर और मकान, डुमुरतला सार्वजनिक काली मन्दिर, सुचरण मंडल, गौरांग हालदार, हरेन्द्रनाथ साहा और नरेन्द्रनाथ साहा के पारिवारिक मन्दिर, डुमुरतला हाईस्कूल से सटा काली मन्दिर, रानीपुर में पँचदेवी का मन्दिर, हुलारहाट में सार्वजनिक दुर्गामन्दिर और कार्तिक दास की लकड़ी की दुकान, कलाखाली में सनातन आश्रम का काली मन्दिर, जूजखोला में गौरगोविन्द सेवाश्रम, हरिसभा का सनातन धर्म मन्दिर, रणजीत शील का पारिवारिक मन्दिर जूजखोला सार्वजनिक पूजामंडप, गबतला स्कूल से सटा सार्वजनिक दुर्गा मन्दिर, कृष्ण नगर में विपिन हालदार के घर का मन्दिर, नमाजपुर में सार्वजनिक काली मन्दिर, माइटभाँगा के नारायण हालदार का पारिवारिक मन्दिर, कालीकाठी विश्वास के घर का दुर्गा मन्दिर, हेमन्तशील के घर का मन्दिर, माठबाड़िया थाने की धानीसाका यूनियन में यादव दास के घर का कालीमन्दिर, गुलीसाखाली में सार्वजनिक हरिमन्दिर, नाजिरपुर थाने के पतियाखाली में सार्वजनिक दुर्गामन्दिर और शंखारीकाठी सार्वजनिक सेवाश्रम आदि।

इसके अलावा कृष्णनगर राइसराज सेवाश्रम के साधक अध्यक्ष जगदानन्द ठाकुर को धारदार औजार से काटकर गम्भीर रूप से घायल कर दिया गया।

1993

1993 की दो घटनाओं ने देश-विदेश में हलचल पैदाकर दी थी। स्वतन्त्र सोचवाले विवेक सम्पन्न लोगों को झकझोर कर रख दिया था।

हिन्दू धर्म के प्राण पुरुष श्रीकृष्ण की जन्माष्टमी के उपलक्ष्य में प्रतिवर्ष की भाँति इस वर्ष भी ढाका में जन्माष्टमी-जुलूस निकाला गया था। 10 अगस्त को निकले इस जुलूस में करीब पचास हजार हिन्दू स्त्री-पुरुष और बच्चे शामिल थे। ढाकेश्वरी मन्दिर के मेलाप्रांगण से निकलकर गुलिस्तान पार करके नवाबपुर की ओर जाते समय जुलूस पर हमला कर दिया गया। हमलावरों में कृष्ण की मूर्ति को तोड़कर सड़क पर धूल में मिला दिया और सौ से अधिक बच्चों और स्त्रियों को धारदार हथियार से घायल कर दिया। देखते-ही-देखते हिन्दू इलाकों शांखारी बाजार, ताँती बाजार, बाँग्ला बाजार आदि में हमले की वारदात फैल गई। यह पूरी पुलिस की मौजूदगी में हुई। पुलिस ने हमलावारों के विरुद्ध कोई कार्रवाई करने के बजाय उल्टे जुलूस के लोगों को बेतहाशा मारा-पीटा और टियर गैस छोड़कर जुलूस को तितर-बितर कर दिया।

इस हमले के विरोध में विभिन्न स्थानों पर जो विक्षोभ जुलूस निकाले गए, पुलिस ने उन पर भी लाठीचार्ज किया और टियर गैस के गोले फेंके। ढाका विश्वविद्यालय के चौदह हिन्दू छात्रों को गिरफ्तार करके आतंक दमन कानून का मामला दायर कर दिया। गिरफ्तार हुए छात्रों में अद्वैतकुमार राय परितोष (संस्कृत आनर्स, तृतीय वर्ष) देवाशीष हालदार (रसायन आनर्स, द्वितीय वर्ष) और परिमल भौमिक (एम.एस.एस. अर्थशास्त्र) थे। इनके अलावा थे—शंकर शेखर व्यापारी (संस्कृत आनर्स, तृतीय वर्ष), प्रवीर राय (गणित आनर्स, द्वितीय वर्ष), तापस हालदार (चारूकला, तृतीय वर्ष), चन्द्रमोहन हालदार (राष्ट्रविज्ञान, तृतीय वर्ष), चिन्मय राय, (संस्कृत आनर्स, प्रथम वर्ष) मृणाल विश्वास (अर्थशास्त्र आनर्स, प्रथम वर्ष) सन्तोष कुमार (प्राणी विज्ञान आनर्स, प्रथम वर्ष) देवाशीष भट्टाचार्य (कानून आनर्स, प्रथम वर्ष) सुभाष बड़ाल (प्रथम वर्ष, सांख्यिकी) माणिकचन्द्र दास (कैंटिन बॉय, जगन्नाथ हॉल) और विमल अधिकारी अतिथि, जगन्नाथ हॉल। इसके अलावा पुलिस के हमले में सौ से अधिक लोग घायल हुए।

जन्माष्टमी के जुलूस पर इस तरह हमला होने और पूरे देश में साम्प्रदायिकता के तेजी से विस्तार तथा उत्तरोत्तर वृद्धि के विरोध में देश-भर में हिन्दू सम्प्रदाय ने वर्ष के सबसे बड़े धार्मिक उत्सव दुर्गापूजा को बड़ी ही सादगी के साथ मनाया। उत्सव और प्रतिमा पूजा के बदले हिन्दुओं ने कलश-पूजा के माध्यम से दुर्गापूजा की। ऐसी दुर्गापूजा पहली बार हुई, ऐसा पहले कभी नहीं हुआ था। प्रधानमन्त्री ने पूजा आयोजन परिषद

के लोगों को अपने दफ्तर में बुलाकर बैठक की, फिर भी वे इस स्थिति को टालने में कामयाब नहीं हुए।

इन दो घटनाओं के अलावा पूरे देश में हिन्दू समुदाय के ऊपर जिस तरह के हमले हुए, उसका एक संक्षिप्त विवरण इस प्रकार है–

ढाका के किरानीगंज थानान्तर्गत बड़े मनोहरिया गाँव के श्री श्री निताई महाप्रभु मन्दिर पर हमला करके इलाके के अब्दुल मन्नान, सिद्दीक, मसूद आदि ने तोड़-फोड़ और लूटपाट की। इसी गाँव के दुर्गामन्दिर को जला देने के बाद पुनः मन्दिर निर्माण होने के कुछ दिनों उपरान्त इलाके का हाजी अब्दुल मन्नान मन्दिर की जगह पर कब्जा करने के मकसद से अपने पालतू गुंडों के जरिए मन्दिर-अहाते के आम, बेल, केंदू आदि के पेड़ों को काटकर ले गया। थाने में इस मामले की डायरी दर्ज कराने पर भी कोई फायदा नहीं हुआ।

चट्टग्राम में रांगुनिया थाने के पश्चिम बेतागी गाँव में 13 अगस्त को विवाह-स्थल पर हमला करके एक व्यक्ति की हत्या कर दी गई। इस गाँव के आशीषचन्द्र नन्दी की छोटी बहन टकीरानी की शादी हो जाने के बाद रात के करीब साढ़े तीन बजे बीस/पच्चीस लोगों के एक हथियारबन्द दल ने आशीष नन्दी के घर पर हमला किया। हमलावरों ने बारातियों समेत वहाँ मौजूद लोगों को बाँधकर मारा-पीटा। फिर दरवाजा तोड़कर कमरे में घुसते समय उनमें से कुछ को पहचान लिए जाने पर हल्ला होने से दीपक कुमार देव नामक बाइस वर्षीय एक बाराती की कटार से काटकर हत्या कर दी गई। दीपक कुमार देव राउजान थाने की बागेयान यूनियन के कोयेपाड़ा गाँव का रहनेवाला था। इसके बाद हमलावर नकद रुपए, सोने के गहने और अन्य सामान लूटकर हवा में गोली चलाते हुए भाग गए।

कुछ स्थानीय प्रभावशाली व्यक्ति बाड़वकुंड ज्वालामुखी कालीवाड़ी के छह कमरों पर जबर्दस्ती कब्जा जमाए हुए हैं। वे इन कमरों में तरह-तरह के असामाजिक काम करते आ रहे हैं। इनमें से नजमुल हुदा चौधुरी, सालेह चौधुरी, जहूर आलम आदि की अगुआई में 3.8.93 को करीब पाँच सौ लोगों ने इस कालीबाड़ी की देवोत्तर सम्पत्ति पर पूरी तरह कब्जा करने के मकसद से हमला कर दिया। मीरसराय थाने की वाजिदपुर यूनियन के खजुरिया-सातबाड़िया गाँव के हिन्दुओं से चन्दा वसूलने के लिए स्थानीय प्रभावशाली व्यक्तियों का संरक्षण प्राप्त एक गिरोह दबाव डालता रहा। उन लोगों ने दस से पचास हजार रुपए तक की माँग की। इतना पैसा दे पाने में असमर्थ होने की स्थिति में गुंडों ने डॉ. बबलू दास, सुभाष नाथ, डॉ. निताई साहा, विनोद बिहारी नाथ, अरुणनाथ, पुरानधर, प्रियनाथ आदि के साथ तरह-तरह से शारीरिक अत्याचार किए और घायल करके इलाके से खदेड़ दिया। चन्दे की रकम दे पाने में असमर्थ खजुरिया गाँव के हीरामन बाबू के तालाब से गुंडे जबर्दस्ती मछलियाँ ले गए और उनके घर में आग लगा दी। यह वारदात 17 मार्च को हुई।

बड़िशाल जिले में बनारीपाड़ा थाने के आलता गाँव के निवासी मन्मथरंजन हलदार

को तीन जुलाई को घर से बाहर बुलवा कर ले जाने के तीन दिनों बाद भी जब वे घर नहीं लौटे तो उनके परिवार के सदस्यों ने उनको ढूँढना शुरू किया। तब पाँच जुलाई को उनकी पत्नी को पचास हजार रुपए की फिरौती की सूचना मिली। नौ जुलाई को मन्मथ की पत्नी जब पचास हजार रुपए लेकर अपनी ननद के साथ बदमाशों के अड्डे पर गईं तो उनसे पैसे लेने के बाद बताया गया कि उसी दिन शाम के तीन बजे मन्मथरंजन की हत्या करके उनकी लाश को नदी में बहा दिया गया था। इस घटना की जानकारी पुलिस को देने पर भी वह हाथ पर हाथ धरे बैठी रही।

13 जुलाई को बजीरपुर थाने के हारता गाँव के निवासी अनिल राय और नेमिचन्द्र हवलदार बानरीपाड़ा थाने के तेतला गाँव में एक आदमी के यहाँ अपने बेटे के लिए लड़की देखने गए थे, तभी उनका अपहरण करके गला रेतकर हत्या कर दी गई। उदयकान्ति हाईस्कूल के पास हत्या करने के बाद उनकी लाशें नदी में फेंक दी गईं। स्वरूपकाठी थाने के धलहार माध्यमिक विद्यालय में सहायक प्राचार्य मुकेश राय की 26 जून को सुबह स्कूल में गोली मारकर हत्या कर दी गई। गौरनदी थाने के उत्तर-पश्चिम चन्द्रहार गाँव के रामकृष्ण को उनकी पत्नी के सामने ही झमझम उर्फ सिराज खाँ और मोमिन तालुकदार ने खुलेआम गोली मारकर हत्या कर दी। इतना ही नहीं, रामकृष्ण की हत्या के बाद उनकी बची-खुची आखिरी सम्पत्ति 1.50 एकड़ जमीन पर हत्यारे कब्जा करने की कोशिश कर रहे हैं। इन दो खूनियों और इनके सहयोगियों के डर से रामकृष्ण की पत्नी और छोटा भाई हरेकृष्ण परिवार के अन्य सदस्यों के साथ जान बचाने के लिए भागते फिर रहे हैं। प्रशासन उनको सुरक्षा दे पाने में भी असमर्थ साबित हुआ है।

मैमनसिंह शहर के घेवड़ा में स्वर्गीय रायबहादुर जगदीशचन्द्र गुहा के पुत्र से वसीयत के जरिए विधवा श्रीमती डालीरानी को कुछ सम्पत्ति मिली थी। विधवा के लिए यह सम्पत्ति ही एकमात्र सहारा था। लेकिन गुलाम सदानी नामक एक प्रभावशाली व्यक्ति डालीरानी की उस सम्पत्ति को हासिल करने के उद्देश्य से पहले तो उन्हें तरह-तरह से डराता-धमकाता रहा और अन्ततः डालीरानी के मकान के सामने दीवार खड़ी करके उसने आने-जाने का रास्ता अवरुद्ध कर दिया। फुलवाड़िया थाने के शिवरामपुर गाँव में स्वर्गीय प्रेयसीमोहन दे के पुत्र चित्तरंजन दे के घर में 14 मार्च की शाम को गाँव का ही अब्दुस्सलाम (पिता वाजिद अली) घुस गया। वह उनकी पत्नी मिनती रानी दे के ऊपर कूद पड़ा। मिनती की चीख सुनकर बगल के मकान से चितरंजन दे और अहमद रज्जाक के दौड़कर वहाँ आ जाने से अब्दुस्सलाम ने चितरंजन पर कटार से वार करके उन्हें गम्भीर रूप से घायल कर दिया। इसके बारे में थाने में मामला दायर किए जाने पर प्रशासन ने अब्दुस्सलाम को मामले से बरी कर दिया। बरी होने के बाद अब्दुस्सलाम ने वादी होकर चितरंजन पर ही मुकदमा दायर कर दिया। इसका नं. ए (3)/93 है। चित्तरंजन अब पुलिस और सलाम के डर से भागते फिर रहे हैं और उनका पूरा परिवार घोर असुरक्षा में पड़ गया है।

भालुका थाने के मेदुआरी गाँव में पहले बैशाख के मेले में भालुका थाने के दारोगा

मजरूल हक की अगुवाई में बाँग्लादेश पुलिस के बारह जवानों और दफादारों ने हमला करके निरीह हिन्दुओं को अपमानित किया, पूजास्थल और मेले में तोड़-फोड़ की। बीस हिन्दुओं को गिरफ्तार करके उन लोगों ने बीस हजार रुपए की माँग की। आखिरकार पाँच हजार देकर जबरन गिरफ्तार किए गए हिन्दुओं को रिहा कराया गया। इस घटना की जानकारी रक्षामन्त्री, पुलिस महानिरीक्षक, जिला प्रशासक और जिला पुलिस सुपर को देने के बावजूद कोई कार्रवाई नहीं की गई।

गाजीपुर जिले में श्रीपुर थाने के आटलरा गाँव में 13 अगस्त को आधी रात में दीनबन्धु मंडल के पुत्र श्यामल मंडल की शादी के मंडप पर हमला किया गया। उपस्थित लोगों द्वारा गुंडों को रोकने की कोशिश किए जाने पर हथियारबन्द हमलावरों ने गृहस्वामी दीनबन्धु मंडल की गोली मार कर हत्या कर दी और चार लोगों को गम्भीर रूप से घायल कर दिया। जयदेवपुर थाने के नीलेरपाड़ा गाँव में 22 अप्रैल को चार हिन्दू घरों पर हमला करके पन्द्रह लोगों को गम्भीर रूप से घायल कर दिया गया। हमलावरों ने इन हिन्दू घरों में लूटपाट और तोड़-फोड़ की।

16 जनवरी को बगुड़ा के गाबतली थाना इलाके में जब रतन भौमिक के मृत भाई का श्राद्ध अनुष्ठान चल रहा था, उसी समय सुलतानपुर गाँव के महफूजुर रहमान (पिता स्व. मुजीबुर रहमान) और उसके सहयोगी गुंडे कमांडो स्टाइल में हमला करके रतन भौमिक की तेरह वर्षीय इकलौती लड़की तपतीरानी को उठा ले गए।

किशोरगंज के पंचायत इलाके का एक मात्र श्मशान घाट दुष्कर्मियों के हमले में ध्वंस-स्तूप में बदल गया। 1990 से अब तक यह श्मशान चार बार हमलों का शिकार हुआ। नौ जुलाई को श्मशान घाट पर जब एक शव जलाने के लिए ले जाया गया तो दुष्कर्मियों ने उसे नहीं जलाने दिया। श्मशान इलाके में पार्क तैयार करने के लिए इसी बीच एक साइनबोर्ड टाँग दिया गया। इस जिले के बाजितपुर थाने के चन्द्रगाँव में विमल मास्टर के घर डकैती और नान्दीनार में चन्दन नन्दी के घर में दिन-दहाड़े लूट और तोड़-फोड़ की गई। बाजितपुर बाजार के विशिष्ट व्यवसायी जीवनचन्द्र साहा की दुकान को लूटा गया और उनके बेटे जयन्त साहा को मारने-पीटने के साथ उन्हें जान से मारने की धमकी दी गई। इन घटनाओं के मद्देनजर बाजितपुर इलाके में हिन्दू समुदाय के लोग असुरक्षित हो गए है। इसके अलावा नामजद गुंडों ने बाजितपुर बाजार के व्यवसायी विनयभूषण राय के एक लाख रुपये, कबचू चन्द्र से तीस हजार रुपये और श्यामलचन्द्र पाल से बीस हजार रुपए चन्दे की माँग की। इस गिरोह की अगुवाई बाजितपुर पंचायत के चेयरमैन अब्दुल्लाह और मथुरापुर के मुजीबुर रहमान कर रहे थे। उत्पीड़ित हिन्दू समुदाय बाजितपुर थाने में मामला दायर करने के लिए लाचार हो गया। दर्ज केस का नम्बर–1/दिनांक 1.6.93 है।

इसी तरह ब्राह्मणबाड़िया जिले में आखाउड़ा उत्तर यूनियन के आमेदाबाद गाँव में सरस्वती दत्त के घर में गुंडों के एक गिरोह ने 18 जनवरी को पेट्रोल छिड़ककर आग लगा दी। मकान पूरी तरह जलकर राख हो गया।

हबीगंज जिले में बानियाचाँग थाने के इकरामगाँव के राजेन्द्रनारायण के लड़के अपू का 12 मार्च को अपहरण करके गुंडों के एक गिरोह ने उसे काटकर फेंक दिया। यह खूनी गिरोह इससे पहले राजेन्द्रनारायण के खेत की धान की फसल जबर्दस्ती काट ले गया था। स्थानीय सचेत लोगों ने यह शिकायत की कि राजेन्द्रनारायण की सम्पत्ति के लालच में यूनियन परिषद के चेयरमैन शम्सू मियाँ ने परिषद के मेम्बर रंगू मियाँ, खसरू मियाँ, महाराज मियाँ, अताउर रहमान, अख्तर मियाँ आदि के साथ मिलकर यह जघन्य कांड किया।

रंगपुर जिले में तारागंज थाने के बारघड़िया गाँव में 14 फरवरी को सुबह एक देवोत्तर सम्पत्तिवाले तालाब में मो. मोहसिन (गाँव और थाना बदरगंज) की अगुवाई में दो सौ लोग छुरा, बल्लम, कटार, तीर-धनुष और लाठी लेकर मछली मारने के लिए उतरे। गाँव के लोग जब खेत का काम निपटाकर अपने घर लौटे तो मो. मोहसिन अपने दल-बल के साथ साम्प्रदायिक नारे लगाते हुए बारघड़िया गाँव के हिन्दुओं पर टूट पड़ा। इस दल के अल्ताफ हुसेन ने छुरे से हरिचन्द्र राय (पिता स्व. मनीशचन्द्र राय) पर वार किया जिससे घटनास्थल पर ही उन्होंने दम तोड़ दिया। इस दल के सुलतान ने दिनेश के सिर पर और हाथ में, कासिम ने षष्ठी की पीठ पर छुरे से और आनाज ने बल्लम से प्रसन्न पर, सईदुर ने यामिनी पर तथा अजीज ने अजय पर मारने के लिए वार किया। इस हमलावर दल ने धीरेन के घर में आग लगा दी और गाँव के अन्य हिन्दुओं के घर लूट लिए। तालाब के बगल के मन्दिरों पर हमला करके मूर्तियाँ तोड़ डाली और आग लगा दी। इस वारदात के खिलाफ थाने में मामला दायर किया गया। केस नं. 2, तारीख 14.2.93 और जी.आर. नं. 6/93 है।

चाँदपुर जिले में कचुआ थाने के रहीमनगर में शेष मुजीबुर रहमान कॉलेज में विवादित दो छात्र संगठनों के बीच हुए संघर्ष को आधार बनाकर स्थानीय हिन्दुओं पर अत्याचार किया गया। 15 फरवरी को हुए संघर्ष के बाद नाउलार में बिजनपाल और साहापाड़ा में शम्भु साहा तथा महेश साहा के घरों में तोड़-फोड़ और लूटपाट की गई। इसके अलावा रहीम नगर बाजार में स्टूडियो लीला और नूपुर समेत हिन्दुओं की 15 दुकानों और सैलूनों में तोड़-फोड़ तथा लूटपाट के बाद आग लगा दी गई। आतताइयों ने गोहाट गाँव के निमाईचन्द्र भौमिक की दो बेटियों मीता और सीमा पर पाशविक अत्याचार किए।

सिराजगंज जिले में उल्लापाड़ा थाने के सातबाड़िया गाँव में खगेन्द्रनाथ सरकार के मकानवाले मन्दिर पर 14 मार्च को हमला करके मूर्तियों को तोड़-फोड़कर मन्दिर को क्षति पहुँचाई गई। घटना के दूसरे दिन खगेन्द्रनाथ द्वारा थाने में रपट लिखवाने के बाद भी थाने से कोई कार्रवाई नहीं की गई।

सातक्षीरा शहर के मुख्य मन्दिर में 14 अगस्त की रात को उग्रपन्थियों ने हमला करके मूर्तियों की तोड़-फोड़ की और मन्दिर को क्षति पहुँचाई। साथ ही वे मन्दिर की कीमती चीजें लूट ले गए।

1994

कुमिल्ला जिले में चौदहगाँव थाने में चाँदिसकरा गाँव में 21 नवम्बर को सार्वजनिक काली मन्दिर में घुसकर गुंडों के एक दल ने मूर्तियों की तोड़-फोड़ की और मन्दिर की पवित्रता को नष्ट कर दिया।

इसी तरह 12 अप्रैल को ढाका में किरानीगंज थाना इलाके के चर गाँव के हिन्दुओं पर बेवजह हमला करके घरों में लूटपाट और तोड़-फोड़ की गई। हथियारों से लैस साम्प्रदायिक गुंडों ने गाँव पर धावा बोलकर पैंतीस घरों को लूटा और 19 घरों को पूरी तरह जला डाला। वे पन्द्रह लाख रुपए के सामान लूटकर ले गए।

5 जनवरी को रंगपुर शहर की श्री श्री करुणामयी कालीबाड़ी में अतिरिक्त जिला प्रशासक (राजस्व) और अन्य सरकारी कर्मचारियों की मौजूदगी में घुसकर आतताइयों के एक दल ने मूर्तियों की तोड़-फोड़ की और हिन्दुओं को भड़काने के उद्देय से मन्दिर के सामने गौ माँस बिक्री का इन्तजाम किया।

आठ दिसम्बर को दिन-दहाड़े मगुरा जिले में शालिखा थाने के बराइचरा गाँव के निवासी करुणाकान्त मजुमदार पर उसी थाने के आनन्दनगर गाँव के नत्तशर अली, रियाज अली मोल्ला, शहाबुद्दीन मोल्ला, हसन अली, अयूब अली आदि ने हमला करके तेज अस्त्र से गम्भीर रूप से घायल किया। इससे पहले इस आतंकवादी दल ने दुर्गामंडप पर धावा बोलकर मन्दिर की पवित्रता नष्ट की और हिन्दुओं को डराया-धमकाया।

सिराजगंज शहर में बी.ए. कॉलेज रोड की 'सरोजकुमार कुंडू यूनिक फोटोस्टेट' नामक दुकान पर कुछ गुंडों ने हमला किया। वे दुकान से एक फोटोस्टेट मशीन, दो टाइपराइटर, एक साइक्लोस्टाइल़ मशीन और सीलिंग फैन लूट ले गए तथा फर्नीचर तोड़ डाले। सिराजगंज थाने में इस घटना की जानकारी देने पर भी कोई फायदा नहीं हुआ। बाद में सरोजकुंडू जिला प्रशासक और पुलिस सुपर को इस वारदात की जानकारी लिखित रूप में देने को वे बाध्य हुए। लेकिन इसके बाद भी हमलावरों के खिलाफ कोई कदम नहीं उठाया गया और न सरोजकुंडू को कोई सामान वापस मिला।

1995

मानिकगंज जिले में कृष्णपुर यूनियन के दअसनी गाँव के हिन्दुओं पर उग्रपन्थियों ने हमला किया और कहर बरपाया। चरमोकिमपुर और वासुदेवपुर में एक प्रभावशाली तबका प्रशासन की मदद से योजनाबद्ध ढंग से चन्दे की वसूली, स्त्रियों पर अत्याचार और डकैती करता आ रहा है। चन्दा न दे पाने की स्थिति में 26 अप्रैल को गाँव के चार-पाँच घरों पर हमला करके लूटपाट की गई। 4 मई को परितोष चक्रवर्ती के घर पर हमला करके बदमाशों ने व्यापक रूप से स्त्रियों की इज्जत लूटी। 5 मई को विमल

सरकार के घर पर हमला किया और लूटपाट की।

मानिक गंज शहर के पश्चिम दासड़ा इलाके में रसमय चक्रवर्ती से पत्र के जरिए काफी समय से मोटी रकम की माँग होती आ रही थी। चन्दा न दे पाने की स्थिति में पिछले वर्ष के अक्तूबर महीने के तीसरे सप्ताह चन्दाखोरों के उक्त गिरोह ने अस्त्र-शस्त्र से लैस होकर दिन-दहाड़े रसमय चक्रवर्ती के घर पर हमला किया और लूटपाट की। प्रशासन को इस बात की जानकारी देने के बाद भी कोई कदम नहीं उठाए जाने पर जान के डर से रसमय चक्रवर्ती अपने परिवार के साथ ढाका आकर भूमिगत ढंग से रह रहे हैं।

चट्टग्राम सिटी कॉरपोरेशन के दस नम्बर वॉर्ड के कमिश्नर मंजूर आलम मंजू ने अपने गुंडा गिरोह के साथ 17 जुलाई को उक्त वॉर्ड के उत्तर काटाली मौजा के उत्तम कुमार आचार्य के घर में घुसकर घर के शिव मन्दिर की पवित्रता नष्ट की और घर में लूटपाट भी की। उत्तमकुमार की सम्पत्ति हड़पने के लिए उन्हें डराने के मकसद से यह हमला किया गया। उक्त वॉर्ड कमिश्नर ने उत्तमकुमार के परिवार को तुरन्त देश छोड़कर चले जाने की चेतावनी दी और ऐसा न करने पर जान से मार डालने की धमकी दी। उत्तमकुमार द्वारा पहाड़ तली थाने में तथा अदालत में मुकदमा दायर करने के बाद अदालत द्वारा उस स्थान पर धारा-144 लागू कर दिए जाने के बाद वॉर्ड कमिश्नर चिढ़कर अलग-अलग बहाने से इलाके के लोगों में गलतफहमी फैला रहे हैं।

कुष्टिया जिले में खोकशा थाने के पद्मयानी गाँव के निवासी डॉक्टर समरकुमार घोष को परिवार समेत स्थानीय प्रभावशाली लोगों के संरक्षण प्राप्त गुंडों ने 24 जुलाई को घर से निकाल दिया। डॉ. समरघोष कुष्टिया जिले के पशु सम्पदा अधिकर्त्ता हैं। घर से निकाल बाहर किए जाने के बाद उन्होंने शहर में अपने एक रिश्तेदार के घर में शरण ली। गुंडों ने डॉ. समरघोष को घर लौटने पर हत्या करने और परिवार की महिलाओं से बलात्कार करने की धमकी दी है। गुंडों के इसी गिरोह ने इसी थाने के शिमुलिया गाँव के निवासी गोविन्द हालदार को उनके परिवार समेत घर से निकालकर जबर्दस्ती उनकी सारी सम्पत्ति अपने नाम रजिस्ट्री करवा ली। इतना ही नहीं, इसके बाद भी गोविन्द हालदार के परिवार के लोग लापता हैं।

सिराजगंज जिले में काजीपुर थाने के सोनामुखी बाजार में स्थित मन्दिर की काली प्रतिमा को कुछ नामजद बदमाशों ने दो नवम्बर को तोड़ डाला। मन्दिर पर हमले के दौरान बदमाशों ने उपासनागृह की पवित्रता को भी नष्ट कर दिया।

30 अगस्त को दोपहर में ढाका शहर के राजारबाग इलाके के श्री श्री बरदेश्वरी काली मन्दिर में कट्टरपन्थियों के एक दल ने हमला करके मन्दिर और प्रतिमा की तोड़-फोड़ की। हमलावरों ने हिन्दुओं को और मन्दिर की संचालन परिषद के अधिकारियों को बेतहाशा मारा-पीटा। इस घटना की बाबत संचालन परिषद के महासचिव चित्तरंजन दास ने वादी के रूप में सबुजबाग थाने में मामला दायर किया। 30.08.1995 को दायर इस मामले का नम्बर 94 (8) 95 है।

बरगुना जिले में आमतली थाने के बागबाजार में स्थित दुर्गामन्दिर पर हमला करके सात मूर्तियों को तोड़ डाला गया। आनेवाली दुर्गापूजा के लिए ये मूर्तियाँ बनाई गयी थीं। 16 सितम्बर की दोपहर को बागबाजार मदरसा के छात्र मो. जहाँगीर की अगुवाई में मदरसा के छात्रों के एक दल ने यह हमला किया। मूर्तियाँ तोड़ दी जाने की स्थिति में इस इलाके के हिन्दुओं ने आखिर घोषित कर दिया कि अब दोबारा मूर्ति बनाने का समय नहीं है इसलिए इस बार वे दुर्गापूजा नहीं करेंगे।

फरीदपुर शहर में गोयालचामटा चौधरी के घर के पूजा मंडप के लिए बन रही दुर्गा प्रतिमा को एक स्थानीय प्रभावशाली व्यक्ति की छत्रछाया में पलनेवाले गुंडों के गिरोह ने तोड़ डाला। 27 सितम्बर को इस साम्प्रदायिक गिरोह ने पूजा पंडाल में घुसकर मूर्तियों की तोड़-फोड़ की। यह कट्टरपन्थी गिरोह इस बार मूर्ति निर्माण की शुरुआत से ही पूजा आयोजित करनेवालों को धमकी देता आ रहा था। अपनी धमकी को 27 सितम्बर की रात में मंडप पर हमला करके और मूर्तियों को तोड़-फोड़कर कट्टरपन्थियों ने पूरा कर दिया।

बड़िशाल में बी.एम. कॉलेज की छात्रा स्मृतिकना विश्वास को नौ अगस्त को गुंडें कॉलेज की कैंटीन से उठाकर सामने के नवनिर्मित भवन में ले गए। इस भवन में स्मृतिकना से लगातार बलात्कार के बाद उसकी नग्न तस्वीरें खींचकर रख ली गईं और इन तस्वीरों के जरिए उसे ब्लैकमेल करने की धमकी दी गई।

सिराजगंज में सातवीं कक्षा के एक लड़के का अपहरण किया गया। इसके बाद इस अपहृत मानिकचन्द्र सरकार के पिता से मोटी रकम की माँग की गई। मानिकचन्द्र के पिता द्वारा उतनी रकम न दे पाने की स्थिति में उस लड़के की हत्या कर दी गई।

लगातार हो रहे साम्प्रदायिक अत्याचार, धार्मिक प्रतिष्ठानों पर हमले, सरकारी नौकरियों में विषमता, और राष्ट्रतन्त्र की साम्प्रदायिक प्रवृत्तियों के खिलाफ 18 सितम्बर से 26 सितम्बर तक पूरे देश में हिन्दुओं ने अपने व्यावसायिक प्रतिष्ठानों और घरों पर काले झंडे लगाकर प्रतीकात्मक रूप में बन्द का पालन किया। 26 सितम्बर को ढाका विश्वविद्यालय सहित अन्य शिक्षा संस्थानों में अल्पसंख्यक धार्मिक हिन्दू छात्रों ने कक्षाओं का बहिष्कार किया।

दुर्गा प्रतिमा विसर्जन से पहले चार अक्तूबर की शाम को निकली शोभायात्रा के जुलूस पर कट्टरपन्थियों ने हमला कर दिया। इस हमले में 'जैसोर पूजा उद्‌बोधन परिषद' के नेता मोहितकुमार नाथ सहित चार धार्मिक हिन्दू घायल हुए। उल्लेखनीय है कि प्रतिमा ले जा रहा ट्रक जब जैसोर शहर के खुलना बस स्टैंड इलाके में पहुँचा तो दुर्गा प्रतिमा को निशाना बनाकर ईंट-पत्थर फेंके गए और शोभायात्रा में शामिल हिन्दुओं पर लाठी तथा सोडावाटर की बोतलों से हमला किया गया।

गाइबाँधा जिले में गोविन्दगंज थाने के भूमि दफ्तर के बगलवाले एक मैदान में प्रतिवर्ष की भाँति इस बार भी हिन्दू धर्मावलम्बियों द्वारा श्यामापूजा (कालीपूजा) का आयोजन करने पर सहायक कमिश्नर (भूमि) मो. अलीमुद्‌दीन ने कट्टरपन्थियों के एक

समूह के साथ उस आयोजन में अड़चनें पैदा कीं। धार्मिक हिन्दुओं के साथ कट्टरपन्थियों की कहा-सुनी के बाद कट्टरपन्थियों ने काली की प्रतिमा को चूर-चूर कर दिया। 23 अक्तूबर की इस घटना से स्थानीय प्रगतिशील लोगों के नाराज होने पर गाइबाँधा के जिला प्रशासक ने मो. अलीमुद्दीन का बगल के पलाशबाड़ी थाना इलाके में तबादला कर दिया।

गाजीपुर जिले के टँगी बाजार के दुर्गा मन्दिर में लम्बे समय से पूजा होती चली आ रही है। इस बार की दुर्गापूजा के लिए मन्दिर की साफ-सफाई और मरम्मत का काम शुरू होने पर 20.9.95 को कुछ समाज विरोधी लोगों ने अड़चनें डालीं। इसी तरह 8.10.95 को नाटोर शहर में विजयादशमी के जुलूस पर बदमाशों ने हमला किया। इस हमले में कई हिन्दू घायल हुए। ढाका के सूत्रापुर थाने के मालीटोला में भी 4.10.95 को विजयादशमी के जुलूस पर हमला किया गया। इसी तारीख को चट्टग्राम के पतिंगा में दुर्गा प्रतिमा के विसर्जन के पूर्व विजयादशमी की शोभायात्रा पर हमला किया गया। ढाका महानगर के गुलशन थाना क्षेत्र में मिर्जापुर थाने की बनाइल यूनियन के मनिसाइल गाँव में श्री रामचन्द्र सरकार के घर पर दुर्गा पूजा के लिए बन रही दुर्गा प्रतिमा को उग्रदवियों ने तोड़ डाला और प्रतिमा बनाने के अपराध (?) में मूर्तिकार जीदामपाल (30) को मारा-पीटा। गृहस्वामी श्रीदाम चन्द्र सरकार की पुत्रवधू प्रतिमारानी (25) को अपमानित भी किया गया। बड़िशाल जिले में स्वरूपकाठी आचार्यपाड़ा के सार्वजनिक दुर्गा मन्दिर में इस बार के पूजा आयोजन में उपद्रवियों की अड़चनें सामने आईं। परिणामस्वरूप पूजा बन्द रखने की नौबत आ गई। 3.10.95 को खुलना जिले के डुमरिया थाने की गुटुदिया यूनियन के खामारबाड़ी (खलिहान) पूजामंडप पर हमला करके उपद्रवियों ने मूर्तियों की तोड़-फोड़ की और महिलाओं को अपमानित किया। नेत्रकोना जिले में पूर्वधला थाने के श्यामगंज बाजार में हमला करके निर्माणाधीन दुर्गा प्रतिमा को 25.9.95 को एक साम्प्रदायिक समूह ने तोड़ डाला। नारायणगंज शहर में बंगबन्धु सड़क पर अजहर सुपर मार्केट की छत से, 4.10.95 को अमला पाड़ा की विजयादशमी शोभायात्रा पर साम्प्रदायिकों ने ईंट-पत्थर फेंके। इसका विरोध करते हुए बन्धु बिहारी अखाड़े की केन्द्रीय पूजा कमेटी के नेता खोकन घोषाल घायल हो गए।

सिलहट जिले में जैन्तपुर थाने के निजपाट (नवाबबाड़ी) गाँव में धीरेन्द्र कुमार नाथ के घर पर 17.7.95 को दोपहर दो बजे 40/45 लोगों के एक दल ने हमला किया। इन लोगों ने घर के पूजा-मन्दिर की तोड़-फोड़ और लूटपाट की। उपद्रवियों का यह गिरोह जैन्तपुर बाजार से सटी खासियाहाटी में स्थित धीरेन्द्र नाथ के व्यवसायिक प्रतिष्ठान पर हमला करके सवा लाख रुपए लूट ले गया। 25.10.95 की रात को नेत्रकोना के बारहट्टा में काली पूजा के अनुष्ठान के दौरान साम्प्रदायिक गुंडों के एक दल ने पूजा मंडप परिसर में हमला किया। गुंडों के बम विस्फोट से एक बच्चे सहित चार लोग गम्भीर रूप से घायल हुए। इस मामले में प्रशासन द्वारा कोई कदम न उठाए जाने से स्थानीय हिन्दू असुरक्षा के माहौल में दिन काट रहे हैं। गोपालगंज जिले में टुँगीपाड़ा थाने के

बाँसुरिया गाँव में श्रीश्री राइरसराज सेवाश्रम पर 7.11.95 को इनायत हुसेन, सबुज मियाँ, जुबेद अली सिकदर ने हमला करके लाखों रुपए के सामान लूट लिए और साम्प्रदायिकता भड़काने के लिए तरह-तरह की गाली-गलौज करते रहे।

मुंशीगंज पंचायत इलाके में पारूलपाड़ा के निवासी सुबासचन्द्र दास के घर पर 20.10.95 की रात उपद्रवियों के एक दल ने हमला करके कीमती सामान लूट लिया। झालकाठी जिले में नलछिटी थाने के शेखरकाठी गाँव के जगन्नाथ कुमार शील (पिता नरेशचन्द्रशील) पर गाँव के ही स्व. अजीज हवलदार के लड़के अब्दुल मन्नान ने 10. 11.95 को बड़िशाल जाते समय धारदार हथियार से हमला किया। अब्दुल मन्नान के हमले से जगन्नाथ कुमार शील गम्भीर रूप से घायल हुए। उन्हें अस्पताल में भर्ती होना पड़ा।

1996-97

कानून रक्षावाहिनी की दायित्वहीनता के कारण इस बार यानी 1996 में नगाँव में शान्तिपूर्ण ढंग से दुर्गापूजा नहीं हो पाई। दुर्गोत्सव की नवमी की रात में नगाँव में खुलेआम लूट की सौ से अधिक घटनाएँ हुईं। इसके अलावा सीमाहीन लोडशेडिंग के कारण अल्पसंख्यक समुदाय की कई किशोरियाँ बलात्कार का शिकार हुईं। दूसरी तरफ पूजा की तैयारी के समय जिले के महादेवपुर थाना इलाके में कई मन्दिरों की प्रतिमाओं की उपद्रवियों ने तोड़-फोड़ की। टाँगाइल जिले में बाशाइल थाने के फूलबाड़ी गाँव के निवासी स्व. धनीराम घोष के पुत्र परेशचन्द्र घोष लम्बे समय से इलाके के इस्माइल हुसेन वगैरह के अत्याचार का शिकार होते आ रहे थे, इधर फिर से परेशचन्द्र घोष के पड़ोसी खन्दकार अबू बकर गंग ने उन्हें उत्पीड़ित करना शुरू कर दिया। 13.10.96 को अबू बकर वगैरह ने पूजा के लिए बन रही दुर्गा प्रतिमा को तोड़ डाला। यहाँ उल्लेखनीय है कि इन्हीं आतंकवादियों ने 1.2.96 को मन्दिर में रखी मूर्ति को भी तोड़ डाला था। अब इन आतंकवादियों ने परेश घोष को मार डालने की धमकी दी है और देश छोड़कर चले जाने को कहा है। बागेरहाट जिले में मोडेलगंज थाने के समाद्दारखाली में एक मन्दिर के पुरोहित 55 वर्षीय सुधांशुकुमार चक्रवर्ती की 12.10.96 दिन शनिवार की शाम साढ़े सात बजे गोली मारकर हत्या कर दी गई। समाद्दारखाली के श्रीश्री जिउधरा काली मन्दिर की 20.29 एकड़ जमीन पर कब्जा करने के लिए ही आतंकवादियों ने उनकी हत्या की। इस घटना से हिन्दू समुदाय के बीच गहरा क्षोभ पैदा हुआ है।

बागेरहाट शहर के पुराना बाजार इलाके में तहसील ऑफिसवाली सड़क पर अवस्थित डबलू बसु के मकान पर हमला करके लूटपाट की गई। हत्या की कोशिश के साथ ही मध्ययुगीन पैशाचिक बर्बरता को तरह-तरह से अंजाम देने में आतंकवादियों से प्रभावित एक खास तबके के लोग लिप्त हो गए। 25 अगस्त की दोपहर को डबलू बसु

की बहन डालिया बसु के घर लौटते समय मुंशीगंज काली बाड़ी के सामने उसका रास्ता रोककर अब्दुर रब नामक एक मोटर साइकिल सवार ने उससे 23 हजार रुपए छीन लिए। इस बारे में थाने में मामला दायर करने पर मोटर साइकिल सहित उस छिनताई बाज को पुलिस ने गिरफ्तार करके जेल में डाल दिया। अब्दुर रब के गुंडा-गिरोह ने मामला वापस लेने के लिए खुले आम जान से मारने की धमकी देते हुए डबलू बसु की पत्नी और बहन के साथ रास्ते में गन्दी भाषा में गाली-गलौज की। कुछ दिनों बाद अब्दुर रब के भाई मुशर्रफ हुसेन सहित 4/5 बदमाशों ने डबलू बसु के घर पर अचानक धावा बोलकर घर के सामान आदि की तोड़-फोड़ और लूटपाट की। घर में डबलू को न पाकर उनके बच्चे को गला घोंटकर मारने की कोशिश की गई और टूटे हुए काँच से उनकी युवा पत्नी को गम्भीर रूप से घायल कर दिया गया। पुलिस ने खबर पाकर शहर से मुशर्रफ हुसेन और सईदुर रहमान को गिरफ्तार तो कर लिया लेकिन एक प्रभावशाली तबका इस घिनौनी घटना को दबाने के लिए अपने कुचक्र में लग गया है। डबलू सहित परिवार के अन्य सदस्य घोर असुरक्षा में दिन काट रहे हैं।

15.9.96 रविवार को नारायणगंज शहर के गलाचिपा इलाके में स्थित रामकनाई अखाड़ा मन्दिर पर सशस्त्र युवकों के एक दल ने हमला करके मन्दिर की दुर्गा प्रतिमा के दोनों हाथ तोड़ डाले। इस हमले में परिमलरानी घोष नामक 65 वर्षीय एक महिला घायल हुई। जिले के फतुल्ला थाने के पंचवटी बस स्टैंड के सामने स्थित लोकनाथ मन्दिर को 24 सितम्बर की रात में उपद्रवियों ने तोड़ डाला। परिणामस्वरूप इलाके के धार्मिक अल्पसंख्यकों में घोर असन्तोष पैदा हुआ। घटना से जुड़े किसी भी व्यक्ति को गिरफ्तार नहीं किया गया।

फरीदपुर जिले में बोयालमारी थाने की मयना यूनियन के मयना दुर्गा मन्दिर की प्रतिमा को 8.10.96 को कुछ समाज विरोधियों ने तोड़ डाला। इसी तरह 12.10.96 को बगुड़ा जिले के मालती नगर में एक पूजा मंडप में बनाई जा रही दुर्गा प्रतिमा को भी उपद्रवियों ने तोड़ा डाला। लक्ष्मीपुर जिले में रामगति थाने के अलेक्जेंडर बाजार के विशिष्ट व्यवसायी प्राणदाकान्त दास (पिता स्व. निवारण कान्त दास) पर हमला करके इलाके के बबलू, सलाउद्दीन, सलीम, शहादत हुसेन सहित कुछ बदमाशों ने घायल कर दिया और 2 लाख 9 हजार रुपए छीन लिए। ये बदमाश खुलेआम घूम रहे हैं और अपने विरुद्ध दायर मामला वापस न लेने पर श्रीदास सहित परिवार के सभी सदस्यों को मार डालने की धमकी दे रहे हैं।

28.8.96 को ढाका महानगर में सबुजबाग थानान्तर्गत राजारबाग के ऐतिहासिक बरदेश्वरी काली मन्दिर पर हमला करके उपद्रवियों के एक दल ने तोड़-फोड़ की। वे मन्दिर की सम्पत्ति पर कब्जा करने की कोशिश कर रहे हैं। कुड़ीगाँव जिले में उलिपुर थाने के अधीन धामश्रेणी यूनियन के पालपाड़ा गाँव में एक अभियुक्त को पकड़ने गई पुलिस की मौजूदगी में भी डकैती, लूटपाट और मार-पीट की घटना से लोग सन्न रह गए। 24 सितम्बर, 1996 को उलिपुर थाने के एस.आई. मिजानुर रहमान और एस.आई.

रजाउल करीम पुलिस वैन में अपनी टुकड़ी के साथ पालपाड़ा पहुँचे और रंजन पाल, स्वप्न पाल और निरंजन पाल को नींद से जगाकर कहा—'रास्ते में ओ.सी. साहब है, आप लोगों को वहाँ चलना पड़ेगा !' यह सुनकर तीनों झट-पट घर से निकल पड़े। इस मौके का फायदा उठाकर दोनों एस.आई. के साथ आए कुख्यात डकैत दरीब और उसके गिरोह के अमीनुल, अनीसुर, आबीदुर और कासिम वगैरह उनके घर में घुसकर अश्लील भाषा में गाली-गलौज के बाद नकद 28 हजार रुपए और सोने के गहनों समेत एक लाख रुपए से अधिक मूल्य का सामान लूट ले गए। डकैतों के जाते समय अनीसुर और कासिम को रंजन पाल की माँ और पिता ने जकड़ लिया और चिल्लाने लगे। उनकी चिल्लाहट से तुरन्त गाँव के लोगों के घटनास्थल पर पहुँच जाने पर कासिम और अनीसुर ने मदद के लिए पुलिसवालों की गुहार लगाई। तब एस.आई. मिजानुर रहमान और रजाउल करीम ने सीटी बजाते हुए घेरे गए लोगों को न सिर्फ छुड़ाया, बल्कि घटनास्थल से उल्टे तीन लोगों को गिरफ्तार किया। पुलिस की भूमिका से पालपाड़ा गाँव के अल्पसंख्यकों में खौफ बैठ गया। अधिकतर लोग आतंकवादियों के डर से घर छोड़कर भागने लगे।

31.8.96 दिन शनिवार को आधी रात के समय खुलना शहर के रायलमहल सार्वजनिक पूजा मंडप को गुंडों ने तोड़ डाला। इस वारदात को लेकर इलाके के हिन्दू समुदाय पर अत्याचार किया जा रहा है। बड़िशाल जिले में आगैलझरा थाने के महानपुर गाँव के निवासी अनन्त पांडे की लड़की सरस्वती पांडे का जो छठी श्रेणी की छात्रा है, 1994 के अगस्त महीने में बदमाशों ने अपहरण कर लिया। अनन्त पांडे ने अनवर उल्लाह के विरुद्ध थाने में मामला दायर किया। 21 अगस्त, 1996 को अदालत में इस केस की गवाही के लिए जाने पर बदमाशों के गिरोह ने गवाहों पर हमला किया। इसी तरह विजय दिवस के उपलक्ष्य में माँगी गई चन्दे की रकम देने से इनकार करने पर जिले के विशिष्ट व्यवसायी और पुरानपैल यूनियन के चेयरमैन पद के प्रार्थी निखिलचन्द्र मंडल को 21 दिसम्बर, 1996 को अपमानित किया गया। जिले की युवालीग और छात्रलीग के महासचिव जाकिर हुसेन और अब्दुल्लाह-अलमामून 'चपल' द्वारा माँगी गई चन्दे की अतिरिक्त राशि देने से मना करने पर निखिल बाबू को दिन दहाड़े उन नेताओं ने मारा-पीटा और जान से मार डालने की धमकी भी दी।

जयपुरहाट महाश्मशान के दक्षिण-पूर्वी हिस्से से अब्दुस सोबहान तरफदार (पिता स्व. सलमन तरफदार, साँग खंजनपुर, बगानबाड़ी) ने नियमित रूप से बालू और मिट्टी काटकर काफी नुकसान पहुँचाया है। इसके अलावा 22.11.96 को महाश्मशान में स्थित शीतला मन्दिर में आग लगाकर काफी क्षति पहुँचाई गई। महाश्मशान कमेटी ने यह जानकारी दी है कि एक कुचक्री वर्ग महाश्मशान का ध्वंस करने के उद्देश्य से योजनाबद्ध ढंग से यह सब कर रहा है।

14.12.96 को बागेरहाट जिले के सदर थानान्तर्गत यात्रापुर में श्रीलाउपाला गोपाल मन्दिर से गोपाल की मूर्ति लूट ली गई। आतंकवादी उस दिन आधी रात को मन्दिर

के दरवाजे का ताला तोड़कर कीमती मूर्ति सहित अन्य चीजें उठा ले गए। थाने में मामला दायर किया गया है। 22.1.97 को रात में रूपगंज थाने के मुड़ापाड़ा में आनन्दमयी काली मन्दिर से गुंडों और समाज विरोधियों का एक दल कुष्टीपत्थर की बनी मूर्ति और स्वर्णालंकार वगैरह लूट ले गया। थाने में इसका भी मामला दायर किया गया। लेकिन उचित कदम नहीं उठाया गया। गोपालगंज सदर थाने की उलिपुर यूनियन के ऐतिहासिक डीलपुर काली मन्दिर और उसकी मूर्ति की गुंडों ने तोड़-फोड़ की। दुष्कर्मी मन्दिर की खिड़की तोड़कर अन्दर घुसे और काली की मूर्ति के दोनों हाथ एवं जिह्वा, महादेव का हाथ और पूजा के कलशों को तोड़ा तथा मन्दिर को भी क्षति पहुँचाई। इस बारे में गोपालगंज थाने में एक मामला दायर किया। चट्टग्राम जिले में सीताकुंड थाने के उत्तर बगाचतर गाँव में निरीह अल्पसंख्यक समुदाय के मछुआरों पर अबू ताहिर नामक मास्टर के लठैतों ने हाल में कहर बरपाया। लठैतों ने स्थानीय नैदरबागी जलदास और उनके रिश्तेदारों के पुरखों की जमीन पर जबर्दस्ती कब्जा करने के लिए हमला किया। हमलावरों ने घर के सभी स्त्री-पुरुषों को नंगा करके मारा-पीटा। चट्टग्राम जिले में सातकनिया थाने के धर्मपुर गाँव में पाँच मन्दिरों के दरवाजे-खिड़कियाँ तोड़कर आतंकवादियों के एक दल ने 16.11.96 की रात को लूटपाट की।

बनारीपाड़ा थाने के माछरंग गाँव में उपद्रवियों के एक दल ने 14 फरवरी, 1997 को स्व. हरिपद हालदार की जमीन पर कब्जा करने की कोशिश की। जब उनकी विधवा पत्नी और तीन बेटियों ने रुकावट डाली तो बदमाशों ने उन पर तेज हथियार और लाठी वगैरह से हमला किया। इस हमले में हरिपद हालदार की पत्नी शरदिन्दु हालदार और उनकी तीनों बेटियाँ गम्भीर रूप से घायल हो गईं। इस वारदात को लेकर मामला दायर किया गया, लेकिन किसी को गिरफ्तार नहीं किया गया।

15.11.96 दिन शुक्रवार को 50/55 उपद्रवियों के एक दल ने सुबह के नौ बजे बड़िशाल जिले में बाबूगंज थाने के रहमतपुर में विशिष्ट और धनाढ्य व्यक्ति रामसदय मुखर्जी के घर में पेट्रोल छिड़कर आग लगा दी। पता चला कि रामसदय की जमीन पर इज्जत अली नामक एक व्यक्ति काफी समय से एक घर बनाकर उसमें दुकान चला रहा था। जमीन के मालिक द्वारा उस जमीन से हट जाने के लिए कहने पर इज्जत अली समेत अन्य उपद्रवियों ने उनके घर में आग लगा दी। आगजनी में दस लाख रुपए से अधिक का नुकसान हुआ। 15 फरवरी को जिले के राजैर थाना क्षेत्र के दक्षिण में चाँदपट्टी गाँव के आतंकवादी कादिर और उसके सहयोगी मोकाई दल के सदस्यों ने इसी गाँव के शिवनाथ दास के घर पर सशस्त्र हमला किया। आतंकवादियों ने लूटपाट और तोड़-फोड़ की। इनके हमले में 17 लोग घायल हुए।

मदारीपुर जिले में रजैव थाने की बदरपाशा यूनियन के चर मुस्तफापुर गाँव के धार्मिक अल्पसंख्यक लम्बे समय से एक कुख्यात आतंकवादी गिरोह के उत्पीड़न के शिकार हैं। आतंकवादियों ने 17.9.96 को गाँव के स्व. मणीन्द्रमोहन संन्यासी की विधवा सुनीतिरानी संन्यासी उर्फ स्वर्णलता की हत्या कर दी। थाने में यह मामला दर्ज है। अब

आतंकवादी माँ-बाप खो चुके दो भाइयों रमणीमोहन और निताई चाँद को हत्या की धमकी दे रहे हैं और उत्पीड़न के जरिए इलाके के धार्मिक अल्पसंख्यकों को देश छोड़ने को मजबूर कर रहे हैं। जिले के सदर थाने के तहत जामुरा गाँव के योगेशचन्द्र शील को सपरिवार निकाल बाहर करने के मकसद से इलाके के आतंकवादी सोबहान मृधा (पिता स्व. हामज मृधा), शाहआलम मृधा (पिता स्व. करामत मृधा), अजीज मृधा (पिता स्व. अब्दुल हकीम मृधा), चाँद मियाँ (पिता स्व. आयेजउद्दीन मृधा) आदि ने 23 फरवरी को उनकी आबादीवाली जमीन में पोखर खोदना शुरू किया। इस बारे में थाने में मामला दायर करने पर भी प्रशासन द्वारा कोई कार्रवाई नहीं की गई। पटुआखाली जिले में कलापाड़ा थाने के तहत 5-नीलगंज यूनियन के अमीराबाद में सार्वजनिक काली मन्दिर की काली प्रतिमा को 24.10.96 को उपद्रवियों ने तोड़ डाला। परिणामस्वरूप धार्मिक अल्पसंख्यकों में घोर क्षोभ व्याप्त है।

एक उपद्रवी गिरोह लम्बे समय से गाजीपुर ज़िले के श्रीपुर थाना क्षेत्र की राजबाड़ी यूनियन के निवासी मिन्टू घोष पर लगातार अत्याचार करता आ रहा है। हाल में इस गिरोह ने राजेन्द्रपुर बाजार में मिंटू घोष के 'उज्वलस्वीट-मीट' पर हमला किया और उन्हें गम्भीर रूप से घायल कर दिया। अब ये उपद्रवी मिंटू घोष को देश छोड़ देने के लिए धमकी दे रहे हैं। जिले के जयदेवपुर शहर के श्मशान की जमीन पर कब्जा करने के लिए एक षड्यन्त्रकारी गिरोह तरह-तरह से प्रयास कर रहा है। जबरन कब्जा करने की कोशिश का विरोध करने की वजह से 14.1.97 को जिला पूजा आयोजन परिषद के महासचिव मणीन्द्रचन्द्र मंडल, श्मशान संचालन परिषद के सचिव नेपाल चक्रवर्ती, नीहार रंजन दे आदि की हत्या करने के मकसद से इस कुचक्री दल ने बम फेंका। लेकिन निशाना चूक जाने के कारण वे बच गए। इस बारे में थाने में मामला दायर किया गया है।

फरीदपुर जिले के अलफाडाँगा थाने की बुडाइस यूनियन के तहत सड़ारकान्दी गाँव के धार्मिक अल्पसंख्यक लम्बे समय से शान्ति और एकता के माहौल में रह रहे थे। हाल में जनहितकारी काम के नाम पर दो किलोमीटर लम्बा और अस्सी हाथ चौड़ा रास्ता बनाने के लिए टिउपाड़ा के सुबोध राय के मकान से सड़ारकान्दी मौजे के दिलीप विश्वास के मकान तक रास्ता चौड़ा करने के दौरान उक्त इलाके के धार्मिक अल्पसंख्यकों के खेतों की फसल लूटी जा रही है। जिला अदालत में इस बारे में मुकदमे दायर किए गए हैं। मुकदमों का नम्बर फरीदपुर जिला दीवानी अदालत 49/96 और फौजदारी एम.पी. 31.97 और 32.97 है।

कुमिल्ला जिले में मुरादनगर थाने की श्रीकाइल यूनियन के चुलुरिया गाँव में धार्मिक अल्पसंख्यक लोग इलाके के स्व. सुन्दर अली के लड़के मतीन और उसके सहयोगियों के अत्याचार के शिकार हैं। इस आतंकवादी दल के लोग 13.1.97 को इलाके के शंकरचन्द्र देव के घर में जब आग लगा रहे थे, तब गाँववालों ने मतीन नामक एक बदमाश को पकड़ लिया। लेकिन बाद में उपद्रवी समूह में आकर मतीन को छीन ले

गए और बदला लेने के लिए उक्त धार्मिक अल्पसंख्यकों के मुहल्ले के कई दूसरे मकानों में आग लगा दी। थाने में मामला भी किया गया लेकिन फिलहाल आतंकवादियों के डर से धार्मिक अल्पसंख्यकों ने देश छोड़ने में ही भलाई समझी।

26.10.96 को आतंकवादियों के एक गिरोह ने चन्दा न पाने के कारण चाँदपुर जिले के मतलब थानान्तर्गत पश्चिम बाइशपुर गाँव में कार्तिक चन्द्र बर्मन के घर के मन्दिर की लक्ष्मी-प्रतिमा को तोड़ दिया। इस इलाके के हबीब, मुजीबुर, मुशर्रफ, बादल, ताजुद्दीन समेत और भी कई लोग इन्द्रजीत बर्मन, सुनील बर्मन, मरन बर्मन, प्रदीप बर्मन से कुछ दिनों पहले से चन्दे की माँग करते आ रहे थे। 26 तारीख को चन्दा देने से इनकार करने पर उन सबने बर्मनपाड़ा में स्थापित लक्ष्मी की मूर्ति की तोड़-फोड़ की। इसी तरह 7.11.89 को सातक्षीरा जिला थाने के घोषड़ा और खलिषाखाली गाँव में 20/25 नकाबपोश उपद्रवियों ने धार्मिक अल्पसंख्यकों के घरों में घुसकर लूटपाट की। उपद्रवियों ने दीनबन्धु और असीम मुखर्जी के घर-बार, सामान आदि लूटने के बाद उन्हें मार डालने की धमकी भी दी।

26.12.96 बृस्पतिवार को शब-ए-बरात की रात में भोला शहर की धागंड़ पल्ली बस्ती को बदमाशों एक गिरोह ने आग लगा दी। धागंड़पल्ली से सटे 'लाशकटा घर' के बगलवाले कब्रिस्तान से लाश निकालने के आरोप में उजड्ड किस्म के लोगों ने पहले धागंड़ पल्ली में तोड़-फोड़ की, बाद में किरासन तेल छिड़ककर बस्ती में आग लगा दी। धागंड़पल्ली के भस्मीभूत होने से करीब डेढ़ सौ लोग बेघर हो गए। गाइबाँधा जिले के गोविन्दगंज थाना क्षेत्र के हिन्दुओं ने प्रतिवर्ष की भाँति इस बार गोविन्दगंज थाने के भूमि-दफ्तर के बगलवाले मैदान में कालीपूजा का आयोजन किया था। लेकिन पूजा के दिन सुबह दस बजे, थाने के सहायक कमिश्नर (भूमि) मो. अलीमुद्दीन ने अपने समुदाय के कुछ लोगों को लेकर पूजा-आयोजन में रुकावट डाली और थोड़ी-बहुत कहासुनी के बाद काली की मूर्ति को तोड़ डाला। ऐसे ही नेत्रकोना जिले के मोहनगंज शहर में रामकृष्ण मिशन से सटे कालीमन्दिर में घुसकर एक बदमाश ने 23.11.96 को सोलह मूर्तियाँ तोड़ डालीं। पूजा मंडप में सशस्त्र हमला, मूर्तियों की तोड़-फोड़, चन्दे के लिए जोर-जबर्दस्ती और लूटपाट के विरोध में मिर्जापुर के पाकुल्या और रंगपुर के बराती लुहार पाड़ा में इस बार दुर्गा प्रतिमा का विसर्जन बन्द रखा गया।

कुमिल्ला के बरूड़ा तलगाँव में भवालबाड़ी पूजा मंडप में 10 अक्तूबर, 1997 को हमला करके उपद्रवियों ने आग लगा दी। पूजा-कमेटी से चन्दे की रकम न मिलने के कारण ही बदमाशों ने यह हमला किया। इस बारे में पूजा कमेटी की ओर से हारून रशीद, मो.अ. रशीद, हुमायूँ आदि पर नामजद मामला दायर करने पर भी पुलिस ने किसी को गिरफ्तार नहीं किया।

टाँगाइल जिले में मिर्जापुर थानान्तर्गत पाकुल्या में श्री श्री सार्वजनिक काली मन्दिर के पूजा मंडप में 8 अक्तूबर, 1997 को जिन्ना और सोहेल की अगुवाई में उपद्रवियों के एक दल ने हमला करके मूर्ति को तोड़ने की कोशिश की। हमलावरों को लोगों ने

पकड़ लिया और पुलिस के हाथों सौंप दिया। बाद में उपद्रवी जमानत पर रिहा होकर विभिन्न पूजा मंडपों में जाकर धमकी देते फिर रहे थे।

फेनी जिले के फूलगाजी थाना क्षेत्र के निवासी गोपालचन्द्र धर इलाके के बदमाशों की हिंसा के शिकार हैं। बदमाशों ने 21.6.97 को गोपालचन्द्र धर के पिता और भाई को गम्भीर रूप से घायल कर दिया और उनकी बहन का अपहरण कर लिया। बाद में निचली अदालत से बदमाशों को सजा मिली। अब मामला हाईकोर्ट में विचाराधीन है। लेकिन बदमाशों के साथियों द्वारा गोपालचन्द्र धर को मुकदमा चलाने से अटकाया जा रहा है और हत्या की धमकी दी जा रही है।

शारदीया दुर्गोत्सव के शुरू में ही कुछ उपद्रवियों ने फिरोजपुर जिले के सदर थानान्तर्गत रायेरकाठी गाँव में रायबाड़ी की पूजा-प्रतिमा की तोड़-फोड़ की।

फिरोजपुर की माठबाड़िया पंचायत के उत्तर कन्दर में दुर्गापूजा मंडप के सामने 6 अक्तूबर, 1997 को टिकीकाटा गाँव के एक पच्चीस वर्षीय युवक मुजीबुर रहमान ने गाँव की शिवली मंडल नामक बीस वर्षीय युवती को, पूजा देखने आए सैकड़ों लोगों के सामने बुरी तरह पीटा और उसके गाल तथा होंठ काटकर गम्भीर रूप से घायल कर दिया। नववधू शिवली अपने पति के साथ पूजा देखने आई थी। शिवली को माठबाड़िया अस्पताल में चिकित्सा करानी पड़ी। मुजीबुर रहमान को लोगों ने पकड़कर माठबाड़िया थाने की पुलिस के हाथों सुपुर्द कर दिया। इसी तरह फिरोजपुर सदर थाने की 2-कदमतला यूनियन के पोयगोल गाँव के शिक्षक विनय भूषण चक्रवर्ती उर्फ सोनाई ठाकुर को उनके घर से बेदखल करने के लिए 7.5.97 को आतंकवादियों के एक गिरोह ने धावा बोल दिया। हमलावरों ने विनय भूषण और उनके लड़के अमलकृष्ण को गोली मार दी। बाद में 15.7.97 को विनय भूषण की मौत हो गई। विनय भूषण के परिवार के लोग डर से भागते फिर रहे हैं। बदमाश उनके परिवार के सदस्यों को जान से मारने की धमकी देने से बाज नहीं आ रहे।

चट्टग्राम जिले में सन्दीप थाने की कालापनिया यूनियन के बाशिन्दा मंटूकुमार वणिक को इलाके के कुख्यात बदमाश हैरत ने परिवार समेत मार डालने की धमकी दी। 23.3.96 को मंटूवणिक और उनके दो लड़कों पर सन्दीप शहर से लौटते समय सशस्त्र हमला किया गया।

चट्टग्राम जिले में ही सीताकुंड थाने के उत्तर बगाचतर गाँव में निरीह हिन्दू मछुआरों पर अबू ताहिर मास्टर के लठैतों ने कहर बरपाया। स्थानीय नैदरबाग जलदास और उनके रिश्तेदारों की पुश्तैनी जमीन पर कब्जा करने के लिए लठैतों ने हमला किया। हमलावरों ने घर के स्त्री-पुरुषों को कपड़े उतरवाकर मारा-पीटा।

गाइबाँधा सदर थाने के तहत बादियाखाली यूनियन के गोयलबाड़ी गाँव में अजयकुमार सरकार (पिता स्व. दीनबन्धु सरकार) के मकान की 14 फीसदी जमीन पर नाजायज कब्जा करने के लिए गाँव का ही तौहीदुल इस्लाम उर्फ वायदुल मंडल झूठा मुकदमा चलाकर तरह-तरह से परेशान करता आ रहा था। तौहीदुल के साले और

राजशाही के डी.आई.जी. दफ्तर में काम करनेवाले पुलिस कांस्टेबल अ. रउफ (पुलिस नं.-1) की खुली मदद से 9.2.97 को अजय के छोटे भाई अशोक कुमार सरकार पर हमला करके उसे बुरी तरह से घायल कर दिया गया। इस बारे में थाने में मामला दायर कराने पर भी कोई कार्रवाई नहीं की गई।

इसी तरह यूनियन परिषद के चुनाव को मुद्दा बनाकर मानिकगंज जिले के साटुरिया थाना क्षेत्र के विभिन्न स्थानों पर 17.12.97 और 18.12.97 को मन्दिर और मूर्तियों को तोड़कर अल्पसंख्यक समुदाय को उत्पीड़ित किया गया।

17.12.97 को•जिले के साटुरिया थाने की तिल्ली यूनियन के चेयरमैन पद के लिए हुए चुनाव में पराजित उम्मीदवार के समर्थक बदमाशों के गिरोह ने इलाके के धार्मिक अल्पसंख्यक समुदाय पर हमला किया। हमलावरों ने नरेश ऋषि और नवीन घोष के घर की काली और शीतला की मूर्ति समेत मन्दिरों की तोड़-फोड़ की और लूटपाट मचाई।

मानिकगंज में 10 अक्तूबर, 1997 को बदमाशों के एक दल ने साटुरिया थाने के बेताड़िया गाँव में ठाकुरदास चर्मकार के घर पर बने पूजा मंडप पर हमला किया। ठाकुरदास ने बदमाशों की पाँच हजार रुपए चन्दे की माँग पूरी करने में असमर्थता जताई थी। आखिरकार स्थानीय जनता ने हमलावरों को चारों ओर से घेर लिया और टीटू एवं तोता नामक दो बदमाशों को उनके रिवॉल्वर समेत पकड़ लिया। बाद में बदमाशों ने पकड़े गए अपने दोनों साथियों टीटू और तोता को छुड़ाने के लिए दो बार हमले किए और तोड़-फोड़ की।

हबीगंज जिले में बाहुबल थाने के तहत भद्रेश्वर यूनियन के रशीदपुर चाय बागान इलाके के अल्पसंख्यक समुदाय के लोग घोर असुरक्षा के बीच जी रहे हैं। 6.3.97 को रात में शिव चतुर्दशी के उपलक्ष्य में चाय बागान के नट मन्दिर-प्रांगण अष्टप्रहर नामयज्ञ चल रहा था। लेकिन वहाँ के कुछ स्थानीय बदमाशों ने नामयज्ञ मंच को तोड़कर लोगों की पिटाई की। इस बारे में थाने में मामला दायर करने पर भी कोई कार्रवाई नहीं की गई। इससे पहले उक्त नटमन्दिर के शिवलिंग और गणेश एवं पार्वती की मूर्तियाँ बदमाश उठा ले गए थे।

फरीदपुर जिले में मधुखाली थाने की मेगचामी यूनियन के कलागाछी गाँव में धार्मिक अल्पसंख्यक रहते हैं। 18 मई, 1997 को वार्षिक धार्मिक उत्सव चलते समय इलाके के कुख्यात आतंकवादी और समाज विरोधी शम्सुद्दीन मोल्ला, राजू मोल्ला, कमरूल मोल्ला, मतियार मोल्ला, बादशाह मोल्ला, हालिम मोल्ला और बच्चू मोल्ला समेत उनके सहयोगियों ने गाँव के सत्यरंजन विश्वास के घर के पूजा मंडप की तोड़-फोड़ की और उपस्थित भक्तों की पिटाई की। इन आतंकवादी बदमाशों को रोकने की कोशिश करनेवाले उक्त इलाके के चेयरमैन तथा मुक्तियोद्धा रहे जनाब खुर्शीदुल आलम, दफादार अरविन्द विश्वास और साधन दास को मारा-पीटा गया। थाने पर हमला भी किया गया। इस बारे में 19.5.97 को मुकदमा नं. 15/97 दायर होने के बावजूद आतंकवादी धार्मिक अल्पसंख्यकों को मार डालने की धमकी देते फिर रहे हैं।

इसी साल 29 नवम्बर, शनिवार की सुबह साढ़े 8 बजे खुलना जिले में डुमरिया थाना क्षेत्र के शालुआबाजार के पास साम्प्रदायिक आतंकवादियों ने उक्त इलाके के सुशान्त विश्वास (25 वर्ष), फूलमोहन (26 वर्ष), स्वप्न (27 वर्ष) नामक तीन व्यक्तियों को मार डाला। हमले में पन्द्रह व्यक्ति घायल हुए। आतंकवादियों ने इलाके के धार्मिक अल्पसंख्यकों के घरों में लूटपाट की। इलाके के धार्मिक अल्पसंख्यक घोर असुरक्षा में दिन काट रहे हैं।

आतंकवादियों ने 7.9.97 को खुलना जिले में फूलतला के दक्षिणडिही गाँव के सिकिरहा बाजार में विशिष्ट व्यवसायी और समाजसेवी बलाईचन्द्र कर को उनकी मिठाई की दुकान में आधी रात को घुसकर मार डाला। बलाईचन्द्र कर के लड़के ने इस घटना के वादी के बतौर थाने में मामला दायर किया। प्रशासन को इस वारदात की जानकारी देने के बाद भी उचित कार्रवाई न होने से इलाके के अल्पसंख्यकों में गहरा क्षोभ पैदा हुआ है।

6.5.97 को सिराजगंज शहर के इबी रोड के निवासी व्यवसायी और समाजसेवी बलाईचन्द्र दास की कुछ आतंकवादी तथा समाजविरोधियों ने बड़ी निर्ममता से हत्या कर दी। इस घटना से उस इलाके के धार्मिक अल्पसंख्यकों में गहरी बेचैनी पैदा हुई। अल्पसंख्यक समुदाय के लोग घोर असुरक्षा के बीच दिन काट रहे हैं। मौलवी बाजार बड़लेखा थाने के निजबहादुर गाँव में अवस्थित श्री श्री नितार्इचन्द्र महाप्रभु के अखाड़े की दो देवमूर्तियाँ 26 मार्च, 1997 को आतंकवादियों ने हमला करके तोड़ डाली। इस बारे में थाने में मामला दायर के बाद भी कोई उपद्रवी गिरफ्तार नहीं हुआ।

23 अक्तूबर, 1997 की सुबह नरसिन्दी शहर के संजीत कुमार साहा की हत्या कर दी गई। पता चला कि आतंकवादी मजनू मियाँ और एन्ता कसाई ने संजीत को मार डाला।

जयपुर हाट पाँचबीबी थाना क्षेत्र के धार्मिक अल्पसंख्यक आतंकवादियों के अत्याचार से परेशान हैं। 22.4.97 के दोपहर एक बजे पाँचबीबी थाने के बड़े मानिक ईदगाह के मैदान के बगल में हाट के दिन घर लौटते समय गरीब किसान द्विजेन्द्रनाथ घोष (पिता स्व. सुरेन्द्र नाथ घोष) को बगल के गाँव के तोजेम मंडल के बेटे मोत्तालेव ने काट डाला। मोत्तालेव इलाके के धार्मिक अल्पसंख्यकों को अपने अत्याचार और उत्पात के जरिए देश छोड़ने को मजबूर करता आ रहा है। जयपुर हाट महाश्मशान के दक्षिण-पूर्व हिस्से की जमीन से नियमित रूप से मिट्टी और बालू काटकर अब्दुस सोबहान तरफदार (पिता स्व. सलमान तरफदार, खंजनपुर, बागानबाड़ी) श्मशान को नुकसान पहुँचाता आ रहा है। इसके अलावा 22.11.96 को महाश्मशान के शीतला मन्दिर में आग लगाकर व्यापक क्षति पहुँचाई गई। एक षड्यन्त्रकारी समूह महाश्मशान को उजाड़ने के लिए योजनाबद्ध ढंग से यह सब कर रहा है। महाश्मशान कमेटी की ओर से यह शिकायत की गई है।

झालकाठी जिले में राजापुर थाने के दक्षिण ताराबुनिया गाँव के निवासी स्व. सुरेन्द्र

नाथ सिकदर के पुत्र चित्तरंजन सिकदर के इलाके मसलउद्दीन सिकदर के पुत्र अह. कादिर सिकदर वगैरह के उत्पीड़न के शिकार हैं। इनसे उबरने के लिए न्याय की गुहार लगाते हुए चित्तरंजन ने पहले ही राजापुर थाने में तीन बार जी.डी. (नं. 607 दिनांक 21.1.96, नं. 143, दिनांक 9.9.96 और नं. 836, दिनांक 30.12.96) करवाई थी, लेकिन इंसाफ नहीं मिला। 23.3.97 को फिरोजपुर जिले में भंडारिया थाने के लक्ष्मीपुर गाँव के निवासी मो. कादिर सिकदर पुत्र अजमल हुसेन बादल और जसीम उर्फ शिमुल समेत कुछ आतंकवादियों ने चित्तरंजन सिकदर को मार डालने की धमकी भी दी। इसी तरह आतंकवादियों ने 6.10.97 को बड़िशाल जिले के गौरनदी थाना क्षेत्र के बाटाजोर गाँव के सटे शैलकर गाँव में गौरांग हालदार के घर में घुसकर सार्वजनिक पूजा मंडप की दुर्गा प्रतिमा की तोड़-फोड़ की।

बड़िशाल जिले में ही बाउफल थाना इलाके में 27 अक्तूबर, 1997 की रात में आतंकवादियों ने तीन कालीमूर्तियों को तोड़ डाला। ये मूर्तियाँ थीं—एक, सदर थाने के ओ.सी. के मकान के पीछेवाले मन्दिर की, दूसरी महेन्द्र पगला के आश्रम मन्दिर की और तीसरी दासपाड़ा गाँव में। मूर्तियाँ तोड़े जाने के विरोध में 28 अक्तूबर, 1997 को थाना के हिन्दुओं ने थाने तक विक्षोभ जुलूस निकाला और बाद में कालीबाड़ी में सभा की। आतंकवादियों को गिरफ्तार करने की माँग करते हुए टी.एन.ओ. को लिखित अर्जी दी गई। थाने में तीन मामले दायर किए गए लेकिन कोई गिरफ्तार नहीं हुआ।

उधर बानरीपाड़ा थाने के माछरंग गाँव की विधवा अंजली रानी साहा के मकान आदि पर कब्जा करने के लिए आतंकवादी उसे तरह-तरह से उत्पीड़ित कर रहे हैं और जान लेने की धमकी दे रहे हैं। प्रशासन को इस बात की इत्तिला दिए जाने पर भी उसकी सुरक्षा का कोई इन्तजाम नहीं किया गया।

रंगपुर जिले के तारागंज थाने इलाके के बराती कामरपाड़ा गाँव में 10 अक्तूबर, 1997 को सशस्त्र उपद्रवियों के एक समूह ने पूजा मन्दिर पर हमला करके चार मूर्तियों की तोड़-फोड़ और लूटपाट की। उन लोगों ने मन्दिर में आग लगाने की कोशिश भी की। इस घटना में एक महिला समेत सात लोग घायल हो गए। नोआखाली जिले के बेगमगंज थाने के राम भाई आश्रम से सटे 'अपरूप' और कॉलेज रोड के पास 'दसभुजा' नामक पूजा--मंडपों की दुर्गा प्रतिमाओं को 10 अक्तूबर, 1997 को कुख्यात आतंकवादियों के एक गिरोह ने हमला करके तोड़ डाला। इस बात को लेकर बेगमगंज में तीव्र विरोध किए जाने के बाद भी कोई हमलावर गिरफ्तार नहीं हुआ। इसी तरह लालमनिरहाट जिले में कालीगंज थानान्तर्गत तेतुलिया मौजे के कचहरी सार्वजनिक दुर्गा मन्दिर की प्रतिमा को 11.10.97 को आतंकवादियों के दल ने हमला करके तोड़ डाला। यहाँ भी कोई आतंकवादी गिरफ्तार नहीं हुआ।

26.9.97, शुक्रवार को सातक्षीरा के ताला थाने की खालिशखाली यूनियन के चेयरमैन लक्ष्मीकान्त पर धारदार हथियार से हमला किया गया।

चाँदपुर जिले में हाजीगंज थाने के बाकिला गाँव के निवासी विशिष्ट चिकित्सक डॉ.

मणीन्द्र सरकार की भी बदमाशों ने हत्या कर दी। पता चला कि डॉक्टर मणीन्द्र सरकार की सम्पत्ति पर कब्जा करने के मकसद से बदमाशों ने उनके घर पर हमला किया और धारदार अस्त्र से वार करके उन्हें मार डाला तथा कई लोगों को घायल कर दिया।

अपना मकान प्रभावशाली पड़ोसी के नाम न लिख देने के कारण 8.12.99 को आधी रात में घर में घुसकर बूढ़े माता-पिता के सामने मुंशीगंज जिले के सिराज दिखान थाने के शंकर दत्त को मुस्ताक नामक एक शख्स ने अपने दस/बारह साथियों की मदद से घेरकर गोली मार दी। डॉ. माखन लाल सूत्रधर (पिता स्व. रामचन्द्र सूत्रधर, गाँव बयरागादी, थाना सिराजदिखान, जिल मुंशीगंज) 20/25 वर्षों से ग्रामीण चिकित्सक के रूप में इलाके के गरीब लोगों की सेवा करते आ रहे हैं। उनके पिता लम्बे समय तक यूनियन परिषद के सदस्य थे। उनकी मृत्यु के बाद डॉ. सूत्रधर यूनियन परिषद में दो बार सदस्य मनोनीत हुए। मुंशीगंज जिले के सिराजदिखान थाने के चिकनीसार गाँव की सूफिया बेगम (पति अब्दुल उहार शेख) की 1.8.99 को हार्टअटैक से मृत्यु हो गई। सूफिया बेगम के पुत्र शेख सफीक ने अपनी माँ की मृत्यु के बाद सिराजदिखान थाने में एक हत्या का मामला दायर किया। इसका नम्बर 5/98, 27.8.99 है। हत्या के इस मामले में षड्यन्त्र रचते हुए सोच-समझकर माखन लाल सूत्रधर को अपराधी ठहराया गया। 1.8.99 को सूफिया बेगम की मौत की खबर जैसे ही थाने को मिली, तत्काल घटनास्थल पर पहुँचकर पुलिस अधिकारियों ने स्थानीय चेयरमैन, पार्षद, मेम्बर और अन्य प्रतिष्ठित लोगों के सामने मृतक के पति, पुत्र और पुत्री के बयान लिए तथा एक रिपोर्ट तैयार की। उस पर वहाँ मौजूद लोगों के दस्तखत भी करवाए। यह रिपोर्ट बनाते समय मृतक के पति, पुत्र-पुत्री आदि ने मौजूद लोगों के सामने माखनलाल सूत्रधर का नाम नहीं लिया था। लेकिन लगभग एक महीने बाद मुदकमा रिकॉर्ड करते समय निहित स्वार्थी षड्यन्त्रकरियों ने डॉ. सूत्रधर को मुजरिम के रूप में अभियुक्त बना दिया। जिले के लौहजंग थाने के शिमुलिया गाँव के गोविन्द चक्रवर्ती और लोकनाथ चक्रवर्ती को गैरकानूनी ढंग से उनकी जमीन से बेदखल करने के लिए उसी गाँव के अब्दुल हई, शेख निजाम और शेख शमसुल ने वहाँ पक्की मस्जिद और शौचालय बनवा दिए। इससे वहाँ रहनेवाले दस-बारह हिन्दू परिवार के लोगों के आने-जाने का रास्ता बन्द हो गया। अब्दुल हई और उनके सहयोगी हिन्दुओं की सम्पत्ति पर जबर्दस्ती कब्जा करने के लिए लगातार उन्हें उत्पीड़ित कर रहे हैं और देश छोड़ने के लिए धमकी दे रहे हैं। सिराजदिखान थाने के सिराजदिखान गाँव के नगेन्द्र चन्द्र सरकार की जमीन पर गैरकानूनी ढंग से कब्जा करने और पुरखों की जमीन से उन्हें बेदखल करने के लिए गाँव के ही अब्दुल हई बेपारी और सईफुद्दीन सरकारगंज लगातार उन पर अत्याचार कर रहे हैं। इन लोगों ने नगेन्द्र सरकार की जमीन पर गैरकानूनी ढंग से मकान और शौचालय बनाकर आने-जाने का रास्ता बन्द कर दिया। मुंशीगंज शहर के काली मन्दिर के एक दिसम्बर, 1998 को रात में कसौटी पत्थर की एक मूर्ति और दूसरी प्रतिमाओं के सोने के आभूषणों की चोरी हो गई। इसके विरोध में शहर के अल्पसंख्यक समुदाय

के लोगों ने एक जुलूस निकाला। थाने में रिपोर्ट भी दर्ज कराई। इसके बावजूद किसी को गिरफ्तार नहीं किया गया। मुंशीगंज जिले में श्रीनगर थानान्तर्गत भाग्यकुल गाँव के पूर्व जमींदार नन्दलाल राय के मकान के दक्षिण-पश्चिम हिस्से में बाबा विश्वेश्वर का मन्दिर है। इस मन्दिर के अहाते में नन्दलाल राय स्मृति मन्दिर, ननी राय स्मृति मन्दिर और जलधि कुटीर (बटु राय की अकाल मृत्यु पर निर्मित स्मृति मन्दिर) भी है। मन्दिर से जुड़े बगीचे के फूल, पूजा-अर्जना में व्यवहृत होते हैं। मन्दिर के दक्षिण तरफ अवस्थित पोखर के जल का उपयोग पूजा-अर्जना के लिए आवश्यक पानी के रूप में किया जाता है। 1997 में पानी विकास बोर्ड का विस्तार कार्य शुरू होने पर मन्दिर की जमीन और बोर्ड की अधिग्रहीत भूमि की सीमा को लेकर विवाद पैदा हुआ। ऐसी हालत में मुंशीगंज के सहायक जिला प्रशासक (राजस्व) के निर्देश पर श्रीनगर के सहायक कमिश्नर (भूमि) ने विवादित स्थान की जाँच और नाप-जोख करके अतिरिक्त जिला प्रशासक (राजस्व) के पास रिपोर्ट भेजी, जिसमें मन्दिर के अधीन पोखर सहित 0.47 एकड़ जमीन पर निर्धारण किया गया था। लेकिन 1999 के जनवरी महीने के पहले पखवाड़े में पानी विकास बोर्ड के बाहरी दीवार के निर्माण-कार्य के परिणामस्वरूप फिर विरोध पैदा हुआ। इलाके के सभी धर्मों के लोगों के बीच इस मामले को लेकर क्षोभ है। इसी तरह मुंशीगंज जिले के सिराजदिखान थाने के कुचियापाड़ा गाँव में 'बूढ़ा-बूढ़ी का मन्दिर' नामक एक ऐतिहासिक मन्दिर है। ढाका-मावया ग्रैंड रोड विकास योजना के तहत जनपथ विभाग मन्दिर की जमीन का अधिग्रहण कर रहा है। इस मामले में भी इलाके के धार्मिक अल्पसंख्यकों में गहरा क्षोभ बना हुआ है।

ढाका जिले के नवाबगंज थाने के अल्पसंख्यक हिन्दू स्थानीय थाना इलाके की अवामी लीग के सभापति अब्दुल बातेन मियाँ के अत्याचार से परेशान हैं। बातेन मियाँ ने हिन्दुओं की जमीन पर कब्जा करके एक स्कूल बनाया है और खुद गौराँग पाल नामक एक हिन्दू के मकान पर कब्जा करके रह रहे हैं। उनके डर से हिन्दू लोग देश छोड़कर भागने को बाध्य हो रहे हैं। नवाबगंज थाने के ही डिगनारा गाँव के प्रफुल्ल दास (पिता स्व. हीरालाल दास) और उनके परिवार के सदस्यों 2.6.99 को गाँव के ही रफीक मृधा, हबीब मृधा, दीन इस्लाम, मोइनुद्दीन, कासिम मृधा, सैफुद्दीन, ऐनुल बेपारी ने अपने सहयोगियों के साथ सशस्त्र हमला किया। इन आतंकवादियों ने साम्प्रदायिक उकसावा देकर प्रफुल्ल दास के परिवार समेत गाँव के अन्य अल्पसंख्यकों पर हथियारबन्द हमला करके चार लाख रुपए से भी अधिक की सम्पत्ति को हानि पहुँचाई। थाने में मामला दर्ज है। फिलहाल इन आतंकवादियों के डर से गाँव के लोग अमानवीय जीवन जी रहे हैं।

नवाबगंज थाने की धर्मनगर यूनियन के वर्धनपाड़ा के हिन्दू कोमरगंज के अब्दुल बातेन और अब्दुल वदूद के गिरोह के शिकंजे में छटपटा रहे हैं। अब्दुल बातेन गंग हिन्दुओं की जमीन-जायदाद पर कब्जा, पेड़-पौधों की कटाई, मन्दिरों की तोड़-फोड़ समेत हर तरह से हिन्दुओं को उत्पीड़ित कर रहा है जिससे वे देश छोड़ देने के लिए बाध्य हो रहे हैं। ढाका महानगर में उत्तरा थाने के माउछाइद गाँव के निवासी अतुलचन्द्र

दास (पिता मोहनबाँसी दास) की लड़की संचिता रानी दास का अपहरण गाँव के ही अबू ताहिन खान, इनामुल खान और उनके सहयोगियों ने 20.12.98 को कर लिया। इस बारे में उत्तरा थाने में मामला दर्ज कराने के बावजूद किसी को गिरफ्तार नहीं किया गया। उल्टे अपराधी अतुल चन्द्रदास को मार डालने की धमकी दे रहे हैं। ढाका महानगर के फरीदाबाद में 31, लालमोहन पोद्दार लेन के निवासी सत्यगोपाल साहा की जमीन पर इलाके के हाजी मोहम्मद अहीदुल मावला और उसके बेटे हबीबउल्ला ने गैर कानूनी ढंग से कब्जा कर लिया। 30 अक्तूबर, 1998 को हथियारबन्द आतंकवादियों का एक दल ढाका महानगर में 38, नार्थ बुक हॉल रोड से सटे श्री श्री काली माता मन्दिर पर धावा बोलकर छह तोला सोना और चालीस तोला चाँदी के आभूषण समेत चार हजार रुपए नकद लूटकर ले गया। आतंकवादियों ने हमला करके शिव मन्दिर और गणेश मन्दिर को तहस-नहस कर दिया तथा पुजारियों के परिवार के सदस्यों को मारा-पीटा।

सूचना और प्रसारण दफ्तर के उपमुख्य अधिकारी रणजीत विश्वास के लड़के अभिषेक विश्वास को 1.6.98 को ढाका से अपहरण करके बड़िशाल ले जाया गया और उसका धर्मान्तरण कर दिया गया। 10.2.84 को जन्मा अभिषेक मानसिक विकलांग और नाबालिग था। 28.10.98 को बड़िशाल के कोतवाली थानान्तर्गत काउनिया में स्थित 'मदरसा-ए-दारूल अब्दुर रब हफीजिया मदरसा' से अभिषेक को बरामद किया गया। पता चला कि इस अपहरण और धर्मान्तरण के पीछे तुहिन नामक एक व्यक्ति और उसके सहयोगी का हाथ था। ढाका जिले में ही साभार थाना इलाके की अवामी लीग शाखा के अध्यक्ष एहसान हबीब और उनके भाई यासीन ने हिन्दुओं की '72 प्रहर' नामक देवोत्तर सम्पत्ति पर जबरन कब्जा कर लिया। इन लोगों ने साभार बाजार के विशिष्ट व्यवसायी शशिदुलाल पाल की दुकान पर कब्जा करने के मकसद से दुकान में लूटपाट भी की। एहसान हबीब की गुंडागर्दी के चलते इलाके के हिन्दू डरे-सहमे हुए हैं।

ढाका के सत्रापुर में 'परित्यक्त सम्पत्ति देख-रेख परिषद' द्वारा उपलब्ध कराई गई जमीन पर '24/सी, टीपू सुल्तान रोड' के मकान की दूसरी मंजिल पर बतौर मुक्ति योद्धा बादल चक्रवर्ती (पिता निशिकान्त चक्रवर्ती) सपरिवार रहते आ रहे थे। इसी बिल्डिंग की निचली मंजिल पर सरकारी आवंटन के तहत रहनेवाले मो. तोफाज्जल हुसेन ने अपने सहयोगियों के साथ 20.5.98 को बादल चक्रवर्ती और एक अन्य मुक्तियोद्धा चैतन्य विश्वास पर हमला कर दिया। साभार थाने की ही विरूलिया यूनियन के देवल गाँव के निवासी शनिराम मजुमदार को उनके घर से बेदखल करने की कोशिश में एक आतंकवादी गिरोह लगा हुआ है। 20 अप्रैल, 1998 को पास के गाँव के रहनेवाले इनामुल कबीर, खुर्शीद आलम, बाबुल, जेनुल हक, आ. हक आदि ने शनिराम मजुमदार का अपहरण किया और इनामुल के घर ले गए। वहाँ हथियार के बल पर शनिराम से सादे कागज पर दस्तखत करवाया गया और बुरी तरह मारा-पीटा गया। इस बारे में थाने में मामला भी दायर किया गया। लेकिन आतंकवादी शनिराम और उसके परिवार को

देश छोड़कर न जाने पर मार डालने की धमकी दे रहे हैं। उधर महानगर के डेमरा थानान्तर्गत बाउल बाजार के श्री श्री सुधाराम बाउल आश्रम के मन्दिर से 20 अप्रैल, 1998 को काले पत्थर से बनी काली प्रतिमा की चोरी हो गई। इसके पहले 23.3.98 को रात में कुर्मी टोला में सिविल एवियेशन की हिन्दू कॉलोनीवाले इलाके में अवस्थित श्री श्री सार्वजनीन दुर्गा मन्दिर की प्रतिमा को तोड़ दिया गया। ढाका महानगर में मीरपुर थाने के एक नम्बर सेक्शन के तहत फलवाला पाड़ा के मिठाई के कारखाने में पेशेवर बदमाशों ने शनिवार, 14.3.98 की शाम दो-दो बार हमले किए। टीटो नामक एक बादशाह की अगुवाई में रोज की तरह इस दिन भी बिना पैसे दिए मिठाई लेते समय दुकान के कर्मचारियों से वाद-विवाद हुआ। इसके बाद बदमाशों ने 'मरणचाँद मिष्ठान भंडार' के मालिक रमेन घोष समेत पाँच लोगों को घायल कर दिया और उनकी गाड़ी की तोड़-फोड़ की। प्रेमानन्द चक्रवर्ती, ढाका सिटी कॉरपोरेशन के तहत नवाबपुर में '26, महाजनपुर लेन' के मकान में लम्बे समय से रहते आ रहे थे। 1973 से ही इस मकान में शीतला और काली मन्दिर प्रतिष्ठित है। इस मन्दिर की स्थापना स्व. लक्ष्मण साधु ने की थी। अब इधर एक निहित स्वार्थी व्यक्ति इस सम्पत्ति पर कब्जा करने के लिए फर्जी मालिक बनकर मकान में लूटपाट चला रहा है। उसने मन्दिर में तोड़-फोड़ भी की। यह षड्यन्त्रकारी अपने लोगों के जरिए आस-पास रहनेवाले अल्पसंख्यकों को उत्पीड़ित करने के साथ ही उन्हें जान से मारने की धमकी दे रहा है।

ढाका महानगर में ही मुहम्मदपुर थानान्तर्गत 64 नम्बर बाँसबड़ी के निवासी और बाँग्लादेश सरकार के सेवानिवृत्त सीनियर सहायक सचिव सरोजकान्ति सरकार की आदाबचक और रामचन्द्रपुर मौजे की लगभग 2.25 एकड़ जमीन हड़पने की कोशिश में निहित स्वार्थी तत्त्वों का एक गिरोह लगा हुआ है। इन बदमाशों ने 1.3.98 को मोहम्मदी हाउसिंग के षड्यन्त्रकारियों के सहयोग से आदाबचक मौजे की 4 नम्बर दाग की 0.28 एकड़ और रामचन्द्रपुर मौजे की 628 नम्बर दाग की 1.25 एकड़, 630 एवं 631 नम्बर दाग की 0.72 एकड़ जमीन पर गैरकानूनी कब्जा करके रास्ता बनाने की कोशिश की। उनके इस काम में रुकावट डालने पर सरोजकान्ति सरकार पर हमला करके उन्हें गम्भीर रूप से घायल कर दिया गया। इस बारे में मुहम्मदपुर थाने में 1.3.98 को एक मामला (नं. 3-3/98) दायर किया गया। हमलावर अब सरोजकान्ति पर मामला वापस लेने का दबाव डाल रहे हैं और उन्हें देश छोड़ देने अन्यथा मार डालने की धमकी दे रहे हैं।

चट्टग्राम जिले में पाथरघाटा के मनोहरखाली की मछुआरा बस्ती में सैकड़ों वर्षों से अल्पसंख्यक समुदाय के लोग अमन-चैन से रहते आ रहे थे। पुश्तैनी तौर पर नदी और समुद्र से मछलियाँ पकड़कर उन्हें बेचने के कारोबार से उनकी आजीविका चलती रही है। 24.11.99 को कोतवाली थानान्तर्गत पाथरघाटा इलाके की इकबाल रोड के फिशरीघाट के निवासी मोहम्मद दिलावर हुसेन और उनके सहयोगियों ने साम्प्रदायिक माहौल बनाकर मछुआरों का जीवन मुश्किल में डाल दिया है। इन लोगों ने बड़े पैमाने

पर मछुआरा बस्ती पर हमला भी किया। इस साम्प्रदायिक हमले में मछुआरा बस्ती के गंगाचरण जलदास मारे गए और ग्यारह लोग घायल हो गए। गुंडों की आगजनी में दो दुकानें जलकर राख हो गईं। इलाके के धार्मिक अल्पसंख्यक मछुआरों के परिवार, घोर असुरक्षा के बीच दिन काट रहे हैं। इसी तरह 7 नवम्बर, 1999 को चट्टग्राम महानगर में कालीपूजा आयोजन स्थल पर हमला किया गया। बदमाशों ने 1-नम्बर रेल गेट के पास मुरादपुर, गोवालपाड़ा दुर्गा मन्दिर, हरिखोला मैदान और चाँदगाँव में दीवानजी के घर के पूजा-मंडप पर हमले किए और तोड़-फोड़ की। स्थानीय प्रशासन को इसकी रिपोर्ट दी गई। राउजान उपजिले की बागवान यूनियन के पश्चिम गश्चीगाँव के हिन्दू 26 वर्षों से जिस देवोत्तर सम्पत्तिवाली जगह पर होली पूर्णिमा के दिन होलिका उत्सव मनाते आ रहे हैं, उस पर करीब सात साल से नोवापाड़ा यूनियन के मरहूम सईदुल हक के लड़के युसूफ अली भुइंया फर्जी वसीयत के जरिए कब्जा करने की कोशिश कर रहे हैं। वे स्थानीय नेताओं के विरुद्ध झूठे मुकदमे दायर करके उन्हें परेशान कर रहे हैं। 7 मार्च, 1999 को हिन्दुओं को होली का उत्सव नहीं मनाने दिया गया। चट्टग्राम जिले में सातकानिया थाने के आपजनगर गाँव के उमेशचन्द्र दास (पिता. स्व. सतीशचन्द्र दास) के मकान आदि पर इसी थाना क्षेत्र के छदाहा, फजुरपाड़ा के समरूक भानु, जमाल पाशा, शाहजहाँ, सुलतान गंग आदि ने कब्जा कर लिया। घर-बार खोकर उमेश अब दर-दर भटक रहे हैं। बदमाशों के छुरे से घायल होकर राउजान इलाके के ब्रह्मपाड़ा गाँव के किसान अजित कुमार चक्रवर्ती 'अपू' ने 24.7.99 को अस्पताल में दम तोड़ दिया। इस बारे में थाने में मामला दायर होने पर भी पुलिस की लापरवाही के कारण कुछ नहीं हुआ। फिलहाल बदमाशों के डर से कलमपुर हाईस्कूल के प्रधान शिक्षक और मुक्तियोद्धा किवरण लाल आचार्य समेत पन्द्रह अल्पसंख्यकों के परिवार घर छोड़कर भागते फिर रहे हैं। चट्टग्राम जिले के ही पटिया थाने के गैड़ला गाँव के पद्मपुनी नामक प्रसिद्ध तालाब के पूर्वी घाट के पास रहनेवाले अल्पसंख्यक सम्प्रदाय के लोगों को उनके मकानों से खदेड़ने के लिए गाँव के ही मो. नूरूल इस्लाम, सलीमउद्दीन आलमगीर, यूनुस मियाँ, जसीमउद्दीन, सलीमउद्दीन, अब्दुस्सलाम और उनके सहयोगियों द्वारा अत्याचार किया जा रहा है और उन्हें देश छोड़ने के लिए बाध्य किया जा रहा है। चट्टग्राम जिले के बोआलखाली थाने के घोरला गाँव के स्व. परिमल चक्रवर्ती की पत्नी शोभा चक्रवर्ती एक असहाय विधवा है। लम्बे समय से दबंग लोगों का एक वर्ग शोभारानी चक्रवर्ती की सम्पत्ति पर कब्जा करने की कोशिश कर रहा है। 4.8.99 को इलाके के मो. मुंशी मियाँ (पिता स्व. रहमत अली), अब्दुल खालिक (पिता मुंशी मियाँ) बाँचा, नजरूल इस्लाम, कमाल गंग आदि ने शोभा रानी चक्रवर्ती के मकान पर हमला करके घर एवं मूर्ति आदि की तोड़-फोड़ की। इस बात को लेकर थाने में मामला दायर करने के कारण 1.5.99 को शोभा रानी के घर पर दुबारा हमला किया गया और घर की महिलाओं को मारा-पीटा गया। इलाके के अल्पसंख्यकों की ओर से इस अत्याचार और उत्पीड़न के विरुद्ध जिला प्रशासक और पुलिस सुपर को ज्ञापन दिया गया। पर

इसके बावजूद कोई कार्रवाई नहीं की गई। इसी जिले के राउजान थानान्तर्गत डाबुआ गाँव में कैलाशेखर शिव और सिद्धेश्वर शिव के मन्दिर की सम्पत्ति को गैरकानूनी ढंग से बेचने और उस पर कब्जा करने के लिए एक निहित स्वार्थी वर्ग लगा हुआ है। वे लोग जमीन की जाली वसीयत बना रहे हैं और पुजारियों को वहाँ से भगाने के लिए उन पर अत्याचार कर रहे हैं।

चट्‌टग्राम जिले के मीरसराय थाने की 8 नम्बर दुर्गापुर यूनियन के शिकारपुर गाँव के कमालउद्‌दीन (पिता ओबेदुल हक) और नूरूल आबशार गंग गाँव के अल्पसंख्यक हिन्दुओं पर जुल्म अत्याचार करके उनको देश छोड़ने के लिए मजबूर कर रहे हैं। बदमाशों ने 21.10.98 को विभिन्न स्थानों पर हमले करके रूपन दे सहित करीब 20 अल्पसंख्गकों को घायल कर दिया। इस बात की जानकारी देते हुए थाने में रपट लिखाने के बावजूद कमालउद्‌दीन को गिरफ्तार नहीं किया गया। अक्तूबर, 1998 के शारदीया दुर्गोत्सव के अन्तिम दिन, चट्‌टग्राम महानगरी की 'पूजा आयोजन परिषद' के विजयादशमी जुलूस पर सशस्त्र हमला करके बदमाशों ने सैकड़ों लोगों को घायल किया। हमले में गम्भीर रूप से घायल खोकन शील (15 वर्ष) ने दूसरे दिन अस्पताल में दम तोड़ दिया। प्रतिमा-विसर्जन के लिए चट्‌टग्राम के पतेंगा समुद्र तट पर जाते समय आग्राबाद चौमुहानी, सिमेंट क्रासिंग आदि रास्ते की विभिन्न जगहों पर पूर्व नियोजित ढंग से घात लगाए बैठे हमलावरों ने बिना वजह आग्नेयास्त्र, बम, ईंट-पत्थर आदि से जुलूस पर आक्रमण कर दिया। मूर्तियाँ ले जा रहे 20 ट्रकों में हमलावरों ने तोड़-फोड़ की। चट्‌टग्राम जिले के सातकानिया थाना क्षेत्र के नलुवा गाँव में श्री श्री रक्षाकाली का एक प्रसिद्ध मन्दिर है। 16.2.98 को इलाके के कुख्यात गुंडों और समाज विरोधियों ने मन्दिर की सम्पत्ति की लूटपाट की और मूर्तियों को तोड़ डाला। चट्‌टग्राम जिले के पटिया थाने के कालियाइस गाँव में स्थापित शिवलिंग को 14.2.98 को बदमाश उठा ले गए। 16.2.98 को रात के नौ बजे अमीराबाद बाजार से घर लौटते वक्त चट्‌टग्राम जिले के लोहापाड़ा थाने के अमीराबाद जनकल्याण समिति हाईस्कूल के प्रधानाचार्य और जाने-माने समाजसेवी मास्टर हृदयरंजन धर को गोलियों से भून दिया गया। पिछले यूनियन परिषद के चुनाव में चेयरमैन पद के पराजित उम्मीदवार के समर्थकों ने अमिराबाद वणिकपाड़ा में जाकर व्यापक लूटपाट, स्त्रियों पर अत्याचार और घरों की तोड़-फोड़ करके एक भयानक माहौल बनाया। उस वक्त इस गुंडागर्दी के विरुद्ध थाने में मामला दायर किया गया। इसके बाद से ही दृश्यरंजन घर समेत इलाके के अल्पसंख्यकों को जान से मार डालने की धमकी दी जा रही थी। चट्‌टग्राम के विशिष्ट स्वर्ण व्यवसायी नरेश चौधुरी की हाल में हत्या कर दी गई। आतंकवादियों द्वारा लम्बे समय से चट्‌टग्राम के अल्पसंख्यक व्यवसायियों पर अत्याचार किया जा रहा है। इसी क्रम में स्वर्ण व्यवसायी नरेश चौधुरी की हत्या की गई।

हिन्दुओं के परम्परागत रथयात्रा उत्सव के जुलूस पर कट्‌टरपन्थियों के खुले हमले से अल्पसंख्यक समुदाय में तीव्र असन्तोष पैदा हुआ। हर वर्ष की तरह 14.7.99 को

खागड़ाछड़ी जगन्नाथ मन्दिर समिति की अगुवाई में रथयात्रा उत्सव मनाया जाता है। यह मन्दिर खागड़ाछड़ी शहर का प्राण केन्द्र है। रथयात्रा के बाद उत्साही हिन्दू युवकों द्वारा आनन्द जुलूस के माध्यम से अपने-अपने इलाके की परिक्रमा करते समय शहर के शापला इलाके के दक्षिणी छोर पर शहीद कादिर सड़क के किनारे घात लगाए बैठे कट्टरपन्थियों के एक उपद्रवी गुट ने बिजली के बल्ब, कोक की बोतलें, ईंट-पत्थर आदि फेंककर बबलू दे, नारायण और पिंटू को घायल कर दिया। इस हमले से तुरन्त शहर में आतंक की लहर दौड़ गई।

24.1.2000 को पावना जिले में फरीदपुर थाना क्षेत्र के बनवारीनगर बाजार के केन्द्रीय मन्दिर से शिवमूर्ति और शिवलिंग लूट लिया गया। मन्दिर कमेटी के अध्यक्ष विमलेश कुंडू ने इस बारे में थाने में मामला दायर किया है। विभूति भूषण सरकार (पिता स्व. ब्रजेन्द्रनाथ सरकार, गाँव दागुरिया, थाना ईश्वरदी) की जमीन पर अब्दुल सत्तार खान, शहादत खान, सादिर व्यापारी, सिराज व्यापारी, सईदुर हुसेन, फुरकान अली, अबू सूफियान, मंसूर भली गंग आदि ने कब्जा कर लिया है। पावना शहर के गोपालचन्द्र इंस्टीट्यूशन (जी.सी.आई.) का पारम्परिक काली मन्दिर सौ साल पुराना है। इस मन्दिर में शुरू से ही पूजा-अर्चना होती चली आ रही है। लेकिन इस इलाके का एक निहित स्वार्थी वर्ग योजनाबद्ध ढंग से इसे चिह्नित करके इस पर कब्जा जमाने के निन्दनीय काम में जुटा हुआ है। पावना जिले में आठघरिया थाने के गरूरी गाँव के अमरेन्द्र नाथ साहा (पिता कालीकिंकर साहा) की जमीन पर गैर कानूनी ढंग से कब्जा करके एडवोकेट सनोबर हुसेन (पिता स्व. अजहर अली) कुंडली मारकर बैठ गए हैं। इस मामले में पावना जिला प्रशासक को बताने के बावजूद जरूरी कदम नहीं उठाया गया। पावना जिले के फरीदपुर थानान्तर्गत बड़ा गोलकाटा गाँव के सुनील कुमार सरकार की जमीन गैरकानूनी ढंग से कब्जा करके उन्हें घर से निकालने के लिए गाँव का ही एक दबंग आदमी यूनिस अली गंग उत्पीड़ित कर रहा है। जाली दस्तावेज बनाकर यूनिस अली जमीन रजिस्ट्री कर देने के लिए सुनील को जान से मार डालने की धमकी दे रहा है। पावना जिले में ही चाटमोहन थाना इलाके के हांडियाल गाँव में 16 जून को एक स्थानीय गरीब आदमी सोटाका चूर्णकार के तेरह वर्षीय लड़के तपन चूर्णकार को स्थानीय प्रभावशाली वर्ग के हाथों मरवा दिया गया। इस खून के मामले को दूसरा रूप देने के लिए पुलिस प्रशासन ने घटना को तोड़-मरोड़कर दूसरी ही रिपोर्ट बनाई है। परिणामस्वरूप इस यूनियन इलाके के हिन्दू स्वाभाविक रूप से असुरक्षा के डर से सिमटे हुए हैं। पावना जिले के ईश्वरदी थानान्तर्गत मूलाडुली गाँव के पूर्वपाड़ा निवासी सनत कुमार सरकार ने वादी बनकर अपने घर में इकट्ठा हुए डकैती के अभियुक्तों अबू बकर, ताजिम उद्दीन, बबलू, मोइनुल, आलम बच्चू, मोहइनुल (2), कादिर खाँ आदि के विरुद्ध थाने में जी.डी. की। इसके बाद अबू बकर सिद्दकी और ताजिम पकड़े गए। अभी ये जेल में हैं। दोनों अपराधी देश की विभिन्न जगहों पर हुई डकैतियों और हत्या आदि की वारदात से जुड़े हुए थे। पावना जिले के फरीदपुर थानान्तर्गत शम्भुनाथ मन्दिर को लक्ष्य बनाकर एक

षड्यन्त्रकारी वर्ग काफी दिनों से मन्दिर पर कब्जा करने और उसे हानि पहुँचाने की कोशिश में लगा है। इससे मन्दिर की देख-रेख और पूजा-अर्चना के काम में काफी मुश्किल हो रही है। ईश्वरदी थाने की मूराडुली यूनियन के भूलाडुली गाँव के निवासी सचिनचन्द्र पाल की सम्पत्ति पर अवैध रूप से कब्जा करने के लिए इसी यूनियन के गोआलबाखान गाँव का युनूस अली (पिता स्व. रहमत अली सरदार) उन पर अत्याचार कर रहा है। 1.5.98 को यूनुस अली गंग ने बदमाशों की मदद से सचिन के घर पर हमला किया और घर में आग लगाकर उन्हें जान से मार डालने की धमकी दी। इस बारे में ईश्वरदी थाने में मामला दायर किया गया है। उपद्रवियों के डर से पावना में शांखारीपाड़ा के काचारपुर गाँव के गौरचाँद विश्वास भागते फिर रहे हैं। गंगारामपुर बाजार में गौरचाँद विश्वास एक सैलून बनाकर बिजनेस करते रहे। लेकिन इलाके का प्रभावशाली व्यक्ति मोहम्मद इस्माइल गंग सैलून को तोड़कर वह जगह हथियाने की कोशिश कर रहा है। उसके लोग गौरचाँद विश्वास को जान से मार डालने की धमकी दे रहे हैं। प्रशासन को इस मामले की जानकारी देने के बावजूद कोई फायदा नहीं हुआ। उपद्रवियों के अत्याचार, उत्पीड़न के कारण सान्थिया थाने के दयारामपुर गाँव के निवासी ग्यारह हिन्दू परिवारों ने घर-बार छोड़कर दूसरी जगह शरण ले रखी है। 15 अप्रैल को रतनपुर और हरिपुर गाँव के मिजान, यूनुस और शाहजहाँ की अगुआई में 15/16 लोगों के एक हथियारबन्द गिरोह ने दयारामपुर गाँव में कालीपद दास के घर पर हमला किया। वे लोग हथियार के बल पर कालीपद दास की तेरह वर्षीय लड़की डाली रानी को अपहृत करके ले गए। गाँव के लोगों ने उनका पीछा करके मिजान, यूनुस और शाहजहाँ को धर दबोचा और उनको पुलिस के हाथों सौंप दिया। लेकिन पुलिस की रहस्यमय भूमिका के कारण अपराधी छूट गए और दुबारा गाँववालों पर उन्होंने हमला किया। बदमाशों के डर से दयारामपुर गाँव के ग्यारह अल्पसंख्यक परिवार फिलहाल पड़ोस के डुरबाड़िया गाँव में पनाह लेकर अमानवीय जीवन जी रहे हैं। जिले के सूजानगर थाने के तहत सूजानगर-घोषपाड़ा की निभारानी घोष (पति बुद्धीश्वर घोष) की एच.एस.सी की परीक्षार्थी पुत्री जयन्तीरानी घोष का 4.4.98 को अपहरण कर लिया गया। सूजानगर थाना क्षेत्र की छात्र लीग शाखा के महासचिव तफाज्जुल हुसेन तोफा, सूजानगर गाँव के मुखबिर अब्दुर रज्जाक, बबलू, अबुल कलाम, साजन गंग आदि ने जयन्ती का अपहरण किया। इस बारे में थाने में मामला दायर करने के बावजूद न तो जयन्ती बरामद हुई और न ही किसी को गिरफ्तार किया गया। पावना जिले के हिमायतपुर सत्संग आश्रम में श्री श्री ठाकुर अनुकूल चन्द्र के तीन दिवसीय आर्विभाव उत्सव के अन्तिम दिन 14.3.98, शनिवार की रात को सातक्षीरा जिले के श्यामनगर थाना क्षेत्र के बादूघाटा गाँव से आए श्री श्री ठाकुर के भक्त परितोष मंडल की पत्नी सुप्रिया मंडल (33 वर्ष) को कुछ गुंडों ने एसिड बम मारकर घायल कर दिया। इस घटना के उत्सव में आए हजारों भक्तों और शिष्यों के बीच आतंक की लहर दौड़ गई।

पटुआखाली जिले के बाउफल थाने की शहरी यूनियन के अलीपुरा हाटखोला में

एक ऐतिहासिक प्राचीन शीतला मन्दिर था। बरसों से हजारों भक्त वहाँ पूजा-अर्चना करते चले आ रहे थे। 26.10.99 को दिन के ग्यारह बजे बाउफल यूनियन परिषद के चेयरमैन इनामुल हक मामून ने अपने दल-बल के साथ पहुँचकर ड्यूटी पर तैनात अफसर के सामने ही मन्दिर को तोड़वा दिया। वहाँ स्कूल बनाया गया। इस मामले में मन्दिर के नेपालचन्द्र सिकदर और उनके मित्र आदित्य को सुलह कराने के बहाने बुलाकर इनामुल हक मामून ने उनको 31 अक्तूबर से एक नवम्बर तक रोके रखा और इस बीच अवैध रूप से निर्माण कार्य पूरा करा लिया। इसके पहले 8.12.98 को इनामुल हक मामून ने कृष्णरंजन दास के घर पर हमला किया था। उनके घर के सदस्यों पर अत्याचार करने के साथ ही लूटपाट की गई थी और फिर घर में आग लगा दी गई थी। यह हमला भी उल्लिखित स्कूल के मकसद से ही हुआ था। थाने में इसकी लिखित रिपोर्ट भी की गई थी। लेकिन कोई कार्रवाई नहीं हुई। इलाके के लोगों का मानना है कि उमेशचन्द्र हवलदार की भी हत्या उनके व्यावसायिक साझेदार ने उनके लगाए सारे रुपए-पैसे हड़पने के लिए बड़े योजनाबद्ध ढंग से कर दी। थाने में इस बारे में मामला दायर किया गया लेकिन कोई कार्रवाई नहीं की गई। 8 दिसम्बर, 1999 को बाउफल यूनियन के चेयरमैन इनामुल हक मामूल की अगुवाई में उपद्रवियों के एक गिरोह ने आलपुर गाँव में जगदीशचन्द्र दास की जमीन पर अवैध रूप से कब्जा करने के मकसद से उनके घर पर धावा बोला। हमलावरों ने घर के सदस्यों चित्तरंजन, सुखरंजन, भवरंजन, कृष्ण रंजन समेत तेरह लोगों को गम्भीर रूप से घायल कर दिया और उनके दो मकानों में आग लगा दी। थाने में इस वारदात की शिकायत दर्ज कराने पर उपद्रवियों ने जगदीश दास के नाम झूठा मुकदमा कर दिया। पटुआखली जिले में कलापाड़ा थाने के धानखाली गाँव के हिन्दू आतंकवादी अफजल के गिरोह के अत्याचार-उत्पीड़न से परेशान हैं। अफजल गिरोह के खिलाफ असंख्य शिकायतें और मामले रहने के बावजूद स्थानीय संसद का रिश्तेदार होने के कारण प्रशासन उसके विरुद्ध कोई कार्रवाई नहीं कर रहा है। उल्टे कलापाड़ा थाने के प्रभारी ने अपराधी को निर्दोष प्रमाणित करने के लिए गढ़ा हुआ एक ज्ञापन दाखिल किया है। इलाके के लोगों द्वारा अफजल को कड़ी-से-कड़ी सजा देने की माँग करने के बावजूद प्रशासन की भूमिका रहस्यमय बनी हुई है। जिले के मुख्य थाने के छोटबिघाई गाँव के एक सरकार अफसर राधेश्याम दास की सम्पत्ति पर अवैध रूप से कब्जा करने के लिए कालिकापुर टाउन के एडवोकेट नूरुज्जमाँ मृधा और छोट बिघाई यूनियन के चेयरमैन मौलाना मोहिउद्दीन सिकदर दास पर अत्याचार कर रहे हैं। झूठे मुकदमे दायर करके नूरूज्जमाँ और मोहिउद्दीन सिकदर इलाके के अल्पसंख्यकों को उत्पीड़ित करके देश छोड़कर चले जाने को मजबूर कर रहे हैं और उनके घरों पर कब्जा कर ले रहे हैं। पटुआखाली जिले में कलापाड़ा थाने के तहत पाँचजुनिया गाँव के चौदह अल्पसंख्यक परिवार स्थानीय कुख्यात आतंकवादी अफजल के गिरोह के अत्याचार से बेघर होकर भागते फिर रहे हैं। अफजल गिरोह ने 8 अप्रैल, 1998 को दिन दहाड़े उस गाँव के कमलकृष्ण और उनके बहनोई रमेश का

घर जला दिया। अफजल का गिरोह अवैध रूप से अल्पसंख्यकों की सम्पत्ति पर कब्जा, बलात्कार, हत्या, चन्दा वसूली के लिए जुल्म आदि तरह-तरह के अपराधों में संलग्न है।

फिलहाल इलाके के अल्पसंख्यक घोर असुरक्षा में दिन काट रहे हैं। पटुआखाली शहर के दो नम्बर वॉर्ड के तहत मुंसफपाड़ा के कालूचरण शील और कान्त शील के मकान पर एस.एम. यूसुफ अली और ए.टी.एम. वायदुल्लाह ने गैरकानूनी ढंग से कब्जा कर लिया है। इस बारे में जिला अदालत में मुकदमा किया गया है।

कारण : तीन

शत्रु (अर्पित) सम्पत्ति कानून

सन् 1965 के 6 सितम्बर को भारत-पाकिस्तान युद्ध शुरू होने पर उसी दिन से पाकिस्तान सरकार ने 'शत्रु सम्पत्ति कानून' जारी किया। कानून विशेषज्ञों का मानना है कि सन् 1914 के प्रथम विश्व युद्ध की पृष्ठभूमि में जर्मन मिशन के तहत सम्पत्ति की निगरानी और संरक्षण योजना में ब्रिटिश सरकार ने 1916 में जो The Enemy Mission Act : The Enemy Trading Act बनाया था और जिसके अन्तर्गत Defence of India Rules की व्यवस्था थी, उसी को आधार बनाकर तत्कालीन पाकिस्तान सरकार ने 'शत्रु सम्पत्ति कानून' बनाया। विशेष अधिकार कानून : 1974 (The Special Power Act 1974) अथवा आतंक विरोधी कानून : 1992 (Anti Terrorism Act 1992) को काला कानून अथवा उत्पीड़न के कानून के रूप में देखा गया। तो फिर 1965 के शत्रु सम्पत्ति कानून को क्या कहेंगे ? निःसन्देह अमानवीय कानून, काला कानून।

पाक-भारत युद्ध 17 दिनों तक चला था। युद्ध शुरू होने के दिन यानी 6 सितम्बर, 1965 को पाकिस्तान इस्लामिक प्रजातन्त्र के 1962 के संविधान के 'पहले' और 'दूसरे' अनुच्छेद में निर्देशित अधिकार का प्रयोग करते हुए तत्कालीन राष्ट्रपति ने पूरे देश में इमर्जेंसी लागू किया था। इसके साथ ही उन्होंने पाकिस्तान रक्षा अध्यादेश : 1965 Defence of Pakistan Ordinance (Ordinance No 23 : 1965) जारी किया जिसके आधार पर पाकिस्तान सुरक्षा विधियाँ कानून : 1965 (Defence fo Pakistan Rules : 1965) लागू हुआ। इस रक्षा विधि की 161 नम्बर धारा में 'शत्रु' और 169 नम्बर धारा में 'शत्रु सम्पत्ति' को परिभाषित किया गया है। जिन लोगों ने पाकिस्तान के विरुद्ध युद्ध में प्रत्यक्ष या परोक्ष रूप से भाग लिया था या शत्रु देश में रह रहे थे अथवा वहाँ की नागरिकता ले ली थी, उन्हें 'शत्रु' कहा गया और ऐसे शत्रुओं की स्थायी-अस्थायी सम्पत्ति या शत्रुओं के स्वामित्व अथवा उनकी देख-रेख में जो सम्पत्ति थी या है, उस सारी सम्पत्ति को 'शत्रु सम्पत्ति' की संज्ञा दी गई। इस रक्षा विधि की 182 नम्बर धारा के अनुसार पूरे पाकिस्तान के लिए एक कस्टोडियन (Custodian) प्रादेशिक सरकार के अधीन एक उपकस्टोडियन (Deputy Custodian) और प्रत्येक जिले में एक-एक सहायक कस्टोडियन (Assistant Custodian) नियुक्त करने का उल्लेख है।

इस कानून की आड़ में अनगिनत हिन्दुओं की सम्पत्ति को शत्रु सम्पत्ति में रूपान्तरित कर दिया गया। इस प्रसंग में "28 डी.एल.आर. (1976)" से एक उदाहरण दिया जा सकता है। नरेशचन्द्र नन्दी बनाम ढाका जिला प्रशासक और अन्य के मामले का विवरण देते हुए इसमें पृष्ठ 437 पर कहा गया है—Before an enemy property is declared to be in unlawful possession of a Person, the latter must be served with notice to the effect that he is in unlawful possession of the property in question and ask him to show cause why he should not be ejected and upon hearing him, if he appears, the order of ejecting him is to be passed without such notice the order passed against him not be a valid order.

शत्रु सम्पत्ति की सूची बनाने के पहले सूचना जारी करने का नियम रहने के बावजूद अधिकतर मामलों में किसी प्रकार की सूचना जारी नहीं की जाती। किसी-किसी मामले में सूचना जारी होने पर भी कर्मचारियों की साजिश से वह सम्बन्धित व्यक्ति तक नहीं पहुँच पाती और दफ्तर से ही गायब हो जाती है।

ताशकन्द-समझौते के जरिए सत्रह दिनों बाद भारत-पाकिस्तान युद्ध के खत्म होने की घोषणा के बावजूद 'शत्रु सम्पत्ति कानून' बहाल रखा गया। सन् 1969 में पाकिस्तान रक्षा अध्यादेश और रक्षा विधि समूह को वापस ले लिया गया। लेकिन The Enemy Property Continuance of Emergency-Provision Ordinance 1969 (Ordinance no. 1 1969) नामक एक नया अध्यादेश जारी करके शत्रु सम्पत्ति कानून को बहाल रखा गया।

बाँग्लादेश की स्वतन्त्रता के बाद 26.3.1972 को, (Bangladesh vesting of Property and Assets order (29) 1972 नामक एक आदेश जारी किया गया। इस आदेश के जरिए पाकिस्तानियों की परित्यक्त सम्पत्ति के साथ 'शत्रु सम्पत्ति' को भी सरकार के अधीन ले लिया गया। बाँग्लादेश सरकार के इस आदेश के परिणामस्वरूप सन् 1969 की पाकिस्तान सरकार के 1-नम्बर अध्यादेश को भी उसी रूप में बहाल रखा गया। पाकिस्तानी जमाने की 'शत्रु सम्पत्ति; को बाँग्लादेश बन जाने के बाद महज 'अर्पित सम्पत्ति' के सम्बोधन से नामांकित किया गया। 'शत्रु सम्पत्ति' विषयक सभी तरह के कानून यथावत प्रभावी रह गए।

बाँग्लादेश के संविधान के तृतीय भाग में मौलिक अधिकार सम्बन्धी नियमावली के 26 वें आर्टिकल में "मौलिक अधिकार सहित असामंजस्यपूर्ण कानून खारिज", 27 वें नम्बर आर्टिकल में 'कानून की नजर में समता' और 28 वें नम्बर आर्टीकल में 'धर्म आदि के आधार पर वैषम्य न करने' सम्बन्धी नियमों के रहने के बाद भी अब तक 12 संशोधन किए जा चुके हैं। इसके बावजूद 'शत्रु सम्पत्ति' या 'अर्पित सम्पत्ति' कानून

को कायम रखा गया है। ऐसी स्थिति में इस देश के प्रबुद्ध नागरिकों के मन में सहज ही सवाल उठता है कि क्या यह कानून हिन्दुओं की सम्पत्ति पर कब्जा करने और हिन्दुओं को देश से खदेड़ने के लिए प्रभावी रखा गया है ? क्योंकि देश के संविधान के उक्त आर्टिकलों के कार्यकारी रहते हुए शत्रु सम्पत्ति या अर्पित सम्पत्ति कानून को बहाल रखने का अर्थ है—एक असवैधानिक कानून को बनाए रखना। संविधान की परिपूर्णता के लिए और यदि उसके प्रति सम्मान का भाव हो तो इस काले कानून को एक पल के लिए भी प्रभावी नहीं रहना चाहिए।

सन् 1974 में बंगबन्धु शेख मुजीबुर रहमान की सरकार ने The Enemy Property [Continuance of Emergency Provision (Repeal) Act और Act XLV of 1974 तथा The Vested and Resident Property (Administration) Act XLVI of 1974 नाम अर्पित सम्पत्ति के बारे में दो कानूनों का प्रवर्तन किया था। 1974 के Act XLVI खारिज तथा वापस लेने सम्बन्धी कानून बनने के बावजूद तत्कालीन सरकार में इच्छा-शक्ति का अभाव होने के कारण वह लागू नहीं हो पाया। लेकिन 1974 के Act XLVI में समस्त 'शत्रु सम्पत्ति' सरकार को 'समर्पित' होती है और यह सम्पत्ति 'शत्रु सम्पत्ति' के रूप में परिचित न होकर 'अर्पित सम्पत्ति' के रूप में जानी जाने लगी। इसी के साथ यह कानून 23.4.74 में अतीत की क्षमता सहित संसदीय कानून में तब्दील हुआ। इसी कानून का सूत्र पकड़कर 27.11.1996 को तत्कालीन सरकार ने The vested and Non-Resident Property (Administration) (Repeal) Ordinance 1976, 1976 का Ordinance no 92. जारी किया। इस अध्यादेश के जरिए 1974 के Act XLVI में संशोधन किया गया। इस अध्यादेश के जरिए अर्पित सम्पत्ति के संचालन, नियन्त्रण और हस्तान्तरण का अधिकार सरकार ने अपने हाथ में ले लिया और इस तरह सन् 1976 के संशोधन के जरिए हिन्दू परिवारिक उत्तराधिकार कानून का गला घोंट दिया गया क्योंकि इस संशोधन के जरिए सरकार ने 'अर्पित सम्पत्ति' को खुद की सम्पत्ति की तरह इस्तेमाल करने की ताकत हासिल कर ली। परिणामस्वरूप स्थानीय प्रभावशाली वर्ग के बल पर हिन्दुओं की सम्पत्ति पर कब्जा करने में और अधिक सुविधा हो गई। साथ ही हिन्दू समुदाय पर अत्याचार-उत्पीड़न में भी बढ़ोत्तरी हुई। 93 वें नम्बर का यह अध्योदश जारी होने के बाद 23.5.1977 को सरकार के भूमि प्रशासन और भूमि सुधार विभाग ने 1/क–11/77/1/56 आर.एल. के जरिए एक अधिसूचना जारी की। विज्ञप्ति के माध्यम से प्रकाशित इस अधिसूचना के 37 वें और 38 वें अनुच्छेद में अपने-अपने इलाके की गैर सूचीबद्ध शत्रु (अर्पित) सम्पत्ति ढूँढ़ निकालने के लिए एडीसी (राजस्व) से लेकर तहसीलदार स्तर तक के अधिकारियों और कर्मचारियों को पुरस्कृत करने की घोषणा की गई। पुरस्कार पाने के लिए इन सरकारी कर्मचारियों में शुरू हो गई अवैध प्रतियोगिता। नतीजा यह हुआ कि हिन्दू समुदाय पर और अधिक परेशानी, दुर्भोग और दुर्दशा का पहाड़ टूट पड़ा। उत्पीड़ित हिन्दू समुदाय ने सन् 1980 में 'अर्पित हिन्दू सम्पत्ति प्रतिरोध परिषद' का गठन किया। सीमित

संख्यावाला होने के बावजूद यह संगठन अपना अभियान जारी रखे हुए है।

31.7.84 को शिल्पकला अकादमी में हिन्दू समुदाय के प्रतिनिधियों के सम्मेलन में उस समय के राष्ट्रपति एरशाद ने एलान किया कि अब से और किसी सम्पत्ति को 'अर्पित सम्पत्ति' घोषित नहीं किया जाएगा। 18 जुलाई, 1989 को एरशाद ने अपनी घोषणा की पुनरावृत्ति मन्त्री सभा में भी की। लेकिन उनकी यह घोषणा पूरी तरह वास्तविक रूप में साकार नहीं हुई। इसकी असंख्य नजीरें देखने को मिलेंगी। बेईमान सरकारी कर्मचारियों और अफसरों ने एरशाद की घोषणा के पहले की तारीखें देकर शत्रु (अर्पित) सम्पत्ति दिखाई है और कुछ दिनों बाद पहले के नियम का हवाला देकर सम्पत्तियों पर कब्जा करते रहे हैं। इस काले कानून के दायरे में तहसीलदार से लेकर उच्च पदों पर आसीन अफसर तक पूरे देश में किस हद तक अन्याय, अत्याचार एवं स्वेच्छाचार अपना सकते हैं, "31 डी.एल.आर. (1976)" के पृष्ठ 343 में उल्लिखित बकुलरानी सेनगुप्ता एवं अन्य बनाम बाँग्लादेश सरकार और अन्य के मामले से जाना जा सकता है। बकुलरानी सेनगुप्ता के मुकदमे का फैसला एक उदाहरण मात्र है। पूरे देश में हर रोज ऐसी घटनाएँ घट रही हैं।

इसके बाद 1992 में सरकार ने गैर शिनाख्तशुदा शत्रु सम्पत्ति ढूँढ़ निकालने के नाम पर नोटिस जारी किया। यह नोटिस जारी करके सरकार ने हजारों-हजार परिवारों को नए सिरे से परेशानी में डाल दिया। देश के प्रायः हर जिले में दो सौ से तीन सौ हिन्दू परिवारों को यह नोटिस जारी किया गया। इन नोटिसों में यह पूछा गया कि क्यों न उनकी सम्पत्ति को 'अर्पित सम्पत्ति' के रूप में घोषित कर दिया जाए। इस सरकारी सूचना के जारी होने का अर्थ है नागरिक अधिकार पर चोट करने की धमकी। पीढ़ियों से उपभोग करते आ रहे लोगों को बिना कारण बताए सरकार द्वारा सम्पत्ति का मालिकाना छीन लेने के लिए दी गई धमकी।

शत्रु सम्पत्ति कानून बाँग्लादेश के हिन्दुओं पर अत्याचार का एक स्वीकृत कानून है। इस देश के हिन्दू समुदाय का प्रत्येक नागरिक इस कानूनी तलवार के वार से सर्वदा आशंकित है। इस कानून के जरिए पूर्वजों की जमीन-जायदाद, मकान आदि के अलावा देवोत्तर सम्पत्ति और श्मशान घाटों पर भी कब्जा किया जाता है। इस कानून को निरस्त कर देने से देश से हिन्दुओं के पलायन में भी कमी आएगी। इस कानून को खत्म किए जाने का पर्याप्त आधार भी है।

सन् 1971 के मुक्ति युद्ध के समय भारत हमारा सबसे बड़ा दोस्त था और 1965 में भारत था पाकिस्तान का शत्रु। लेकिन क्या भारत अब बाँग्लादेश का शत्रु है ? भारत के साथ बाँग्लादेश की 25 वर्षों की मैत्रीसन्धि हुई थी। सार्क मैत्री बन्धन से जुड़े हैं भारत और बाँग्लादेश, और दोनों देश अपनी शर्तों का पालन करने के लिए वचनबद्ध हैं। इसके बाद भी, भारत और पाकिस्तान के वैरपूर्ण वातावरण में जो कानून बना था, क्या उसका बने रहना भारत-बाँग्लादेश की मैत्रीपूर्ण पृष्ठभूमि में जायज है ? इसके अलावा शत्रु (अर्पित) सम्पत्ति कानून मौलिक अधिकार एवं मानवाधिकार के विपरीत

है, यह कानून बाँग्लादेश के संविधान में वर्णित मौलिक अधिकार के भी विपरीत है।

अर्पित कानून के जरिए इस देश के लाखों हिन्दुओं पर अत्याचार और जुल्म हो रहा है। उनको उनके घर-जमीन से निकाल बाहर किया जा रहा है। अत्याचार-उत्पीड़न की असंख्य कहानियों में से यहाँ सिर्फ दो उदाहरण दिए जा रहे हैं। ये घटनाएँ पूरी छान-बीन करके 8.7.95 के दैनिक 'जनकंठ' में प्रकाशित हुई थीं–

सन् 1992 में काजीखोला की मायारानी साहा ने 1.58 एकड़ आवासीय जमीन सरकार से पट्टे पर ली थी। इस जमीन पर लाल रंग का एक बड़ा मकान है। अब यह पूरा ही अर्पित सम्पत्ति की सूची में है। मायारानी के मामा उपेन्द्रनारायण साहा इस सम्पत्ति के मालिक थे। अंग्रेजों के जमाने से ही वे कलकत्ता आया-जाया करते थे। पाकिस्तानी जमाने में वे स्थायी रूप से देश छोड़कर भारत चले गए। जाते समय अपनी सम्पत्ति का 'पावर ऑफ एटार्नी' मायारानी साहा को दे गए। लेकिन 1965 के पाक-भारत युद्ध के बाद 'डिफेंस ऑफ पाकिस्तान रूल्स' के तहत शत्रु सम्पत्ति कानून की धारा के मुताबिक उपेन्द्रनारायण साहा की समूची सम्पत्ति को 'शत्रु सम्पत्ति' घोषित कर दिया गया। सन् 1972 के बाद से हर साल पट्टा नवीनीकरण के जरिए मायारानी साहा अपने पति और परिवार के साथ इस जमीन पर रह रही हैं। पिछले तीन वर्षों से वे पट्टा नवीनीकरण नहीं करा पाईं। इसी बीच थाने के सहायक कमिश्नर (भूमि) ने उनको बगैर कोई सूचना दिए उनका पट्टा खारिज कर दिया और एक व्यक्ति को नए सिरे से यह जमीन पट्टे पर दे दी। इसके बाद उस आदमी ने पिछले इदुल फितर के कुछ दिनों पहले जबर्दस्ती मायारानी को उनके मकान और जमीन से निकाल दिया और पूरी सम्पत्ति पर कब्जा कर लिया। इस घटना का बयान बकौल मायारानी इस प्रकार है–''उनके डर से मैं तीन दिनों तक दरवाजा बन्द करके कमरे में पड़ी हुई थी। मेरे पति परितोष साहा उन दिनों घर पर नहीं थे। अस्वस्थ होने के बाद मुझे 'सलाइन' चढ़ाया जा रहा था। दरवाजा तोड़कर वे लोग अन्दर घुस आए। सारा सामान तहस-नहस कर दिया। दुर्गा मन्दिर का चबूतरा तोड़ डाला। तब मैं बेहोश हो गई। होश आने पर मैंने देखा कि मुझे वे मेरे देवर के घर पर छोड़ गए थे।''

इस घटना का यहीं पटाक्षेप नहीं हुआ। पट्टे पर उक्त जायदाद लेनेवाला काजीखोला (थाना हरिपुर, जिला मानिकगंज) का एक प्रभावशाली व्यक्ति है। इस थाना इलाके के एक प्रभावशाली, बी.एन.पी. नेता (जो उपजिला के चेयरमैन रह चुके हैं) उस व्यक्ति के रिश्तेदार हैं। मायारानी और उनके परिवार के सदस्यों को इस प्रभावशाली नेता का प्रत्यक्ष समर्थन लेकर वह व्यक्ति तरह-तरह से डरा-धमका रहा है। मायारानी के पति परितोष साहा (भोम्बल साहा) के अनुसार, ''मकान का कब्जा करने के करीब एक सप्ताह बाद उन लोगों ने इलाके में बम फोड़कर आतंक पैदा किया। इसके बाद थाने जाकर उल्टे मुझ पर ही बम फोड़ने का आरोप लगाकर जी.डी. किया। लेकिन गाँव के सभी लोगों ने बम से हमला करने के लिए उक्त व्यक्ति के पिता को अभियुक्त ठहराया। इससे उस व्यक्ति पर आठ हजार रुपए का दंड लगा। उसने रुपए तो दिए

ही नहीं, ऊपर से मेरे खिलाफ मुकदमा दायर कर दिया। मेरे भाई नारायण को उसके आदमियों ने मारा-पीटा।'' घर से निकाले गए परितोष साहा और मायारानी अपने बच्चों के साथ अपने छोटे भाई के घर पर रह रहे हैं।

अखबार के इसी अंक में एक और केस का विवरण प्रकाशित है। जो हूबहू यहाँ उद्धृत किया गया है—अचिरा के बिलायत हुसेन जूनियर हाईस्कूल के सहायक प्रधान शिक्षक सुनील नाथ ने 3.19 एकड़ जमीन मनोतोष नाथ से खरीदी थी। यह सन् 1978 की बात है। अपनी सम्पत्ति बेचकर मनोतोष नाथ भारत चले गए। सात वर्षों से टैक्स देते हुए उस सम्पत्ति पर काबिज सुनील नाथ को सन् 1986 में अचानक थाने के भूमि दफ्तर से नोटिस मिली। उसमें बताया गया कि उनकी खरीदी हुई 3.19 एकड़ जमीन पूरी-की-पूरी 'अर्पित सम्पत्ति' है। सुनील नाथ का कहना है, ''किस तरह इस सम्पत्ति को सरकार ने 'अर्पित सम्पत्ति' घोषित किया, यह बात अब तक मेरी समझ में नहीं आई। जिनसे मैंने यह जमीन खरीदी थी, उन मनोतोष नाथ को यह सम्पत्ति उत्तराधिकार में उनके दादा स्व. दीनबन्धु नाथ से मिली थी। अतः उनकी सम्पत्ति को 'शत्रु सम्पत्ति' घोषित करना मेरे लिए आश्चर्यजनक है।'' सन् 86 में सुनील नाथ अपनी खरीदी गई जमीन से निकाल दिए गए। वे खालिक और उसके सहयोगियों के हमले के शिकार हुए। सुनील नाथ ने शिकायत की कि सत्तार और किताब अली नामक दो व्यक्तियों ने उनको जान से मारने की कोशिश की। उनके इन हमलों का उद्देश्य था कि जमीन पर कब्जे को हमेशा के लिए निष्कंटक बना लिया जाए।

इसके अलावा 'भोरेर कागज' नामक अखबार ने 2 और 3 अप्रैल, 1998 को इस सम्बन्ध में दो लेख प्रकाशित किए। इनमें बताया गया है—''अर्पित सम्पत्ति कानून के भयानक प्रभाव से पिछले तीन दशकों में अनुमानतः दस लाख अल्पसंख्यक (हिन्दू धर्मावलम्बी) बाँग्लादेश छोड़ चुके हैं। उनकी लुटी हुई जमीन पर करीब 16 लाख 40 हजार एकड़ है। यह जमीन देश के कुल क्षेत्रफल के पाँचवें हिस्से के बराबर हैं। वर्तमान बाजार दर के मुताबिक इस जमीन का मूल्य करीब 60 हजार करोड़ रुपए होता है। यह राशि देश के कुल जी.डी.पी. की आधी और वार्षिक विकास बजट से पाँच गुनी अधिक है। उल्लेखनीय है कि 1996-97 का ए.डी.पी. था 12 हजार 535 करोड़ रुपए।

ढाका विश्वविद्यालय में अर्थशास्त्र विभाग के प्रोफेसर अबुल बरकत और एसोसिएट प्रोफेसर शफीकउज्जमाँ के निर्देशन में हाल ही में किए गए एक अध्ययन में एक तथ्य सामने आया है। दोनों अध्येताओं ने हिन्दू धर्मावलम्बी अल्पसंख्यकों के देश छोड़ने में सन् 1965 में बने 'शत्रु सम्पत्ति कानून' का कुप्रभाव दर्शाने के लिए देश के सोलह जिलों की सोलह यूनियनों के 450 हिन्दू परिवारों की जीवनयात्रा का अति सूक्ष्म विश्लेषण किया है।

अध्येताओं का दावा है कि पिछले तीन दशक में शत्रु सम्पत्ति और अर्पित सम्पत्ति कानून के जहरीले डंक से इस देश की और अल्पसंख्यक सम्प्रदाय की खोई हुई जमीन का सही परिमाण वास्तव में 20 लाख एकड़ से भी ज्यादा हो सकता है। हालाँकि 16

लाख 40 हजार एकड़ जमीन के खोने के समर्थन में सरकार के रेकॉर्ड ऑफिस में कागजात में पर्याप्त प्रमाण मौजूद है। दोनों अध्येताओं ने वर्तमान अर्पित सम्पत्ति कानून को शासनतन्त्र और मौलिक मानवाधिकार के विपरीत बताते हुए तत्काल इसे खत्म करने की जोरदार वकालत की है। कहना है, इस लक्ष्य को पाने के लिए सत्तासीन सरकार को सर्वप्रथम इससे उत्पन्न समस्या के महत्त्व का अनुशीलन करके समाधान के लिए सच्चे मन से कृतसंकल्प होना होगा।

तेईस पृष्ठों की इस अध्ययन रिपोर्ट में बताया गया है कि शत्रु सम्पत्ति कानून के चलते अल्पसंख्यकों की जमीन खोने की 75 प्रतिशत घटनाएँ 1965 से 1971 के बीच हुईं। स्वतन्त्र बाँग्लादेश में अधिकतर अल्पसंख्यकों ने 1975-90 के दौरान अपनी जमीन खोई है। इस तरह जमीन से बेदखल करने की घटनाओं में गाँव के बहुसंख्यक वर्ग के प्रभावशाली लोगों और भूमि विभाग के कर्मचारियों ने ही शुरू से मुख्य भूमिका निभाई है। सबसे महत्त्वपूर्ण रही है क्षमताशाली राजनीतिक दलों से मिलनेवाली हर तरह की मदद। अध्ययन में पूर्ववती और मौजूदा राजनीतिक अवसरवादियों को रेखांकित करते हुए कहा गया है कि अल्पसंख्यकों की जमीन का उपयोग करनेवाले अधिसंख्यक (44 प्रतिशत) 1965 से 71 तक थे मुस्लिम लीग के लोग। लेकिन 1996 में पाया गया कि इन अवसरवादियों में सर्वाधिक (44 प्रतिशत) सत्तासीन अवामी लीग से जुड़े हैं। इसके बाद नम्बर आता है मुख्य विरोधी दल बी.एन.पी. का। इन लोगों के हाथ में है अल्पसंख्यकों की 32 फीसदी जमीन। अध्ययन रिपोर्ट के अनुसार यों कुल मिलाकर अल्पसंख्यकों की लुटी जमीन पर 47 प्रतिशत हिस्सा फिलहाल बी.एन.पी., जमायते-इस्लामी और मुस्लिम लीग के लोगों के कब्जे में है।

अध्ययन-पत्र में सोलह जिलों के साढ़े चार सौ हिन्दू परिवारों के विषय में कहा गया है कि पिछले तीन दशकों में 'शत्रु सम्पत्ति' और 'अर्पित सम्पत्ति' कानून का शिकार होकर प्रत्येक परिवार ने औसतन 2.19 एकड़ जमीन खोई है। 0.1 एकड़ जमीन की वर्तमान बाजार दर 3613 रुपए है। इस हिसाब से हर परिवार को सात लाख 91 हजार 247 रुपए के औसत से साढ़े चार सौ परिवारों को कुल करीब 35 करोड़ 60 लाख रुपए की क्षति हुई। इन 450 परिवारों में 78 फीसदी लोगों की औसतन 1.82 एकड़ कृषि भूमि, 60 फीसदी परिवारों में प्रत्येक की 23 प्रतिशत आवासीय भूमि गई और 20 फीसदी परिवारों में प्रत्येक ने 14 प्रतिशत अन्य प्राकृतिक जमीन खोई है। रिपोर्ट में यह भी उल्लेख किया गया है कि स्थानीय प्रभावशाली लोगों और तहसील ऑफिस की साजिश से अल्पसंख्यकों की जमीन हड़पे जाने की घटनाएँ 1972-75 के दौरान सबसे कम हुईं। हालाँकि यह भी ऐसी समूची घटनाओं का करीब दस प्रतिशत और हड़पी गई कुल जमीन का सात प्रतिशत हिस्सा है।

अर्पित या कायमी जायदाद के रूप में घोषित सम्पत्ति को पुनः हासिल करने की आशा में कई अल्पसंख्यक परिवार कानूनी मदद के चक्कर में बर्बाद हो चुके हैं। जमीन-जायदाद सब कुछ बेचकर वे दिवालिया हो गए।

प्रो. अबुल बरकत और उनके सहयोगी प्रो. शफीकउज्जमाँ द्वारा किए गए अध्ययन में अर्पित सम्पत्ति कानून के कारण कभी सम्पन्न रहे और बाद में सब कुछ खोकर बर्बाद हो चुके अल्पसंख्यक परिवारों का करुण चित्र अंकित किया गया है। अध्ययनपत्र में देखा जा सकता है कि अर्पित सम्पत्ति कानून के भुक्तभोगी 450 परिवारों में से 114 अपनी सारी जमीन-जायदाद बेच चुके हैं। इन 114 परिवारों के 26.53 हजार एकड़ कृषि और आवासीय जमीन बेची। दूसरे शब्दों में अर्पित सम्पत्ति कानून का शिकार होकर ये परिवार अपनी-अपनी 58 प्रतिशत जमीन बेचने को मजबूर हो गए। वर्तमान बाजार दर के मुताबिक प्रत्येक परिवार को हुई क्षति 2 लाख 9 हजार 554 रु. होती है। जिन इलाकों की पैमाइश के आधार पर अध्ययन रिपोर्ट तैयार की गई वहाँ के अनुभवी लोगों ने कहा है कि जब तक अर्पित सम्पत्ति कानून कायम रहेगा, तब तक अल्पसंख्यक परिवारों पर देश छोड़ने का दबाव बना रहेगा।

...रिपोर्ट में बताया गया है कि सन् 1964 से 1991 तक यानी 27 वर्षों में 'गुमशुदा' हिन्दुओं की कुल संख्या 50 लाख 30 हजार है। इसका अर्थ है कि 1964 से प्रत्येक वर्ष एक लाख 86 हजार 296 अल्पसंख्यक देश छोड़कर जाते रहे हैं। देश छोड़नेवालों की यह संख्या पिछले तीन दशकों में विभिन्न ऐतिहासिक कारणों से घटती-बढ़ती रही है। उदाहरण के लिए 1964-71 में हर रोज सर्वोच्च 703 लोग, 1991-81 में रोजाना 537 लोग और 1981-91 में हर रोज 439 लोग अनुमानतः देश त्यागते रहे हैं। यहाँ यह उल्लेखनीय है कि सरकारी हिसाब से पूरे देश में 7,02,335 एकड़ जमीन और 22,835 मकान शत्रु (अर्पित) सम्पत्ति की सूची में हैं। इनमें 3,89,197 एकड़ जमीन और 13,432 मकान से सम्बन्धित 575 मुदकमे ढाका में, 230 चट्टग्राम में, 312 राजशाही में, 292 बड़िशाल में और 74 मुकदमे सिलहट में विचाराधीन हैं।

शत्रु (अर्पित) सम्पत्ति की सरकारी सूची चिह्नित करके तालिका में रखी गई है। इसके अलावा भी बहुत सारी जमीन और मकान 'शत्रु सम्पत्ति' के नाम पर स्थानीय प्रभावशाली लोगों ने हड़प लिया है। उधर सरकारी सूची में शामिल सारी जमीन और मकान भी सरकार की दखल में नहीं है। शत्रु सम्पत्ति के रूप में सूचीबद्ध 3 लाख 89 हजार 197 एकड़ जमीन और 13 हजार 432 मकान सरकारी कब्जे से बाहर हैं। इस बारे में 1879 मामले सुप्रीमकोर्ट, हाईकोर्ट और अपील विभाग की विभिन्न अदालतों में विचाराधीन हैं। सरकार ने हिन्दुओं की जिस सम्पत्ति को शत्रु सम्पत्ति के रूप में सूचीबद्ध किया है, उसके अच्छे-खासे हिस्से की वैधता को लेकर सवाल रह ही जाता है। बाँग्लादेश की वोटर लिस्ट में नाम है, और नियमित रूप से बाँग्लोदश में ऐसे काफी हिन्दू नागरिक रह रहे हैं, जिनकी जमीन-जायदाद को योजनाबद्ध रूप से शत्रु सम्पत्ति घोषित किया गया है। इन सम्पत्तियों के किसी-किसी मालिक ने प्रशासिनक निर्णय के विरुद्ध अदालत का दरवाजा भी खटखटाया है, और जो सक्षम नहीं हैं, वे चुपचाप देश छोड़कर चले जा रहे हैं। बाँग्लादेश में ऐसा कोई गाँव या शहर नहीं जहाँ 'शत्रु सम्पत्ति कानून' तथा इसका अपव्यवहार या अपप्रयोग न हुआ हो।

शत्रु सम्पत्ति कानून के हटाए जाने को लेकर शेख हसीना में शायद व्यक्तिगत सद्इच्छा की कोई कमी नहीं। लेकिन उनका प्रशासन और सरकार इस मामले में मन से कितना इच्छुक रहा, इसकी असलियत तो कानूनमन्त्री अब्दुल मतीन खुसरो के संसद में दिए बयान से ही जाहिर है–"इसी वक्त अर्पित (शत्रु) सम्पत्ति कानून को पूरी तरह खारिज करने से देश में अराजकता पैदा होगी। इस कानून को खारिज करने या संशोधित करने से पूर्व परीक्षण एवं जाँच-पड़ताल के लिए 'कानून कमीशन' को भेजना होगा।" (दैनिक संवाद 4 मार्च, 1997) खुद कानून मन्त्री के बयान से यह साफ जाहिर है कि शत्रु सम्पत्ति कानून बहुत जल्द खारिज नहीं किया जा रहा है।

फिर अवामी लीग सरकार के भूमि राज्यमन्त्री राशिद मुशर्रफ ने भी जमाते-इस्लामी के सांसद दिलावर हुसेन सईदी के एक प्रश्न के जवाब में संसद में यही कहा है–"अर्पित (शत्रु) सम्पत्ति कानून को खारिज करने की सरकार की कोई योजना नहीं है।" (दैनिक संवाद 17.6.97)।

शत्रु सम्पत्ति कानून को खारिज करने का मुद्दा अवामी लीग सरकार का चुनावी वादा था। यदि सचमुच शेख हसीना की सरकार इस काले कानून को खारिज करने के लिए मन से तैयार होती तो कानून कमीशन का द्वार खटखटाए बिना देश के कानून विशेषज्ञों की तुरन्त एक कमेटी गठित करके उस विशेषज्ञ कमेटी के प्रस्ताव या सिफारिश के आधार पर संसद में इस कानून को खारिज कर सकती थी। इस कानून को खारिज करने के मामले में अवामी लीग को अकेले ही प्रभावी कदम उठाने की जरूरत थी। बी.एन.पी. और जमाते-इस्लामी से इस कानून को खारिज करने के लिए समर्थन मिलने का तो सवाल नहीं था। इनकी समर्थक पत्र-पत्रिकाओं से अवामी लीग को प्राप्त बहुमत के आधार पर यह पहल करनी थी और इसके लिए अकेले उसके पास पर्याप्त बहुमत था।

देवोत्तर सम्पत्ति पर कब्जा

देवोत्तर सम्पत्ति को हस्तान्तरित करने या बेचने का कोई नियम नहीं है, न ही कोई कानून है। बल्कि ऐसी सम्पत्ति के बेचे जाने पर निषेधाज्ञा लागू है। फिर भी एक खास समुदाय के लोग, अधिकतर मामलों में प्रभावशाली लोग, इस निषेधाज्ञा की अवमानना करके हिन्दुओं की देवोत्तर सम्पत्ति पर कब्जा करते जा रहे हैं। कब्जा करने से पहले इन दखलदारों ने जाली दस्तावेज भी पेश किए हैं। देश में जब जो सरकार सत्ता में आई, उसकी छत्रछाया में पलनेवाले एक वर्ग ने सबसे अधिक ऐसी सम्पत्तियों पर कब्जा किया। कहना न होगा कि कब्जा करने की यह जोर-जबर्दस्ती देश के सभी जिलों में जारी रही।

ढाका शहर के हिन्दू, देश के अन्य इलाके के हिन्दुओं की तुलना में कुछ हद तक निरापद महसूस करते हैं, ऐसा कहा जाता है। पर इस निरापद ढाका शहर में देवोत्तर सम्पत्तियाँ किस स्थिति में हैं, इसका एक संक्षिप्त विवरण यहाँ प्रस्तुत है। पूरे देश की अगर सूची-भर दी जाए तो बड़ी आसानी से एक अलग पुस्तक ही बन जाएगी।

ढाका शहर में हिन्दू समुदाय का मुख्य मिलन केन्द्र ढाकेश्वरी मन्दिर है। इस मन्दिर पर अलग-अलग समय में हमले हुए, तोड़ दी गई प्रतिमा और लूटे गए मन्दिर के कीमती सामान। बी.एन.पी. ने ढाकेश्वरी मन्दिर परिसर की जमीन पर, मन्दिर से सटे लालबाग इलाके में एक ऑफिस बनाया है। मन्दिर की दूसरी कई जगहों पर भी कब्जा करने की योजना बरकरार है।

ढाका शहर का राय बाजार किसी समय हिन्दू इलाके के रूप में जाना जाता था। अब तक राजधानी शहर के जिन इलाकों में हिन्दू समुदाय के लोग रहते आए हैं, उनमें राय बाजार भी एक है। राय बाजार के पाल लोगों की गद्दीवाले मन्दिर की पूरी जगह 'बैशाखी युवा संगठन' नामक एक संस्था के कब्जे में है। इस संगठन का असली नेता राष्ट्रीय पार्टी बी.एन.पी. का अनवर हुसेन नामक एक व्यक्ति है। गद्दीवाले मन्दिर कम्पाउंड में तीन मन्दिर थे—काली मन्दिर, दुर्गा मन्दिर और लक्ष्मी मन्दिर। बी.एन.पी. के इस नेता ने 'वैशाखी युवा संगठन' के नाम पर इन तीनों मन्दिरों की इमारत और खाली जगह को अपने कब्जे में कर लिया। पाल लोगों की गद्दीवाले मन्दिर की जगह की कीमत सिर्फ पचास लाख रुपए है। अनवर हुसेन ने अपने लोगों के साथ मन्दिर पर कब्जा करने के बाद पहला काम यह किया कि मन्दिर की प्रतिमाओं को वहाँ से

बाहर फेंकवा दिया।

खतियान : 5, दाग : 221 सराय जाफराबाद मौजे के होल्डिंग : 321 की जायदाद श्री श्री काली मन्दिर की है। यह मन्दिर 'पुलपार के मन्दिर' के नाम से ज्यादा परिचित है। उक्त दाग नम्बरवाली मन्दिर की जगह का रकबा तीन कट्ठा है। लेकिन 322/2 जाफराबाद की निवासी रवशन आरा बेगम ने काली मन्दिर की इस जमीन के एक कट्ठे पर कब्जा करके अपनी जमीन से मिलाकर दीवार चिनवा ली है। रवशन आरा बेगम द्वारा कब्जा की गई इस एक कट्ठा जमीन का मूल्य वर्तमान बाजार दर के हिसाब से करीब दस लाख रुपए है। मन्दिर कमेटी के अध्यक्ष समरेश चन्द्र पाने ने जानकारी दी कि 1298 बंगाब्द में प्रतिष्ठित इस काली मन्दिर की बाकी जमीन पर भी कब्जा करने की साजिश चल रही है।

बारह वर्ष से कम उम्र के किसी हिन्दू बच्चे की मृत्यु हो जाने पर उसे जमीन में दफनाने का नियम है। लेकिन राय बाजार के जाफराबाद श्मशान में 28 नम्बर जाफराबादवाले मकान के निवासी एडवोकेट मोहम्मद अली खान (पिता इस्माइल खाँ उर्फ टोकानी) किसी हिन्दू बच्चे को दफनाने नहीं दे रहे हैं। मोहमम्द अली खान ने श्मशान पर कब्जा करने के मकसद से श्मशान आने-जानेवाले रास्ते को अपने कब्जे में कर लिया है।

मानिकगंज जिले के बी.एन.पी. अध्यक्ष मो. अब्दुल रज्जाक ने पुराने ढाका के टीपू सुलतान रोड स्थित राधाविनोद मन्दिर की पूरी जमीन पर कब्जा कर लिया है।

लालबाग के सारंगधर रघुनाथ मन्दिर पर कब्जा करने के लिए स्थानीय बी.एन. पी. नेता हाजी मो. सलीम (जो बाद में अवामी लीग के सांसद हुए) ने हमला किया। हमले के समय उन्होंने दावा किया कि मन्दिर की सारी जगह उन्होंने खरीद ली है। जबकि मामूली पढ़ा-लिखा आदमी भी जानता है कि मन्दिर की जायदाद यानी देवोत्तर सम्पत्ति को बेचने-खरीदने का नियम ही नहीं है।

श्रीरूद्र त्रिदंडी त्रिपुरलिंग स्वामी ने 1899 ई. में 79, स्वामीबाग रोड पर 'स्वामीबाग आश्रम' की प्रतिष्ठा की थी। इस आश्रम की जमीन करीब चार बीघा है। पूरी जगह दीवार से घिरी हुई थी। आश्रम के अधीन शिव मन्दिर, काली मन्दिर, हर गौरी मन्दिर और श्मशान तथा मठ है। 1971 में पाकिस्तानी सेना के हमलावरों ने आश्रम पर हमला किया और आग लगा दी। 1992 में इस देश के साम्प्रदायिक गिरोह ने लूट, तोड़-फोड़ और आग लगाने जैसे उत्पात किए। स्वामीबाग आश्रम की पूरी सम्पत्ति ही देवोत्तर सम्पत्ति है। इस चार बीघा जमीन का वर्तमान मूल्य करीब चार करोड़ रुपए है। स्वामीबाग आश्रम की इस जमीन पर कब्जा करने के लिए खलिलुर रहमान विश्वास साकिन सुमिरदिया, थाना और जिला चुआडाँगा ने एक दस्तावेज पेश किया। दस्तावेज के अनुसार खलिलुर रहमान के पिता ने 28 दिसम्बर 1921 को त्रिपुरलिंग स्वामी से यह चार बीघा जमीन खरीदी। उलिखित तारीख को नदिया जिले के कृष्णनगर (अब पश्चिम बंगाल) में जमीन की रजिस्ट्री हुई थी। इस दस्तावेज का नम्बर 5841 है। लेकिन

स्वामीबाग आश्रम के पुजारी श्री यशोदानन्द आचार्य ने कृष्णनगर के रजिस्ट्री ऑफिस से जानकारी ली तो पता चला कि उक्त जायदाद रजिस्ट्री नहीं की गई है। त्रिपुरलिंग स्वामी 1923 ई. में लगभग 150 वर्ष की उम्र में परलोक सिधारे थे। मृत्यु के बहुत पहले उन्होंने स्वामीबाग आश्रम को उक्त चार बीघा जमीन दान कर दी थी। उस दानपत्र की मूलप्रति आश्रम के सेवायत के पास रखी हुई है। स्वामीबाग आश्रम की इस चार बीघा जमीन को हड़पने के उद्‌देश्य से एक और भी नकली दलील पेश की गई है। यह दस्तावेज 1927 ई. का है। लेकिन जैसा कि पहले ही बताया गया कि स्वामी त्रिपुरलिंग 1923 मे परलोक सिधार गए थे। 1927 का जो नकली दस्तावेज पेश किया गया उसमें विक्रेता के रूप में स्वामी त्रिपुरलिंग का जाली हस्ताक्षर किया गया है।

इस तरह मृत व्यक्ति का नकली हस्ताक्षर करके और तरह-तरह की धोखाधड़ी का सहारा लेकर जाली दस्तावेज के जरिए इस देश के एक खास समुदाय के लोग देवोत्तर सम्पत्ति पर कब्जा करते जा रहे हैं। कब्जा करने से पहले ये लोग देवोत्तर सम्पत्ति के पुजारी सेवायत, या देख-रेख करनेवालों को तरह-तरह से डरा-धमकाकर, जान से मारने की धमकी देकर भगा देते हैं।

'देवोत्तर सम्पत्ति' के कस्टोडियन जिला जज होते हैं। इस सम्पत्ति के अन्तर्गत आनेवाले सभी मन्दिर, उपासनागृह अथवा अन्य किसी धार्मिक प्रतिष्ठान के विकास के लिए जिला जज की अनुमति लेकर उसका असली सेवायत या पुजारी आंशिक जायदाद की बिक्री कर सकता है, ऐसा विधान है। लेकिन मन्दिर या धार्मिक प्रतिष्ठान का विकास करने के लिए किसी देवोत्तर सम्पत्ति की बिक्री नहीं हुई है। फिर भी पूरे देश में अधिकांश देवोत्तर सम्पत्ति अवैध रूप से कब्जा करनेवालों के हाथ में चली गई है।

धार्मिक प्रतिष्ठान के विकास के लिए देवोत्तर सम्पत्ति की आंशिक बिक्री की जरूरत इसलिए नहीं पड़ी क्योंकि इस देश के किसी मन्दिर या धार्मिक प्रतिष्ठान का नए सिरे से कोई विकास हुआ हो, ऐसा उदाहरण नजर नहीं आता। जो कहीं कुछ हुआ भी है, वह व्यक्तिगत दान, या प्रतिष्ठान के अपने कोष से ही हुआ है। किसी-किसी मामले में सरकारी अनुदान मिलने का भी उदाहरण है। मसलन, हिन्दू कल्याण ट्रस्ट के नाम से ढाई करोड़ रुपए कल्याण खाते में हैं। हालाँकि सकल धार्मिक खाते में दिए जानेवाले सरकार अनुदान की तुलना में हिन्दू कल्याण खाते की यह राशि बहुत कम है।

देवोत्तर सम्पत्ति पर कब्जा करने के और भी कई नाजायज तरीके अख्तियार किए जाने की नजीर मौजूद है। पर उनको यहाँ पेश न करके सिर्फ यही प्रस्ताव किया जा सकता है—देवोत्तर सम्पत्ति पर कब्जा करने और इसके लिए अवैध तरीके अपनानेवाले लोगों को कठोर दंड देने की व्यवस्था करने पर ही इस देश के हिन्दू समुदाय के लिए निर्विघ्न पूजा-उपासना करना सम्भव हो सकेगा।

कारण : पाँच

सरकारी नौकरियों में हिन्दुओं की स्थिति

सरकार को यदि आवश्यकता होती है तो वह पब्लिक सर्विस कमीशन के माध्यम से देश के शिक्षित अभ्यर्थियों के बीच लिखित मौखिक और अन्य आनुषंगिक परीक्षाओं के माध्यम से विभिन्न मन्त्रालयों-विभागों के लिए योग्य लोगों का चयन करती है। लेकिन देश में हिन्दू समुदाय के शिक्षितों का औसत चालीस प्रतिशत से अधिक होने के बावजूद उनकी उतनी मात्रा में नियुक्तियाँ नहीं होतीं। यहाँ तक कि कुल जनसंख्या के अनुपात में भी हिन्दुओं की नियुक्ति का कोई उदाहरण हमारे पास नहीं है। पब्लिक सर्विस कमीशन का सबसे अधिक पक्षपातपूर्ण परीक्षा है—मौखिक परीक्षा। मौखिक परीक्षा में एक परम्परा-सी चली आ रही है—हिन्दू अभ्यार्थियों को कम नम्बर देने की। हिन्दू प्रार्थी बी.सी.एस. की लिखित परीक्षा में शुरू से ही अच्छा रिजल्ट लाते रहे हैं। लेकिन लिखित परीक्षा में यदि 25 प्रतिशत हिन्दू लड़के पास होते हैं तो वायबा में सिर्फ 2.3 प्रतिशत लोग पास हो पाते हैं।

वायबा में एक और श्रेणी के प्रति विषमतापूर्ण आचरण किया जाता है। यदि किसी मुसलमान अभ्यर्थी का नाम बंगाली हो तो उसे अपने नाम को लेकर ही वायबा बोर्ड में असहज स्थिति का सामना करना पड़ता है। बोर्ड के सदस्य उसके बंगाली नाम को लेकर तरह-तरह के सवाल करते हैं, जो असम्मानजनक होते हैं। 15 वीं बी.सी.एस. परीक्षा का एक उदाहरण यहाँ दिया जा सकता है। शुभ्रा रहमान ढाका विश्वविद्यालय के अंग्रेजी विभाग से परीक्षा में उत्तीर्ण हुई थीं। उसे विश्वविद्यालय से गोल्ड मेडल मिला था। वी.सी.एस. की लिखित परीक्षा में भी उसने अच्छा रिजल्ट हासिल किया। लेकिन मौखिक परीक्षा बोर्ड के चेयरमैन एवं राजशाही विश्वविद्यालय के प्रोफेसर जो पी.एस. सी. के भी मेम्बर हैं, ने पहले उसके 'शुभ्रा' नाम पर ही सवाल उठाया। बोर्ड के चेयरमैन का कहना था, 'शुभ्रा' हिन्दू नाम है। शुभ्रा रहमान किसी भी तरह बोर्ड के चेयरमैन और अन्य सदस्यों को यह नहीं समझा सकी कि यह एक 'बंगाली' नाम है न कि हिन्दू और वह बंगाली मुसलमान है। उसके पिता की 'रहमान' टाइटिल उसके नाम के साथ है। वायबा बोर्ड के मन-मस्तिष्क में इतनी साम्प्रदायिकता भरी हुई थी कि सिर्फ शुभ्रा नाम के कारण उसे वायबा में फेल कर दिया गया। बाद में उससे कम योग्यता प्राप्त एक लड़की को फारेन सर्विस के लिए चुना गया। उसे फारेन सर्विस सिर्फ इसलिए दी गई कि उसका नाम पूरी तरह से इस्लामिक था। हालाँकि अभी शुभ्रा रहमान अपनी उस

मुसलमान सहेली से काफी अधिक वेतन पर ढाका के अंग्रेजी स्कूलों में अव्वल 'स्कालास्टिका' में नौकरी कर रही है।

देश के आजाद होने के बाद से आज तक पब्लिक सर्विस कमीशन के चेयरमैन पद पर किसी हिन्दू की नियुक्ति नहीं हुई है। इस कमीशन के मेम्बर के रूप में भी स्वतन्त्रता के कर्णधार बंगबन्धु शेख मुजीब के शासन के बाद से आज तक क्रिसी हिन्दू की नियुक्ति नहीं हुई। हालाँकि जिनको चेयरमैन और मेम्बर पद के लिए नियुक्ति किया जाता रहा है उनसे अधिक योग्य हिन्दू प्रोफेसर या विशिष्ट हिन्दू व्यक्तित्व पहले भी थे और अब भी हैं। यहाँ तक कि वायबा बोर्ड के मेम्बरों का चुनाव करने में भी काफी सावधानी से हिन्दू प्रोफेसरों को अलग कर देने का रवैया चला आ रहा है। एसोसिएट प्रोफेसर तक को वायबा बोर्ड का मेम्बर बना दिया जाता है। लेकिन हिन्दू प्रोफेसरों का इस बोर्ड में चयन नहीं किया जाता। ऐसे कई उदाहरण हैं।

इधर बीच ढाका विश्वविद्यालय के छात्र-छात्राओं की मिडटर्म परीक्षा की कॉपियों पर नाम लिखने का नया नियम चालू किया गया, जबकि पहले सिर्फ रोल नम्बर लिखने का नियम था। अचानक क्यों नाम लिखने का नियम लागू किया गया, क्या यह कहने की जरूरत है ?

विश्वविद्यालय के कुलपति, उपकुलपति, कोषाध्यक्ष के तीनों पदों का चयन राष्ट्रपति या प्रधानमन्त्री द्वारा किया जाता है। स्वतन्त्रता के बाद से देश के विश्वविद्यालयों में इन तीनों पदों पर अब तक सौ से अधिक लोगों को नियुक्त किया जा चुका है। लेकिन इनमें एक भी हिन्दू नहीं है। यहाँ यह कहना गलत नहीं होगा कि अब तक जिन लोगों को इन पदों पर नियुक्त किया गया, उनके समान योग्यतावाले और उनसे अधिक योग्यतावाले अनेक हिन्दू प्रोफेसर देश के प्रत्येक विश्वविद्यालय में थे और अब भी हैं। जबकि डी.सी. पैनल में भी किसी हिन्दू प्रोफेसर को प्रतियोगिता में रखने की नजीर नहीं मिलती। विश्वविद्यालय के मंजूरी कमीशन यानी अनुदान आयोग के चेयरमैन, सेक्रेटरी या सदस्य के पद पर स्वतन्त्रता के बाद किसी हिन्दू की नियुक्ति नहीं हुई। किसी हिन्दू के राष्ट्रीय योजना आयोग का चेयरमैन, सेक्रेटरी या मेम्बर बनाए जाने की भी कोई नजीर हमारे सामने नहीं है। माध्यमिक या उच्च शिक्षा दफ्तर के किसी महत्त्वपूर्ण पद पर कोई हिन्दू नहीं है। देश के किसी मेडिकल कॉलेज के अध्यक्ष या उपाध्यक्ष पद पर स्वतन्त्रता प्राप्ति के बाद से आज तक किसी हिन्दू की नियुक्ति नहीं हुई है।

बाँग्लादेश के किसी कॉरपोरेशन के प्रधान या महत्त्वपूर्ण पद पर एक भी हिन्दू नहीं है। बैंकों के गवर्नर या उप गवर्नर अथवा संचालक के पद पर एक भी हिन्दू नहीं है। औद्योगिक बैंक, कृषि बैंक और राजशाही कृषि विकास बैंक—ये तीनों सरकारी स्पेशलाइज्ड बैंक हैं। 'सोनाली', 'रूपाली', 'अग्रणी' और 'जनता' नाम के चार वाणिज्यिक बैंकों के एम.डी. या जी.एम. के पद पर कोई हिन्दू नहीं है। इन चारों में सोनाली बैंक में सिर्फ एक हिन्दू डिप्टी जनरल मैनेजर (डी.जी.एम.) है उसे अपेक्षाकृत बैंक का कम

महत्त्वपूर्ण दायित्ववाला कार्यभार सौंपा गया है। राष्ट्रीय इंश्योरेंस कम्पनियों के किसी महत्त्वपूर्ण पद पर किसी हिन्दू की नियुक्ति नही हुई है। हिन्दुओं को बैंक ऋण देने के मामले में अति गोपनीय ढंग से 'विधिनिषेध पूर्ण' एक नोटिस मन्त्रालय से पूर्व बी.एन.पी. सरकार के समय शाखा प्रमुखों को भेजा गया था। इस तरह से कदम-कदम पर हिन्दू नागरिकों के अधिकार छीने जा रहे हैं।

बाँग्लादेश सरकार के विदेश में या 'चॉर्ज दि अफेयर्स' पद पर कोई हिन्दू अधिकारी नहीं है। सरकार के विदेश, रक्षा या प्रतिरक्षा मन्त्रालय में कोई हिन्दू अधिकारी नहीं है। देश के 64 जिलों के जिला प्रशासक के पद पर भी कोई हिन्दू नहीं है। सचिवालय के 463 उपसचिवों में मात्र 25 हिन्दू उपसचिव हैं। 134 संयुक्त सचिवों में सिर्फ तीन हिन्दू संयुक्त सचिव हैं। इनमें भी एक सेवानिवृत्त हो चुके हैं और बाकी दो भी जल्दी ही सेवानिवृत्त होनेवाले हैं। सचिवालय की 50 चेयरों में से एक पर भी किसी हिन्दू को नहीं बैठाया गया है। राष्ट्रपति, प्रधानमन्त्री या बड़े नौकरशाहों के वैदेशिक मिशनों में, ट्रेड डेलीगेशन तथा अन्य टीमों में हिन्दू नागरिकों की अनुपस्थिति आँखों में खटकने लायक है। राष्ट्रीय संसद की तीस आरक्षित सीटों पर आज तक किसी हिन्दू को मनोनीत नहीं किया गया। शेख हसीना के नेतृत्वाधीन अवामी लीग की सरकार के दौरान जरूर पूर्ववर्ती स्थिति में कुछ सुधार हुआ। मसलन, हिन्दू महिला सांसद, हिन्दू सचिव और जिला प्रशासक आदि बने। लेकिन यह भी आनुपातिक रूप में बहुत कम रहा। यों अवामी लीग के सत्ता में आने के बाद इस देश के अल्पसंख्यक ने मानसिक रूप से खुद को निरापद भी महसूस किया था। अल्पसंख्यकों के लिए अवामी लीग सरकार की यही सबसे बड़ी देन रही है।

बाँग्लादेश की सेना में 900 सेकेंड लेफ्टीनेंट हैं। इनमें महज तीन ही अल्पसंख्यक समुदाय के हैं। 1300 कैप्टनों में सिर्फ 8 अल्पसंख्यक और 65 कर्नलों में महज एक कर्नल अल्पसंख्यक समुदाय का है। बाँग्लादेश की सेना में 65 ब्रिगेडियर और 22 मेजर जनरल हैं। लेकिन इन दोनों पदों पर एक भी हिन्दू नहीं है। सेना में कुल अफसरों की संख्या 3807 है। इनमें सिर्फ 62 लोग धार्मिक अल्पसंख्यक समुदाय के हैं।

बाँग्लादेश पुलिस में अस्सी हजार जवान हैं। इनमें दो हजार धार्मिक अल्पसंख्यकों में से लिए गए हैं। आई.जी. या एडीशनल आई.जी. के पदपर कोई हिन्दू नहीं है। 18 डी.आई.जी. में एक और 123 एस.पी./ए.आई.जी. में महज दस अल्पसंख्यक समुदाय के हैं। 87 डी.एस.पी./असिस्टेंट कमिश्नरों में मात्र दो अल्पसंख्यक समुदाय से हैं। चालीस हजार बी.डी.आर. जवानों में महज तीन सौ अल्पसंख्यक समुदाय के लोग हैं।

कस्टम्स और एक्साइज अफसरों के पदों की संख्या 152 है, इनमें सिर्फ एक अफसर अल्पसंख्यक समुदाय का है। 450 इंकमटैक्स अफसरों में महज 17 हिन्दू अफसर कार्यरत हैं।

हिन्दू समुदाय के प्रति यह वैषम्य, उपेक्षा और अनाचार का योजनाबद्ध इतिहास उनके भविष्य को अनिश्चित बना चुका है, देश के साथ उनके सम्बन्ध को योजनाबद्ध

ढंग से विजातीय और शत्रुतापूर्ण कर दिया गया है। उनके मन को हताश कर दिया गया है। धीरे-धीरे हिन्दू इस देश में प्रवासी होते जा रहे हैं। देश के बहुतेरे कार्यक्षेत्रों में इस समुदाय के लिए चालू है अलिखित नियम। हिन्दू इस देश के राजनीतिक प्रांगण में स्वेच्छासेवी निर्वाचन के वोटर मात्र हैं। देश-शासन के दर्शक मात्र। नीतिनिर्धारण में निषिद्ध, अस्तित्व के मामले में निकृष्ट और नौकरी में निम्नस्तर के जीव। प्रशासन में अनाकांक्षित और धिक्कार के शिकार, सामाजिक जीवन में असहाय, नागरिक और धार्मिक जीवन में तृतीय श्रेणी के। मानसिक जगत में हो रहे इस निरन्तर संघात से युग-युग से चली आ रही वंश परम्परा के आगे एक पराजित सैनिक की भूमिका अदा करते हुए पलायन की मनोवृत्ति से वे आच्छन्न हैं। लेकिन शिक्षा में, शान में, बुद्धि-विवेक, चिन्तन शक्ति, चारित्रिक दृढ़ता, देश-प्रेम, राजनीतिक त्याग, धैर्य के मामले में वे दक्ष हैं। और प्राचुर्य, संयम, मुक्ति-संग्रामी त्याग में, सांस्कृतिक विमर्श आदि में इस देश का हिन्दू समुदाय अग्रणी है। मुक्तियुद्ध में उनका त्याग, आत्मबलिदान बहुसंख्यकों से कहीं अधिक था। इस देश में ढूँढने पर भी एक हिन्दू नहीं मिलेगा जिसने स्वतन्त्रता के युद्ध के दौरान 'रजाकार' (पाकिस्तानी गुप्तचर) की भूमिका अदा किया हो ! फिर स्वतन्त्र बाँग्लादेश में उनके साथ यह भेदभाव क्यों ?

अगर ऐसा ही चलता रहा तो एक दिन देखेंगे कि सामरिक या गैरसामरिक पदों पर कोई हिन्दू नहीं है। यद्यपि मेजर के पद पर भी अभी 40 हिन्दू अफसर हैं। लेकिन हाल में जिनकी नियुक्ति हुई है यानी लेफ्टीनेंट/सेकंड लेफ्टीनेंट के पदों पर अल्पसंख्यक समुदाय के सिर्फ तीन अफसरों को लिया गया है। 1992 में पुलिस में जिन तीन सौ सब इंस्पेक्टरों को नियुक्त किया गया, उनमें एक भी हिन्दू नागरिक नहीं था।

जबकि देश में साम्प्रदायिक सद्‌भावना बनाए रखने के लिए हिन्दू अफसरों का होना बहुत जरूरी है। इसे और स्पष्ट कर दिया जाए तो किसी जिले का पुलिस सुपर या डी.सी. यदि हिन्दू हो तो तुलनात्मक दृष्टि से उस जिले में साम्प्रदायिक सद्‌भावना अधिक रहेगी। हिन्दू अधिकारी की उपस्थिति ही इस मामले में पर्याप्त होगी। इसके अलावा पी.एस.सी. के मेम्बरों में यदि कोई हिन्दू रहे तो मौखिक परीक्षाओं में जो भेदभावपूर्ण आचरण होता है, उसे बहुत हद तक रोका जा सकेगा। इसके लिए हिन्दू मेम्बरों की मौजूदगी ही पर्याप्त होगी।

1995 के अक्तूबर महीने में 201 सरकारी मुलाजिमों को पदोन्नति दी गई। इनमें 26 संयुक्त सचिवों की अतिरिक्त सचिव पद पर पदोन्नति हुई। इन 26 लोगों में दो हिन्दू थे। 82 लोगों को उपसचिव के पद से संयुक्त सचिव के पद पर पदोन्नति किया गया। इन 83 लोगों में 11 हिन्दू थे। 92 लोगों की उपसचिव के पद पर पदोन्नति हुई। इन 92 में 8 हिन्दू थे। बंगबन्धु की हत्या के बाद पहली बार इतनी संख्या में हिन्दुओं की यह पदोन्नति हुई थी। यह भी उल्लेखनीय है कि इस बार की पदोन्नति में किसी तरह की मौखिक परीक्षा या किसी तरह से नम्बर की कोई बात नहीं थी। मुलाजिमों के दस वर्षों के ए.सी.आर. को देखते हुए जिनको कम-से-कम 75 प्रतिशत अंक मिले

थे, उन्हें ही पदोन्नति दी गई। मौखिक परीक्षा के नियम को यदि खत्म कर दिया जाए तो मेधा की उचित परख हो पाएगी और भेदभाव करने का मौका कम मिलेगा। यह पदोन्नति की इसका उदाहरण है।

अवामी लीग के सत्ता में आने के बाद सरकारी नौकरियों में पदोन्नति और पोस्टिंग के मामले में स्थिति कुछ स्वाभाविक हुई थी। जैसे पब्लिक सर्विस कमीशन में एक हिन्दू को नियुक्त किया गया। जो निस्सन्देह प्रशंसनीय है। लेकिन नवम्बर 97 में 39 थानों के पूर्व निर्धारित पी.एस.सी. के पदों पर जिन लोगों को नियुक्त किया गया उनमें महज दो ही अल्पसंख्यक थे। कालीरंजन कर्मकार नामक एक बी.एस.सी. इंजीनियर जिसने शैक्षिक जीवन की सभी परीक्षाओं में प्रथम श्रेणी पाई थी, बावजूद उसे नहीं लिया गया। यह तो सिर्फ एक उदाहरण भर है। दरअसल, अवामी लीग सरकार बहुत सीमित मामलों में स्वाभाविक स्थिति लौटा पाई वर्ना प्रशासन में लगभग सभी जगहों पर पहले की तरह ही हिन्दुओं के प्रति भेदभाव बरतने का रवैया बना रह गया। प्रतिभा और योग्यता के अनुसार प्रमोशन नहीं दिए गए। फिर भी अवामी लीग के सत्ता में आने के बाद से सरकारी नौकरियों में प्रमोशन और पोस्टिंग के मामले में कुछ तो स्थिति स्वाभाविक हुई ही। जैसे सचिव, विश्वविद्यालय के उपकुलपति, राष्ट्रदूत, पब्लिक सर्विस कमीशन में हिन्दुओं की नियुक्ति की गई। यह निःसन्देह प्रशंसनीय है।

जन्माष्टमी और दुर्गापूजा के उपलक्ष्य में प्रेसीडेंट न्यायमूर्ति शहाबुद्दीन अहमद की ओर से बंगभवन में हिन्दुओं का रिसेप्शन भी बेशक प्रशंसनीय है। दुर्गापूजा के उपलक्ष्य में हिन्दू धार्मिक प्रतिष्ठानों के विकास में सरकार की ओर से एक करोड़ छब्बीस लाख रुपए निर्धारित करना और महिलाओं के लिए आरक्षित तीस पदों में हिन्दू नागरिकों में से एम.पी. चुने जाने के कारण अल्पसंख्यकों को लगा कि थोड़ा ही सही, उनके प्रति न्याय तो हो रहा है।

बाँग्लादेश से हिन्दुओं के पलायन के आँकड़े

बाँग्लादेश से कुल कितने हिन्दू रोजाना देश छोड़कर जा रहे हैं, इसका कोई सरकारी आँकड़ा नहीं है। लेकिन हिन्दू समुदाय देश त्याग रहा है और यह चाहे कितना ही चुपचाप क्यों न हो, उसका देशत्याग करना सूर्य की तरह सच है। हालाँकि सरकारी पक्ष की ओर से हमेशा यह अस्वीकार किया जाता है। तब भी इस देश की तत्कालीन और वर्तमान प्रधानमन्त्री खालिदा जिया 1992 के जून के महीने में भारत जाकर इस देश के हिन्दुओं के देश छोड़ने की बात स्वीकार कर आई हैं। कलकत्ता से प्रकाशित बाँग्ला पत्रिका 'देश' (वर्ष 59, अंक 33, 13 जून, 1992) में इस विषय पर छपे सम्पादकीय में लिखा गया है, "हाल में बाँग्लादेश की प्रधानमन्त्री बेगम खालिदा जिया ने भारत सफर पर आकर यहाँ बाँग्लादेश के अनुप्रवेशकारियों की बात को पूरी तरह अस्वीकार करने के बावजूद बाद में पत्रकारों के सामने इसे स्वीकार किया है।" 'देश' के इस अंक में यह भी लिखा गया था कि "गैर सरकारी नहीं बल्कि हमारे गृह और विदेश मन्त्रालय के आँकड़ों के अनुसार वर्ष में करीब डेढ़ लाख बाँग्लादेशी भारत में प्रवेश कर रहे हैं और उनका एक बड़ा हिस्सा वापस लौटकर नहीं जा रहा है।" गैर सरकारी हिसाब से यह संख्या स्वाभाविक रूप से और अधिक है। 24 अप्रैल, 1992 को बाँग्ला देश के हिन्दू, बौद्ध-क्रिश्चियनों की ऐक्य परिषद की राष्ट्रीय काउंसिल में दावा किया गया कि पिछले दो दशकों में पचास लाख से अधिक हिन्दू देश छोड़ने के लिए मजबूर हुए। हिन्दू समुदाय के देश त्याग के प्रसंग में प्रधानमन्त्री खालिदा जिया देश में चाहे कुछ भी कहें, भारत जाकर इस सच्चाई को उन्हें स्वीकार करना पड़ा।

ये हिन्दू अपना जन्मस्थान, पूर्वजों का घर, मनुष्य का सबसे प्रिय बचपन और उसकी स्मृतियों से जुड़ा परिवेश-प्रकृति, यहाँ तक कि माता-पिता ने जिस जगह परलोक सिधारा था उस घर की और उनकी स्मृति के चिह्न तक छोड़कर जाने के लिए लाचार हुए। जाते वक्त जो आँसू बहते हैं—वह भी गोपन में ! इस दर्दनाक ट्रेजडी को भुक्तभोगी के अलावा किसी और के द्वारा महसूस कर पाना मुश्किल है। फिर भी इस ट्रेजडी, को हिन्दुओं में देश-त्याग की पीड़ा को, इस देश का बहुसंख्यक समुदाय यदि सहानुभूतिपूर्वक देख सके और उनके प्रति सहानुभूतिपूर्ण आचरण करे तो हिन्दुओं के देश त्यागने की तादाद काफी हद तक कम हो सकती है। क्योंकि कोई भी हिन्दू इस देश से भारत जाकर बेहतर जिन्दगी हासिल नहीं कर पाया। हाँ, अविभाजित भारत में जिनका जीवन कलकत्ता केन्द्रित

था, उनकी बात और है। 1991 के अगस्त महीने में विक्रमपुर इलाके के नामी डॉक्टर इन्द्र बिहारी राय देश छोड़कर चले गए। अभी वे पश्चिम बंगाल के आगरपाड़ा में खाली बैठे दिन काट रहे हैं। वहाँ उनके पास कोई काम नहीं है। जबकि विक्रमपुर के माइजपाड़ा में जब वे थे, तब रोगियों को 'अटेंड' करते उनको साँस लेने की भी फुर्सत नहीं थी। उनके आगरपाड़ा के मकान (माइजपाड़ा के मकान में उनका जो बैठकखाना था उससे भी कम जगह में उनका मकान था।) में जाकर पहले तो उनको पहचानने में ही इस लेखक को मुश्किल हुई थी। उनका स्वास्थ्य भी गिर गया है। देखकर लगा कि उनकी उम्र असल से गोया दस वर्ष अधिक हो गई है। वे अपना जो पुश्तैनी मकान छोड़ गए हैं, उसके अन्दर जाने के लिए सात गेट पार करने पड़ते थे। लेकिन आगरपाड़ा के मकान में बेझिझक अन्दर जाया जा सकता है। इन्द्रबिहारी राय क्यों यह देश छोड़कर चले गए, यह जानने के लिए जिन आम कारणों का पहले जिक्र किया जा चुका है, उनमें से एक यह है—देश छोड़ने के कुछ दिनों पूर्व बिना किसी कारण उनको पुलिस द्वारा पकड़वाकर कुछ समय तक थाने में रखकर छोड़ दिया गया था। दिन के उजाले में सबकी आँखों के सामने पुलिस द्वारा पकड़कर थाना ले जाने का अपमान उनसे सहन नहीं हुआ।

इन्द्रबिहारी राय ने भारत में अपने लड़कों के घर में आश्रय लिया है। लेकिन अधिकतर हिन्दू जो बाँग्लादेश छोड़कर भारत चले गए, उनके पास वहाँ सिर छिपाने की जगह नहीं हैं। कोई छोटी-सी खोली किराए पर लेकर रहता है तो कोई झोपड़-पट्टियों की बस्ती में रहता है। कलकत्ता शहर के सियालदह स्टेशन के आस-पास, नदिया, चौबीस परगना सहित पश्चिम बंगाल के जिन इलाकों में ऐसी बस्तियाँ हैं, उनमें से अधिकतर बाँग्लादेश के हिन्दू रिफ्यूजी रहते हैं। रोज का खाना जुटाने के लिए इन्हें जमीन-आसमान एक करके टिके रहना पड़ रहा है। यह 'सिर्फ-टिके रहना' है न कि जीना। फिर भी लोग इस देश के बदले उस देश के कठिन जीवन को चुन रहे हैं। या यों कहिए चुनने के लिए बाध्य हो रहे हैं।

अक्तूबर, 1946 में हुए नोवाखाली के साम्प्रदायिक दंगे के बाद से ही हिन्दुओं में उद्वेगपूर्ण असुरक्षा की भावना का जन्म हुआ और तभी से 'बाँग्लादेश' छोड़कर भारत, विशेषकर पश्चिम बंगाल उनके जाने की शुरुआत हुई। 1947 में देश-विभाजन के बाद से इस देश पर काबिज शासक वर्ग की कानून में परिवर्तन न कर पाने की असमर्थता के चलते हिन्दू समुदाय में आतंक पैदा हुआ। और, तभी से देश त्यागनेवाले लोगों की संख्या में वृद्धि हुई। पाकिस्तान की प्रशासनिक व्यवस्था हिन्दू समुदाय के साथ भेदभाव पूर्ण आचरण पर आधारित ढाँचे में ही बनी। और, इसी विषमतापूर्ण प्रशासनिक व्यवस्था के कारण 1948 की पहली छमाही में पूर्वी पाकिस्तान से ग्यारह लाख हिन्दू भारत चले गए। इनमें से तीन लाख पचास हजार ग्रामीण मध्यवर्गीय, एक लाख से कुछ अधिक किसान और एक लाख से कुछ ही कम कारीगर थे। बाकी उच्च वर्गीय जमींदार और अन्य लोग थे।

लोकतान्त्रिक शक्तियों ने जब भी संगठित होने की कोशिश की, प्रगतिशील वर्ग

ने जब भी खुद को संगठित कर अशुभ शक्तियों के विरोध में उठ खड़ा होने की कोशिश की, तब-तब इस देश की सत्ता पर काबिज लोगों ने साम्प्रदायिक विभेद पैदा करने की कोशिश की। प्रगतिशील लोकतान्त्रिक शक्तियों की एकता को तोड़ने के लिए सत्तासीन लोगों ने साम्प्रदायिक दंगा-फसाद, हमला और अत्याचार-उत्पीड़न को पूर्व नियोजित रूप में 'ट्रम्प कॉर्ड' की तरह इस्तेमाल किया है। प्रगतिशील शक्तियों को कमजोर कर दिए जाने के कारण हिन्दू समुदाय के असुरक्षित होने की नौबत इस देश में एक बार नहीं, बार-बार आई। 1950 के जनवरी महीने में ऐसा ही हुआ था।

लोकतान्त्रिक माँग को रोकने के लिए पूर्वी पाकिस्तान के विभिन्न स्थानों पर मुस्लिम लीग ने भीषण साम्प्रदायिक दंगा-फसाद शुरू किया। इसके परिणामस्वरूप पश्चिम बंगाल में भी शुरू हो गया जबर्दस्त साम्प्रदायिक दंगा। उस वक्त असम और पश्चिम बंगाल से बहुत सारे लोग इस देश में आने को बाध्य हुए। दोनों देशों में साम्प्रदायिक परिस्थिति इतनी भयानक होती जा रही थी कि दोनों देशों के अल्पसंख्यकों की समस्या सुलझाने और उनके जीवन को सुरक्षित करने के उद्देश्य से 8 अप्रैल, 1950 को 'नेहरू-लियाकत समझौता' के नाम से प्रसिद्ध एक समझौता-पत्र भी हस्ताक्षारित हुआ। इस समझोते के मुताबिक असम और पश्चिम बंगाल से आए अधिकतर शरणार्थी भारत लौट गए। भारत में कानूनी शासन बहाल रहने के कारण इस समझौते की शर्तें वहाँ लागू हुईं। यही नहीं 1950 के बाद भारत से इस देश में कोई शरणार्थी नहीं आया। लेकिन इस देश की स्थिति पूरी तरह भिन्न थी। नेहरू, लियाकत समझौते के कारण इस देश के अल्पसंख्यकों के भारत-पलायन की तादाद में कमी जरूर आई लेकिन पलायन बन्द नहीं हुआ। तत्कालीन पूर्व पाकिस्तान सरकार समझौते को प्रभावशाली ढंग से लागू करने का इन्तजाम करके अल्पसंख्यकों में सुरक्षा की भावना पैदा नहीं कर सकी। प्रशासन ने कोई कोशिश भी नहीं की। बल्कि 1951 में पाकिस्तान की संविधान सभा में "ईस्ट बंगाल इवाकुइज प्रापर्टी (रेस्टोरेशन ऑफ पोजीशन) एक्ट ऑफ 1951" तथा "ईस्ट बंगाल इवाकुइज (एडमिनिस्ट्रेशन ऑफ इम्मुवल प्रापर्टी) एक्ट ऑफ 1951" नामक दो ऐसे कानून पास हुए, जिसके बाद हिन्दू अपनी स्थायी, अस्थायी सम्पत्ति से वंचित होकर और अधिक असुरक्षा के शिकार हुए। इस प्रशासनिक भेदभाव के कारण 1951 में पूर्व पाकिस्तान से करीब पैंतीस लाख हिन्दू पश्चिम बंगाल चले गए।

सन् 1952 ई. में 15 अक्तूबर से पाकिस्तान सरकार ने भारत आने-जाने के लिए पासपोर्ट जारी करने का नियम बनाया। भारत में भी यह नियम बना। परिणामस्वरूप इस देश के हिन्दू काफी सशंकित हो गए और उनके देश छोड़ने की तादाद बढ़ गई। इसके बाद पाकिस्तान सरकार ने "ईस्ट बंगाल प्रिवेंशन ऑफ ट्रांसफर ऑफ प्रापर्टी एंड रिम्मुवल डाक्यूमेंट्स रेकॉर्ड्स एक्ट ऑफ 1952 "तथा ईस्ट पाकिस्तान डिस्टर्ब्ड परसन्स (रिहेबिलिटेशन) आर्डिनेंस ऑफ 1954" नामक इन दो कानूनों के जरिए एक बार फिर हिन्दुओं का मनोबल तोड़ दिया और वे सरकारी इजाजत के बगैर अपनी सम्पत्ति बेचने के अधिकार से भी वंचित हो गए। 1957 में पाकिस्तान सरकार ने हिन्दुओं के लिए

अहितकारी "पाकिस्तान (एडमिनिस्ट्रेशन ऑफ इवाकुइज प्रापर्टी) एक्ट xii ऑफ 1957" नामक कानून जारी किया और 'इलेक्टिव बॉडी डिसक्वालिफिकेशन ऑर्डर ऑफ 1959" नामक एक अमानवीय कानून का प्रयोग करके छह विशिष्ट हिन्दू नेताओं को सरकारी विभागों के लिए अयोग्य घोषित कर दिया। इसके अलावा 1955 से 1960 के बीच पूर्वी पाकिस्तान के विभिन्न इलाकों में कई साम्प्रदायिक दंगे हुए। इन सबके चलते हिन्दू समुदाय सुरक्षा के अभाव में व्यापक रूप से देश त्यागने के लिए बाध्य हुआ।

साठ के दशक में भयावह साम्प्रदायिक दंगों और भारत पाकिस्तान युद्ध के कारण पहले पाँच वर्षों में करीब दस लाख हिन्दू पूर्वी पाकिस्तान छोड़कर भारत के पश्चिम बंगाल में जाने को बाध्य हुए। 1956 के छह सितम्बर को 'डिफेंस ऑफ पाकिस्तान आर्डिनेंस' लागू होने के बाद पूर्वी पाकिस्तान के हिन्दुओं की हालत और बदतर हुई। "ईस्ट पाकिस्तान एनिमी प्रापर्टी लैंड्स-बिल्डिंग्स एडमिनिस्ट्रेशन एंड डिस्पोजल ऑर्डर ऑफ 1966" जारी करके तो पूरी तरह इस देश के हिन्दुओं को सम्पत्ति के अधिकार से वंचित कर दिया गया। 1966 के "छह दफा (सूली) आन्दोलन," 1969 के 'गण अभ्युत्थान', 1970 के चुनाव तथा 1971 के मुक्तियुद्ध के पहले तक के अन्तराल में इस देश से हिन्दुओं का भारत में पलायन काफी हद तक कम था। मुक्तियुद्ध के समय जिन एक करोड़ शरणार्थियों ने भारत में शरण ली थी, उनमें 80 प्रतिशत धार्मिक अल्पसंख्यक थे जो देश के स्वतन्त्र होने के बाद स्वदेश की माटी में, अपने घरों को वापस लौट आए थे। 1972 में बाँग्लादेश विरोधी ताकतों ने साजिश करके दुर्गापूजा उत्सव के दौरान देश के अधिकतर पूजामंडपों पर हमले किए और प्रतिमाओं की तोड़-फोड़ की। इस हमले के बाद भी देश में लोकतान्त्रिक व्यवस्था की मौजूदगी में हिन्दू समुदाय असुरक्षा का शिकार बनता रहा है। लेकिन 1974 में 'शत्रु सम्पत्ति कानून' की धारा-उपधारा को अपरिवर्तित रखते हुए बंगबन्धु के मन्त्रिमंडल के सदस्य मनोरंजन धर के जरिए शत्रु सम्पत्ति कानून का 'अर्पित सम्पत्ति कानून' नाम-भर बदले जाने से हिन्दू समुदाय बहुत हताश हुआ। क्योंकि अर्पित सम्पत्ति कानून की आड़ में ही हिन्दुओं की जमीन-जायदाद, घर-बार पर कब्जा करना जारी रहा।

इस प्रसंग में मैमनसिंह पंचायत पौरसभा के एक उदाहरण से हिन्दुओं की उस समय की मानसिकता समझी जा सकती है। देश के स्वतन्त्र होने के बाद बहुत सारे हिन्दुओं ने जमीन खरीदी, घर बनाए। 1974 तक मैमनसिंह पंचायत (पौरसभा) इलाके में मकान बनाने की अनुमति माँगते हुए जो आवेदन किए गए उनमें हिन्दुओं की दरख्वास्त की संख्या उल्लेखनीय है। लेकिन 1974 के बाद इस पंचायत इलाके में घर बनाने के लिए एक भी हिन्दू ने आवेदन नहीं किया। उधर, बंगबन्धु जैसे एक उदार, असाम्प्रदायिक राष्ट्रप्रधान की हत्या के बाद मैमनसिंह शहर में हिन्दुओं के जितने भी मकान बन रहे थे, उनका निर्माण रोक दिया गया। वे सारे मकान आज भी अर्धनिर्मित खड़े हैं। उस समय के बाँग्लादेश की तस्वीर का मैमनसिंह एक उदाहरण मात्र है। आज बाँग्लादेश में कोई भी हिन्दू जमीन नहीं खरीदता, मकान बनाने का साहस नहीं करता। क्योंकि

शत्रु (अर्पित) सम्पत्ति कानून का प्रयोग या अपप्रयोग करके हिन्दू समुदाय की सम्पत्ति पर कब्जा करने की मानसिकता बनी हुई है। इस देश में हिन्दू समुदाय की स्त्रियाँ भी निरापद नहीं हैं। मुसलमानों का एक वर्ग हिन्दू लड़कियों को भी सम्पत्ति समझता है। हिन्दू सम्पत्ति पर कब्जा करके अर्पित सम्पत्ति कानून की तरह हिन्दू स्त्रियों पर बलात्कार करने का कोई कानून न रहने पर भी कुछ लोगों के लिए यह एक 'मध्ययुगीन नियम' में बदल गया है। बहू-बेटी की लाज बचाने के लिए भी हिन्दू समुदाय देश त्याग रहा है।

मुक्ति योद्धा होकर भी जियाउर रहमान ने एक ऐसे 'रजाकार' पाकिस्तानी सेना के मुखबिर को प्रधानमन्त्री बनाया, जिसकी प्रेरणा से इस देश की राजनीति में साम्प्रदायिक और कट्टरपन्थी वर्ग का पुनर्जागरण हुआ। जियाउर रहमान ने अपनी गद्दी बरकरार रखने के लिए 'विभीषण, प्रधानमन्त्री शाह अजीज और अन्य साम्प्रदायिक मानसिकतावाले सलाहकारों के परामर्श से 1977 के 23 अप्रैल को अखंड राष्ट्रीय प्रभुता पर आधारित संविधान पर कैंची चलाकर धर्मनिरपेक्षता को खारिज कर दिया। राष्ट्रीयता और अन्य मूल नीतियों को विकृत तथा खंडित करके साम्प्रदायिकता को राष्ट्रीय व्यवस्था को अविच्छिन्न अंग बना दिया गया। इसके बाद से ही इस देश में नए सिरे से साम्प्रदायिक भेदभाव की भावना में तेजी आई। परिणामस्वरूप हिन्दू समुदाय असुरक्षा का शिकार हुआ। और, यही कारण है कि जियाउर्रहमान के शासनकाल के दौरान हिन्दुओं के देशत्याग की प्रक्रिया जारी रही।

जियाउर रहमान के बाद जनरल एरशाद ने सत्ता की बागडोर सँभालने के कुछ दिनों बाद ही (22 दिसम्बर, 1982) दिन के उजाले में खुलेआम घोषणा की—"इस्लाम और कुरान की नीतियाँ ही होंगी देश के नए संविधान की नींव।" परिणामस्वरूप, अल्पसंख्यक समुदाय के लोग खुद को असहाय महसूस करने लगे। हिन्दू समुदाय को अपने दल में खींचने के उद्देश्य से 1984 के 21 जून को उन्होंने घोषणा की कि अर्पित सम्पत्ति कानून के तहत और किसी तरह की जमीन पर अधिग्रहण नहीं किया जाएगा। लेकिन यह उन्होंने सिर्फ कहने के लिए कहा था। क्योंकि जनरल एरशाद की एक घोषणा के बाद शुरू-शुरू में पिछली तारीखें लगातार यानी 'बैकडेट' में फिर कुछ दिनों के बाद पहले की तरह ही स्वाभाविक प्रक्रिया में हिन्दुओं की काफी सम्पत्ति इस काले कानून के तहत छीन ली गई। ऐसी परिस्थिति में 1987 में देश के विभिन्न स्थानों पर साम्प्रदायिक टकराव शुरू होने के कारण हिन्दुओं के देश छोड़ने की प्रक्रिया में और तेजी आ गई। जनरल एरशाद के शासनकाल का एक और कलंकित पक्ष है राष्ट्रधर्म के रूप में इस्लाम की घोषणा। सन् 1988 ई. के जून महीने में एरशाद द्वारा इस्लाम को राष्ट्रधर्म के रूप में संविधान में रखने के बाद साम्प्रदायिक ताकतें अत्याचार-उत्पीड़न के लिए और अधिक उत्साही हो गईं। राष्ट्रधर्म इस्लाम की घोषणा के बाद कट्टरपन्थियों ने घोषणा की कि इस देश में रहने के लिए सबको मुसलमान बनना होगा। उस समय की पत्र-पत्रिकाओं में, देश के विभिन्न स्थानों पर पनपनेवाले इस जघन्य उन्माद की खबरें

प्रकाशित हुईं। 'साप्ताहिक एकता' ने लिखा–'राष्ट्रधर्म बिल' पास होने के बाद कुमिल्ला जिले के दाउदकाँदी थानान्तर्गत सहवास गाँव में हिन्दू समुदाय की ऋषि जाति के लोगों के घरों पर चार-पाँच सौ लोगों ने हमला किया। हमलावरों ने घोषणा की कि "सरकार ने इस देश में इस्लाम को राष्ट्रधर्म घोषित किया है। इसलिए इस्लामी देश में रहने के लिए तुम सबको मुसलमान बनना होगा। मुसलमान न बनने पर तुम सबको देश छोड़कर चले जाना होगा।" हमलावरों ने ऋषि लोगों के हर घर को लूटकर आग लगाई, मन्दिरों को तोड़ा और स्त्रियों पर पाशविक अत्याचार किये। कइयों को पकड़कर ले गए जिनकी फिर कोई खबर नहीं मिली।"

राष्ट्रधर्म इस्लाम की घोषणा के बाद इस देश में और भी अनेक घटनाएँ हुईं। एरशाद के शासनकाल के दौरान 1989 में भारत में 'बाबरी मस्जिद-राममन्दिर विवाद' के चलते इस देश के हिन्दुओं पर जो अत्याचार हुआ, उसके कारण भी बहुतेरे हिन्दू देश छोड़कर चले जाने को बाध्य हुए। उसके बाद 1990 के 30 अक्तूबर से लेकर 2 नवम्बर तक हिन्दू समुदाय पर जैसा अत्याचार किया गया उसके कारण भी हिन्दू देश त्यागने के लिए मजबूर हुए। जियाउर रहमान स्वतन्त्रता के बाद इस देश में साम्प्रदायिकता और कट्टरवाद का बीज बोकर गए और जनरल एरशाद ने उस बीज के अंकुरित होने के बाद बड़े जतन से उसे सींचकर वृक्ष बना दिया। बाँग्लादेश के इतिहास में एरशाद ही एकमात्र ऐसे शासक हुए जिन्होंने साम्प्रदायिकता को सबसे ज्यादा उकसाया और उसको इस्तेमाल किया। उनके शासन काल में यानी 1981 से 1989 का करीब छत्तीस लाख हिन्दू देश छोड़कर भारत चले गए। 1990 के भयानक साम्प्रदायिक दंगों के कारण भारी संख्या में हिन्दू नागरिकों के देश त्याग की तस्वीर इस आँकड़े के अतिरिक्त है।

खालिदा जिदा के शासन काल में 1992 में भारत में बाबरी मस्जिद के टूटने को मुद्दा बनाकर इस देश के हिन्दुओं पर जिस तरह का अत्याचार किया गया, वह अवर्णनीय है। 1992 के साम्प्रदायिक दंगों के बाद बड़ी संख्या में हिन्दू अपने जीवन, मान-सम्मान और धर्म की रक्षा के लिए देश छोड़कर चले जाने को विवश हुए। अपने धार्मिक विश्वास के अनुरूप हर आदमी घोर विपत्ति की दशा में अपने धार्मिक अवतार के समक्ष उससे उबरने की प्रार्थना करता है। लेकिन इस देश के हिन्दू समुदाय ने पाया कि उनकी चरम विपत्ति के समय जिन देवी-देवताओं को अनुप्रेरणा और शक्ति का उत्स होना चाहिए, उनकी मूर्तियों को दूसरे धर्म के लोगों ने भूलुंठित कर दिया। ऐसे में उन्होंने खुद को और ज्यादा असहाय महसूस किया। और तब, सुरक्षित आश्रय की खोज में हिन्दू समुदाय में देश त्यागने की रुझान और अधिक देखने को मिली।

बाँग्लादेश से हिन्दू समुदाय के पलायन के बारे में 7.1.94 की Holiday नामक पत्रिका में 'The Missing Population' शीर्षक से लेख प्रकाशित हुआ था, उसमें कहा गया है–"This missing population" was about 1.22 million during the period of 1974-81, about 1:73 million during the last inter-censal period of 1981-91. As many as 475 Hindus are disappearing everyday from the soil of Bangladesh on an average since 1974.

प्रतिदिन यदि औसतन 475 हिन्दू बाँग्लादेश छोड़कर चले जाते हैं तो इसका मतलब हुआ कि हर वर्ष 1,73,375 हिन्दू चुपचाप बाँग्लादेश छोड़कर चले जाने को बाध्य हो रहे हैं। 1991 की जनगणना के अनुसार बाँग्लादेश की कुल जनसंख्या का 87.8 प्रतिशत आबादी मुस्लिम है और 10.5 प्रतिशत हिन्दू। 2.1 प्रतिशत क्रिश्चियन, बौद्ध तथा अन्य सम्प्रदाय के लोग हैं। जबकि 1974 में हिन्दुओं की संख्या 13.5 प्रतिशत और इससे पहले 1951में 22.00 प्रतिशत थी।

फादर टीम (Father R.W. csc) द्वारा सम्पादित "State of Human Rights 1994; Bangladesh" नामक 106 पृष्ठों की शोध पुस्तक में और विस्तृत रूप से उल्लेख किया गया है–The Hindu population in Bangladesh stood at 1-25 crore (12,419,195) in 1991 of course the population growth rate in the Hindu community is relatively lower than that of the Muslims, because the custom of remarriage of widows in the Hindu community is almost absent. Apart from that the Hindus feel easier about accepting family planning methods to keep their family small. For these reasons the population growth rate among the Muslims is much more than that for the Hindus. There have been no statistics prepared in this regard in Bangladesh. Even if the birth rate were calculated at two percent less in case of the Hindu community compared to the Muslims, the number of Hindu living in this country should have been about 3.25 crore, but it is only 1.25 crore. That is, the number of Hindus has been reduced by two crore in the last 50 years (till 1991). The most likely explanation is that they have left the country.

हिन्दुओं के देश छोड़ने की रफ्तार तेज है, इस बात को किसी भी स्थिति में अस्वीकार नहीं किया जा सकता। हर रोज इस देश से कितनी संख्या में हिन्दू समुदाय के लोग चले जा रहे हैं, इस बारे में कुछ और आँकड़े देखे जा सकते हैं। सन् 1974 ई. में फरीदपुर जिले की आबादी 9,44,000 थी, लेकिन 1981 में यह घटकर 8,98,000 पर पहुँच गई। इस जिले की हिन्दू आबादी में 5.30 प्रतिशत की कमी आई। और इसकी तुलना में मुस्लिम जनसंख्या में 24.26 प्रतिशत की वृद्धि हुई। हिन्दुओं की जन्म-दर शून्य मानकर यह हिसाब लगाया गया। हालाँकि यह सच्चाई नहीं है, फिर भी जन्म-दर शून्य मानने के बाद भी देश के महज एक जिले से सात वर्षों में पचास हजार हिन्दू देश त्याग कर चले गए। यही चित्र बाँग्लादेश के हर जिले का है। संख्या के हिसाब से हो सकता है कहीं कम कहीं अधिक हो। जैसे राजशाही जिले में इन सात वर्षों में हिन्दुओं की आबादी घटकर पचपन हजार रह गई। लेकिन किसी भी जिले में हिन्दुओं के देश छोड़ने की संख्या 'शून्य' नहीं है। यदि कोई हिन्दू देश न छोड़ता होता तो आज बाँग्लादेश में

हिन्दुओं की आबादी सवा तीन करोड़ होती। जबकि फिलहाल हिन्दुओं की संख्या सवा करोड़ ही है।

हिन्दुओं का देश पलायन रोकना सम्भव है और वह भी बड़ी आसानी से। साम्प्रदायिक अत्याचार-उत्पीड़न, हमले और भेदभाव, शत्रु (अर्पित) सम्पत्ति कानून समेत सभी काले कानून हटाकर देश में साम्प्रदायिक सद्‌भाव कायम करके हिन्दुओं के देश त्याग की प्रक्रिया को पूरी तरह न सही, पर बहुत हद तक रोका जा सकता है।

इसके अलावा इस देश में कोई भी हिन्दू, चाहे वह कितना ही क्यों न हो किसी भी स्थिति में वह यह आशा नहीं कर सकता कि प्रशासन में सचिव या विश्वविद्यालय का कुलपति होगा, पब्लिक सर्विस कमीशन का चेयरमैन या सेना प्रमुख होगा या फिर किसी बैंक का एम.डी. होगा। ऐसा कोई उदाहरण नहीं है। शासन तन्त्र में अत्यन्त सूक्ष्म रूप से ऐसा न होने देने का एक अघोषित नियम बन गया है।

इस भेदभाव और अत्याचार का घाव सीने में दबाए इस देश के नागरिक देश त्यागकर चले जा रहे हैं। वास्तव में यह किसके लिए लज्जाजनक है ? मेरे, आपके या इस देश के प्रत्येक नागरिक के लिए ? गहरी इच्छा रहने के बावजूद कोई अपनी इस जन्मभूमि पर, अपने पूर्वजों की दहलीज पर वापस नहीं आता। इतना ही नहीं, कोई घूमने-फिरने भी नहीं आता। जैसे कि आए थे फिल्मकार मृणाल सेन। अन्तर्राष्ट्रीय ख्याति प्राप्त व्यक्तित्व। फरीदपुर में उनका जन्म हुआ था। बचपन और किशोरावस्था भी वहीं बीती थी। कई दशक के बाद अपनी जन्मभूमि पर पाँव रखते हुए अपने आपको भले ही उन्होंने संयत कर लिया था लेकिन अपनी स्वर्गीय बहन रेबा सेन के स्मृतिस्तम्भ के पास खड़े होकर खुद को रोक नहीं पाए थे—बच्चे की तरह सुबक-सुबक कर रोने लगे थे। इस देश से जितने हिन्दू गए हैं, उन सबकी स्मृतियाँ ऐसी ही हैं—ऐसा ही प्यार, ऐसी ही रेबा सेन की स्मृति सीने में उमड़ती-घुमड़ती है और अश्रुधार के रूप में बह निकलती है।

कुछ प्रस्ताव : कुछ सुझाव

1. संविधान से जिस धर्मनिरपेक्षता को पाँचवें संशोधन के जरिए हटा लिया गया था, उसे पुनः संविधान में शामिल करना होगा। यानी 1992 के संविधान पर लौट जाना होगा।
2. शत्रु (अर्पित) सम्पत्ति कानून को निरस्त करना होगा और देवोत्तर सम्पत्ति पर कब्जा करना दंडनीय अपराध माना जाएगा।
3. 'राष्ट्रधर्म इस्लाम' को संविधान से हटा देना चाहिए क्योंकि धर्म व्यक्तिगत आस्था और पसन्द का विषय है। यानी 1972 के संविधान के अनुसार राष्ट्र और धर्म-निरपेक्षता की नीति को स्थापित करना चाहिए। चाहे जिसका धर्म जो हो राष्ट्र सबका है।
4. मदरसा शिक्षा सहित किसी भी धर्म की धार्मिक व्यवस्था समाप्त करके पूरे देश में हर स्तर पर समान रूप से सबके लिए पाठ्यक्रम के तहत मुफ्त और अनिवार्य सार्वजनिक शिक्षा उपलब्ध करानी चाहिए।
5. माध्यमिक स्तर तक किसी भी धार्मिक विषय को पाठ्यक्रम से अलग रखना होगा और 'बंगाली संस्कृति' पर आधारित एक विषय अनिवार्य करना होगा। साथ ही पड़ोसियों के प्रति कर्त्तव्य पर आधारित विषय भी पाठ्यक्रम में अनिवार्य रूप से शुरू करना होगा।
6. किसी सम्प्रदाय के लिए अलग शिक्षा संस्थान और छात्रावास नहीं होगा। किसी भी सम्प्रदाय के किसी भी छात्र-छात्रा को अपनी पसन्द और योग्यता के अनुसार शिक्षा संस्थानों में पढ़ने का अधिकार होगा और वह छात्रावास में रह सकेगा।
7. सरकारी नौकरी में शिक्षित जनसंख्या के अनुपात के आधार पर नौकरी देनी होगी और वायवा या मौखिक परीक्षा की पद्धति खत्म कर देनी होगी। पदोन्नति के मामले में सौतेलेपन का व्यवहार बन्द करना होगा।
8. धार्मिक संस्था को शिक्षा संस्थानों के संचालन का अधिकार या दायित्व नहीं दिया जाएगा और धर्मनिर्दिष्ट कोई पोशाक पहनकर छात्र-छात्राओं, शिक्षक-शिक्षिकाओं का शिक्षा संस्थानों में प्रवेश निषिद्ध करना होगा।
9. प्रत्येक शिक्षा-संस्थान में प्रतिदिन राष्ट्रीय संगीत का बजाना अनिवार्य करना होगा और किसी भी तरह का धार्मिक संगीत, मिलाद, बाज, पूजा-अर्चना आदि को

शिक्षा संस्थानों में निषिद्ध कर देना होगा।

10. धार्मिक खाते में सभी तरह का सरकारी अनुदान बन्द करना होगा और किसी धार्मिक प्रतिष्ठान में राजनीतिक चर्चा-गतिविधि का प्रमाण मिलने पर उस उपासनागृह को अधिगृहीत कर लेना होगा। हिन्दू और बौद्ध कल्याण ट्रस्ट को समाप्त करके फाउंडेशन बना दिया जाएगा।
11. किसी धार्मिक संस्था-प्रतिष्ठान पर हमला करने को गम्भीर अपराध के रूप में देखना होगा और इस अपराध के लिए कठोर सजा देने का प्रावधान होगा।
12. किसी सरकारी आयोजन में धार्मिक संस्था के प्रतिनिधियों का योगदान और किसी धार्मिक आयोजन में राजनीतिक नेता, मन्त्री और सरकारी नुमाइन्दों की उपस्थिति पर रोक लगानी होगी।
13. किसी भी चुनाव में किसी धार्मिक नेता की भूमिका पर रोक लगानी होगी और राजनीतिक उद्धेश्य से धर्म का इस्तेमाल बन्द करना होगा।
14. सरकारी तौर पर धर्म सम्बन्धी किसी पुस्तक, पुस्तिका, लीफलेट सहित किसी भी तरह के प्रकाशन पर रोक होगी।
15. किसी भी पत्र-पत्रिका में साम्प्रदायिकता भड़कानेवाली खबरें प्रकाशित होने पर उसका डिक्लेरेशन स्थायी तौर पर खारिज करके उसे बन्द कर देने का कानून होगा।
16. धार्मिक संस्थाओं को भी आयकर देना होगा। इसके अलावा आय का आधा हिस्सा राष्ट्रपति या प्रधानमन्त्री के राहत कोष में जमा करना होगा ताकि गरीबी और आपदा की शिकार मानवता की सेवा में उसका उपयोग हो सके।
17. धार्मिक संस्थानों को पानी-बिजली सहित जो भी सरकारी सुविधा दी जा रही है, उसे बन्द करना होगा और उस संसाधन तथा पैसे से बेहद गरीब लोगों के रोजगार की व्यवस्था की जाएगी।
18. रेडियो, टेलीविजन पर हामद-नात के साथ-साथ अन्य सम्प्रदाय के धार्मिक गुरुओं के विषय में चर्चा करने की व्यापक सुविधा मिलेगी।
19. बंगाली संस्कृति कहने से असल में जिसका बोध होता है, जैसे—जारीगान, पालागान, कीर्तन, पल्लीगीति, रवीन्द्र संगीत, नजरूल संगीत आदि के व्यापक रूप से रेडियो-टेलीविजन पर प्रचार की व्यवस्था होनी चाहिए।
20. हर हालत में राष्ट्रीय आदर्श और प्रतिज्ञाओं से धर्म को अनिवार्यतः दूर रखना होगा।
21. साम्प्रदायिक राजनीति को वर्जित करने का कानून बनाना होगा।

सन्दर्भ सूची

1. State of human rights 1994, Bangladesh., Chief Editor : Father F.W. Timm C.S.E, Published by BMSP/CCHRB. 5/4 Block-f. Lalmatia Dhaka, January, 1995.
2. Communal Persecution and Repression in Bangladesh : Some Facts. Published by : Bangladesh Hindu Bouddha Christian Oikya Parishad. 5, Tejkuni Para Dhaka, April, 1993.
3. Communal Persecution and Repression in Bangladesh : Some Facts volume 2. Published by Bangladesh Hindu Bouddha Christian Oikya Parishad, 5, Tejkuni Para Dhaka, August, 1995
4. प्रसंग राममन्दिर-बाबरी मस्जिद, मधु गोस्वामी और मजहारूल इस्लाम, नवजातक प्रकाशन, ए 64, कॉलेज स्ट्रीट मार्केट, कलकत्ता, दिसम्बर, 1993
5. "बाँग्लादेश ! बाँग्लादेश !!"–शैलेशकुमार बन्धोपाध्याय, समतट प्रकाशन, 172, रासबिहारी एवेन्यू, कलकत्ता
6. धार्मिक कट्टरवाद और धर्मनिरपेक्षता, प्रो. अमलेन्दु दे, रत्ना प्रकाशन, 2/76 विवेकनगर, कलकत्ता, 1992
7. Human Rights and Their Relation to Law and Development, Published by Father R.W. Timm C.S.E. Dhaka July, 92
8. State of Human Rights 1995, '96 and 97' Bangladesh. Chief Editor : Fater R.W. Timm C.S.E. Published by : BMSP/CCHRB, 5/4 Block-F, Lalmatia, Dhaka, January, 1996, April, 1997&April 1998.

पत्र-पत्रिकाएँ

1. Holiday, 7 जनवरी, 1994
2. दैनिक जनकंठ, 1 सितम्बर, 1994; 8 अक्तूबर, 1994; 7 जुलाई से 11 जुलाई, 1995; 26 जुलाई, 1995
6. परिषद वार्त्ता, 20 जनवरी, 1989; 6 अप्रैल, 1989; 1 अक्तूबर, 1989; 1 मार्च, 1990; 10 फरवरी, 1991; 23 अप्रैल, 1992; 11 जनवरी, 1993; 20 अक्तूबर, 1993; अगस्त अंक, 1994; अप्रैल अंक, 1995; अगस्त-अक्तूबर, 1996; नवम्बर-दिसम्बर, 1996, फरवरी-मार्च, 1997; मार्च, 1998
16. चतुरंग, सावन, 1401, कलकत्ता
20. दैनिक भोरेर कागज, 2-3 अप्रैल, 1998

●●●